QUANDO DEUS ERA MULHER

Merlin Stone

QUANDO DEUS ERA MULHER

TRADUÇÃO:
Angela Lobo de Andrade

goya

QUANDO DEUS ERA MULHER

TÍTULO ORIGINAL:
When God Was a Woman

COORDENAÇÃO:
Anna Beatriz Seilhe

COPIDESQUE:
Marina Góes

REVISÃO:
Juliana Pitanga
Thaís Carvas

DIREÇÃO EXECUTIVA:
Betty Fromer

DIREÇÃO EDITORIAL:
Adriano Fromer Piazzi

PUBLISHER:
Luara França

EDITORIAL:
Andréa Bergamaschi
Caíque Gomes
Débora Dutra Vieira
Juliana Brandt
Luiza Araujo
Daniel Lameira*
Tiago Lyra*

*Equipe original à época do lançamento.

CAPA E PROJETO GRÁFICO:
Giovanna Cianelli

DIAGRAMAÇÃO:
Desenho Editorial

IMAGEM DE CAPA:
Diana, Göttin der Jagd, Öl auf
Leinwand, data cerca de 1900

COMUNICAÇÃO:
Giovanna de Lima Cunha
Júlia Forbes
Maria Clara Villas

COMERCIAL:
Giovani das Graças
Gustavo Mendonça
Lidiana Pessoa
Roberta Saraiva

FINANCEIRO:
Adriana Martins
Helena Telesca

COPYRIGHT © MERLIN STONE, 1976
COPYRIGHT © EDITORA ALEPH, 2022
(EDIÇÃO EM LÍNGUA PORTUGUESA PARA O BRASIL)

TODOS OS DIREITOS RESERVADOS.
PROIBIDA A REPRODUÇÃO, NO TODO OU EM PARTE,
ATRAVÉS DE QUAISQUER MEIOS.

**DADOS INTERNACIONAIS DE CATALOGAÇÃO NA
PUBLICAÇÃO (CIP) DE ACORDO COM ISBD**

SS877q   Stone, Merlin
Quando Deus era mulher / Merlin Stone ; traduzido por Angela
Lobo de Andrade. - São Paulo : Goya, 2022.
304 p. : il. ; 16cm x 23cm.

Tradução de: When god was a woman
Inclui índice e bibliografia.
ISBN: 978-85-7657-530-6

1. Religião. 2. Mulher e religião. 3. História. I. Lobo, Angela.
II. Título.

	CDD 200
2022-2697	CDU 2

ELABORADO POR OLIDIO HILARIO MOREIRA JUNIOR - CRB-8/9949
ÍNDICES PARA CATÁLOGO SISTEMÁTICO:
1. Religião 200
2. Religião 2

goya
É UM SELO DA EDITORA ALEPH LTDA.

Rua Tabapuã, 81, cj. 134
04533-010 – São Paulo – SP – Brasil
Tel.: [55 11] 3743-3202
www.editoraaleph.com.br

Para Jenny e Cynthia com amor.

SUMÁRIO

Apresentação
9

Prefácio
15

Introdução
17

Capítulo 1
Lendas com um ponto de vista
29

Capítulo 2
Quem era ela?
37

Capítulo 3
Mulheres – onde a mulher era deificada
57

Capítulo 4
Os invasores do norte
87

Capítulo 5
Um da mesma raça deles
123

Capítulo 6
Se o rei não chorou
147

Capítulo 7
Os costumes da sexualidade sagrada
169

Capítulo 8
Eles ofereceram incenso à rainha do céu
195

Capítulo 9
E os homens da cidade devem apedrejá-la
211

Capítulo 10
Desvendando o mito de Adão e Eva
229

Capítulo 11
As filhas de Eva
253

Quadro de datas
271

Bibliografia
275

Índice remissivo
289

Agradecimentos
301

Sobre a autora
303

APRESENTAÇÃO

"Mas sempre foi assim."

Quem usa essa frase considera qual "sempre" para justificar crenças que limitam mulheres?

O que eu e Merlin Stone, autora deste livro, temos em comum é uma deliciosa mania de questionar o que alguns consideram o estado natural das coisas. A leitura na qual você está prestes a mergulhar aborda tempos em que mulheres e deusas eram reverenciadas, e logo uma pergunta me veio à cabeça: *como seria ser mulher hoje se mulheres ainda fossem vistas como potências, com admiração e respeito?* Com certeza, não haveria a atual concepção de mulher ideal, muito menos a violenta pressão que nós, mulheres, sofremos.

Como ratinhos de laboratório se movendo em uma roda, sem chegar a lugar algum, convivemos com a sensação constante de que não vamos dar conta, resultante de exigências que parecem mínimas, mas que são contradições ambulantes: cuide da sua aparência, mas não seja fútil. Seja bem-sucedida, mas não ambiciosa. Seja mãe, mas não "só" isso – e trate de correr atrás do seu corpo pré-gestação. Tenha uma carreira de sucesso, mas não se esqueça do seu companheiro. Ame seu corpo exatamente como ele é, mas não ouse sentir-se segura de si – afinal, a sociedade ama uma mulher insegura.

O ápice dessa feminilidade moderna insiste que devemos nos colocar em segundo plano. Somos ensinadas desde novas que nossas chances de sermos amadas aumentam na mesma proporção do quanto estamos dispostas a servir sem reclamar, e permanecer assim. O silenciamento feminino foi tão bem articulado que muitos consideram como mulheres agradáveis aquelas que falam pouco e, preferencialmente, em voz baixa. Boas esposas são as que se integram ao grupo de amigos do parceiro, abandonando suas amigas e se isolando – o que pode ser bastante vantajoso para companheiros abusivos.

Outra sensação que temos é de que não somos dignas de merecimento algum, seja em nossa profissão, seja em nossa vida pessoal, porque aprendemos a depositar nossa autoestima e nosso valor em conquistas alheias e que pouco dependem de nós.

Já os homens, por outro lado, precisam de muito menos. O que faz um pai ser considerado excelente? O mesmo que, para uma mãe, é o mínimo. O que transforma um homem no tal "homão da porra"? Ele fazer em um mês o que uma mulher realiza nas primeiras horas do seu dia. Enquanto as conquistas masculinas têm graus diferentes de importância – sendo a primeira delas, na minha opinião, ter uma carreira de sucesso, e depois ter uma família e então, quem sabe, cuidar da aparência –, as femininas devem acontecer todas ao mesmo tempo e "pra já".

Achamos que alcançar o ideal feminino imposto vai nos trazer a segurança, o prazer e o status que buscamos para nos sentirmos acolhidas e aceitas. Porém, a incessante otimização feminina é uma armadilha que já naturalizamos, além de mais um peso em nossos ombros, que nos leva ao limite – ou além dele.

As piores mentiras são aquelas que contamos para nós mesmas, mas a construção da mulher ideal é tão inalcançável que pode ser mais fácil simular. Com isso, colocamos nosso prazer em segundo plano fingindo orgasmos, aumentando a autoestima de parceiros e desrespeitando nossos desejos. Logo no início da leitura, com o exemplo da Cleópatra, percebi que a importância da nossa reputação e o sentimento de vergonha da nossa sexualidade foram muito bem planejados e influenciados pela tendenciosidade masculina, que conta a história a partir de seu ponto de vista.

O termo "patriarcado" pode soar como um grupo de homens sentados a uma mesa conspirando pela infelicidade das mulheres (e em alguns casos até se materializa dessa forma), mas na verdade se trata de um conjunto de práticas instituído a milênios para manter as mulheres sob o domínio masculino. Apesar de escritas em 1976, as discussões aqui apresentadas por Stone nunca pareceram tão atuais. Afinal, é ilusório achar que passamos ilesas pela história. A cada parágrafo deste livro ficam mais evidentes as consequências dessa total invisibilização (ainda) hoje. Muitas de nossas dores foram articuladas por uma sociedade que se recusou a admitir que Deus foi mulher um dia.

APRESENTAÇÃO

Sou fiel à ideia de que podemos, sim, viver em uma sociedade igualitária, mas o primeiro passo para isso é rompermos as barreiras do silêncio, questionarmos e travarmos as batalhas corretas. Não indico este livro apenas para mulheres, mas também para homens. Espero que você conclua a sua leitura com a certeza de que o conhecimento aqui apresentado é de interesse de todos e essencial para, no futuro, reconhecermos e respeitarmos o fato de o "sempre" já ter tido as mulheres no topo.

MARCELA CERIBELLI
– CEO e diretora criativa da agência Obvious

Os homens gozam da grande vantagem de ter um deus endossando o código que eles escrevem; e como o homem exerce autoridade soberana sobre as mulheres, é especialmente afortunado que sua autoridade tenha sido investida nele pelo Ser Supremo. Para os judeus, maometanos e cristãos, entre outros, o homem é senhor por direito divino; o temor de Deus irá, portanto, reprimir qualquer impulso de revolta da mulher oprimida.
– Simone de Beauvoir, *O segundo sexo*, 1949

Em declaração contrária à ordenação de mulheres, o bispo C. L. Meyers disse que o sacerdócio episcopal é um "conceito masculino".

"Um sacerdote é um 'símbolo de Deus', goste ou não. Tanto no Velho como no Novo Testamento, Deus é representado em imagem masculina", ele disse em solene declaração que circulou entre quase 760 pessoas na Grace Catedral numa convenção de dois dias e meio.

"Cristo é a fonte do Sacerdócio. A sexualidade de Cristo não é acidental, e sua masculinidade não é incidental", diz a declaração.
– *San Francisco Chronicle*, 25 de outubro de 1971

No começo havia Ísis: mais Antiga dos Antigos de quem surgiram todos os que Se Tornaram. Ela era a Grande Senhora, Dona das duas Terras do Egito, Dona dos Abrigos, Dona do Céu, Dona da Casa da Vida, Dona da palavra de Deus. Ela era Única. Em toda a sua grandeza e obras maravilhosas. Ela era a maga sábia e mais excelente que qualquer outro Deus.

– Tebas, Egito, século XIV a.C.

Tu, Deusa do Sol de Arina, és uma deidade honorável. Teu nome se eleva entre nomes. Tua divindade se eleva entre as deidades. Não, não entre as deidades. Somente tu, Oh Deusa do Sol, és honorável. Grande somente tu és. Oh Deusa do Sol de Arina. Não, comparada a ti nenhuma outra deidade é honorável nem grande...

– Boghasköy, Turquia, século XV a.C.

Diante Dela que toma decisões, Deusa de todas as coisas, Diante da Senhora do Céu e da Terra que recebe súplicas. Diante Dela que ouve petições, que recebe orações. Diante da compassiva Deusa que ama a retidão. Ishtar a rainha, que resolve tudo o que está confuso. À Rainha do Céu, a Deusa do Universo, Aquela que andou em caos terrível e trouxe a vida por meio da Lei do Amor. E do Caos nos trouxe harmonia, e do Caos Tu nos conduziste pela mão.

– Babilônia, séculos XVIII a VII a.C.

Ouvi, Oh regiões, o louvor à Rainha Nana. Engrandecei a Criadora, exaltai a dignificada, exaltai A Gloriosa, chegai perto da Poderosa Senhora.

– Suméria, século XIX a.C.

PREFÁCIO

Como de fato aconteceu? Como os homens adquiriram o controle que hoje permite que eles ordenem o mundo de modos tão diversos, como decidir quais guerras serão travadas e em que momento, ou como e a que horas o jantar deve ser servido?

Este livro é resultado de minhas reações a essas e a outras questões similares que preocupam muitos de nós, sobre o status das mulheres em nossa sociedade. Como se em resposta a essas dúvidas, outra questão se apresenta. O que mais podemos esperar em uma sociedade que durante séculos ensinou a crianças, meninas e meninos, que uma deidade MASCULINA criou o universo e tudo o que ele contém, criou o HOMEM à sua imagem e semelhança, e depois, como quem pensa melhor, criou a mulher para obedientemente ajudar esse homem em seus projetos? Como, de muitas maneiras, a imagem de Eva, criada para seu marido e a partir dele, a mulher que supostamente desencadeou a ruína da humanidade, veio a se tornar a imagem de todas as mulheres?

Pouca gente que vive em sociedades que seguem o cristianismo, o judaísmo ou o islamismo não conhece a história de Eva dando ouvidos à serpente no Jardim do Éden, comendo o fruto proibido e convencendo Adão a comê-lo também. Em geral, é nos anos mais impressionáveis da infância que aprendemos que o ato de comer o saboroso fruto da árvore do conhecimento do bem e do mal causou a perda do Paraíso, a expulsão de Adão e de Eva, e com eles a retirada de toda a humanidade desse lugar de êxtase e contentamento. Também somos levados a crer que, em consequência desse ato, Deus decretou que a mulher deveria submeter-se ao domínio do homem – presenteado, então, com o direito divino de subjugá-la – desde aquele momento até hoje.

A expulsão de Adão e de Eva do Paraíso não é exatamente manchete de jornal, mas poucos acontecimentos contemporâneos afetaram as mulheres de hoje de modo tão direto. No esforço de alcançar um status de igualdade para as mulheres, em uma sociedade ainda permeada pelos valores e pela moralidade judaico-cristãos (que penetraram a fundo nos aspectos mais seculares da civilização moderna), logo percebemos que uma análise profunda desse mito criador, juntamente com suas origens históricas, nos transmite informações vitais. O que nos permite compreender o papel que as religiões contemporâneas tiveram e continuam a ter na opressão e subjugação das mulheres – e as razões para isso.

Na pré-história e nos primeiros períodos do desenvolvimento da humanidade, existiam religiões que reverenciavam uma criadora suprema. A Grande Deusa – a Divina Ancestral – foi adorada desde o começo do Neolítico, de 7000 a.C. até o fechamento dos últimos templos da Deusa, cerca de 500 d.C. Alguns especialistas entendem que os tempos de adoração à Deusa se estendem até a Alta Idade Paleolítica, cerca de 25000 a.C. No entanto, eventos da Bíblia, que em geral são descritos como ocorridos "nos primórdios", de fato ocorreram em períodos históricos. Muitos estudiosos da Bíblia estimam que Abraão, primeiro profeta do deus hebreu-cristão Iavé, mais conhecido como Jeová, não viveu antes de 1800 a.C. e possivelmente após 1500 a.C.

Mais significativo é perceber que durante milhares de anos as duas religiões existiram simultaneamente entre povos vizinhos. Evidências arqueológicas, mitológicas e históricas revelam que a religião feminina, longe de se extinguir naturalmente, foi vítima de séculos de perseguição contínua e de supressão pelos defensores das novas religiões, que adotavam deidades masculinas como supremas. E dessas novas religiões derivou-se o mito de Adão e Eva e da perda do Paraíso.

Como seria a vida de mulheres vivendo em uma sociedade que venerava uma Criadora sábia e valente? Por que os membros das religiões masculinas que vieram depois lutaram com tanta agressividade para suprimir essa adoração, e até mesmo a lembrança dela? O que a lenda de Adão e Eva realmente significa, e quando e por que foi escrita? As respostas que encontrei formam o conteúdo deste livro. *Quando Deus era mulher* é a história da supressão dos ritos femininos. Foi escrito para explicar os eventos históricos e as medidas políticas que levaram à escrita do mito judaico--cristão da Queda, da perda do Paraíso e, não menos importante, por que a culpa dessa perda foi atribuída à Eva, e desde então recai pesadamente sobre todas as mulheres.

INTRODUÇÃO

Para muitos de nós, a religião hoje parece uma relíquia arcaica remanescente do passado, principalmente os escritos do Velho Testamento, que falam de um tempo muitos séculos antes do nascimento de Cristo. Para muitos pais, avós e bisavós, porém, esses escritos ainda eram vistos como o sagrado evangelho, a palavra divina. Suas crenças religiosas, por sua vez, e seus subsequentes comportamentos e valores sociais deixaram uma marca em vários aspectos. Sem dúvida, o passado ancestral não está tão distante quanto imaginamos ou preferimos acreditar.

Na verdade, é para esses períodos remotos da história humana que devemos viajar se quisermos compreender como e por que o homem adquiriu a imagem daquele que realiza os maiores e mais importantes feitos, ao passo que a mulher foi relegada ao papel de ajudante paciente, e subsequentemente convencida de que esse era o estado *natural* das relações entre os dois sexos. Precisamos explorar as mais antigas origens das civilizações humanas e o desenvolvimento inicial dos padrões religiosos. E, como veremos, essa não será uma tarefa fácil.

É chocante perceber quão pouco foi escrito sobre as deidades femininas adoradas nos períodos mais arcaicos da existência humana, e exasperante confrontar o fato de que até mesmo o material que foi produzido tem sido quase totalmente ignorado na literatura popular e na área da educação. Grande parte da informação e das produções relacionadas à vasta religião feminina, que floresceu por milhares de anos antes do advento do judaísmo, do cristianismo e da Idade Clássica dos gregos, foi desenterrada apenas para voltar a ser enterrada em obscuros textos arqueológicos, guardados e protegidos cuidadosamente nos acervos exclusivos de bibliotecas em universidades e museus. Muito desse conteúdo só está acessível mediante vínculo universitário ou para quem tem grau superior.

Anos atrás, decidi iniciar uma busca que me fez percorrer meio mundo, de São Francisco a Beirute. Eu queria saber mais sobre a antiga religião da Deusa. Nessa jornada passei por bibliotecas, museus, universidades e sítios arqueológicos nos Estados Unidos, na Europa e no Oriente Próximo. De lugar em lugar, compilei informações de uma grande variedade de fontes, pacientemente, destilando cada frase, oração ou fragmento de lenda a partir de uma miríade de informações diversas.

Ao reunir esse material sobre as primeiras deidades femininas, descobri que muitas lendas foram usadas para dramatizações ritualísticas. Estavam ali, encenadas em cerimônias religiosas de festivais sagrados ao lado de outros rituais. Estátuas, murais, inscrições, placas de argila e papiros que registraram eventos, lendas e orações, revelaram a forma e o comportamento da religião, bem como a natureza da deidade. Era comum encontrar comentários na literatura de um país sobre a religião e as divindades de outros. Foi muito interessante perceber que os mitos que explicavam as origens de determinada cultura nem sempre eram os mais antigos. Novas versões suplantavam e descartavam as anteriores, declarando solenemente que "assim é tal qual fora nos primórdios".

O professor Edward Chiera, da Universidade de Chicago, escreveu sobre o mito babilônio da criação do Céu e da Terra pelo deus Marduque, dizendo que "Marduque, o novo deus dessa cidade tão nova, decerto não tinha o direito de se apropriar da glória de tão grande proeza. (...) Mas no tempo de Hamurabi a Babilônia era o centro do reino. (...) Marduque, apoiado pelos exércitos de Hamurabi, agora podia se declarar o deus mais importante da terra". Chiera conta também que na Assíria, onde o deus Assur findou tornando-se a deidade suprema, "os sacerdotes assírios deram tal honra a Assur simplesmente reescrevendo o conteúdo das tábuas da velha Babilônia, substituindo Marduque pelo nome do deus deles. O trabalho não foi muito bem feito, e em algumas partes o nome de Marduque ainda se esgueira".

Nas dificuldades que encontrei na coleta de material, não pude deixar de pensar nos escritos e na estatuária antiga que devem ter sido destruídos intencionalmente. Relatos das atitudes antagônicas do judaísmo, cristianismo e maometismo (islamismo) com relação a artefatos sagrados das religiões que as precederam revelam que isso aconteceu no caso da Deusa adorada em Canaã (Palestina). Os massacres sangrentos, as demolições de estátuas (ídolos pagãos) e de santuários estão registrados nas páginas da Bíblia, seguintes

INTRODUÇÃO

ao comando de Iavé: "Deveis destruir completamente todos os lugares em que as nações ocupadas por vós serviram aos deuses delas, nas montanhas, nas colinas, sob qualquer árvore frondosa, deveis pôr abaixo seus altares, esmagar seus pilares, cortar seus bastões sagrados, atear fogo às imagens esculpidas de seus deuses e fazer desaparecer seus nomes do lugar" (Deuteronômio 12:2,3). Não resta dúvida de que os contínuos ataques registrados no Velho Testamento destruíram informações preciosas e irrecuperáveis.

Tempos depois, os cristãos ficariam conhecidos em todo o mundo por sua destruição da literatura e dos ícones sagrados pertencentes a religiões que chamavam de "pagãs" ou "gentias". O professor George Mylonas escreveu que, durante o reinado do imperador cristão Teodósio, os "cristãos, principalmente em cidades grandes de Antióquia e Alexandria, eram os perseguidores, e os pagãos, os perseguidos; templos e ídolos foram destruídos pelo fogo e os devotos, maltratados". À medida que a adoração às antigas deidades era suprimida e seus templos destruídos, fechados ou convertidos em igrejas cristãs, como acontecia com muita frequência, estátuas e registros históricos eram obliterados pelos padres missionários da cristandade.

Apesar de importante, a destruição não foi total. Felizmente muitos objetos foram negligenciados, remanescentes que hoje contam uma versão própria da natureza dos odiados rituais e crenças dos "pagãos". A enorme quantidade de estatuetas da Deusa encontradas em escavações do Neolítico e primeiros períodos históricos do Oriente Próximo e Médio sugerem que podem ter sido os evidentes atributos femininos de praticamente todas as estátuas que incomodaram os defensores da deidade masculina. Muitos "ídolos pagãos" tinham seios.

Os autores das escrituras judaico-cristã, tal como as conhecemos, parecem ter escamoteado de propósito a identidade sexual da deidade feminina considerada sagrada pelos vizinhos dos hebreus em Canaã, na Babilônia e no Egito. O Velho Testamento não tem sequer uma palavra para "Deusa". Na Bíblia, a Deusa é chamada Elohim, no gênero masculino, para ser traduzido por deus. Mas fica bem óbvio no Corão dos maometanos, que diz que "Allah não tolera idolatria (...) as orações pagãs a mulheres".

Dado que grande parte das informações foram obtidas em bibliotecas de universidades e museus, outro problema que encontrei foi a discriminação sexual e religiosa de muitos acadêmicos eruditos dos séculos XIX e XX. A maioria das informações disponíveis, tanto da arqueologia como da história antiga da religião, foi compilada e discutida por eles. A predominância esmagadora de eruditos do sexo masculino, e o fato de que quase todos os peritos em arqueologia, história e teologia de ambos os sexos cresceram em sociedades que adotam as religiões de orientação masculina (judaísmo ou cristianismo), parecem exercer forte influência sobre o que foi incluído e expandido, e o que foi considerado menor e não digno de menção. O professor R. K. Harrison escreve sobre a religião da Deusa: "Uma de suas características mais proeminentes era a lascívia, o caráter depravado, orgiástico, de seus procedimentos cultuais." Apesar das descobertas de templos da Deusa em quase todas as escavações do período histórico e do Neolítico, Werner Keller escreve que a deidade feminina era adorada primariamente em "colinas e outeiros", simplesmente fazendo eco às palavras do Velho Testamento. O professor W. F. Albright, uma das maiores autoridades em arqueologia na Palestina, descreveu a religião feminina como "adoração de natureza orgiástica, nudez sensual e mitologia grosseira". E prossegue dizendo que "foi substituída por Israel, com sua simplicidade pastoral e pureza de vida, seu nobre monoteísmo e seu severo código de ética". É difícil entender como essas palavras podem ser justificadas academicamente depois de ler sobre todos os massacres perpetrados pelos hebreus sobre os habitantes originais de Canaã, conforme descritos no Livro de Josué, principalmente nos capítulos 9 ao 11. O professor S. H. Hooke, em sua coletânea de ensaios *Myth, Ritual and Kinship*, admite abertamente: "Acredito firmemente que Deus escolheu Israel como veículo da revelação."

O próprio Albright escreveu:

> Dizem com frequência que a qualidade científica da arqueologia palestina foi seriamente prejudicada pelos preconceitos religiosos de peritos que escavaram na Terra Santa. É verdade que alguns arqueólogos foram atraídos para a Palestina por seu interesse na Bíblia e que alguns destes foram instruídos principalmente como estudiosos da Bíblia.

INTRODUÇÃO

Mas, em seguida, ele rejeita essa possibilidade de dano, baseando sua conclusão no fato de que as datas atribuídas aos sítios e artefatos da antiga Palestina pelos eruditos que tomaram parte nas primeiras escavações mais tarde se mostraram muito recentes, e não tão antigas quanto se poderia esperar. Sequer entrou em discussão se as atitudes e crenças inerentes a possíveis "preconceitos religiosos", como se sugeriu, poderiam ter influenciado de modo sutil as análises e descrições do simbolismo, dos rituais e da natureza da religião antiga em geral.

Muitos textos arqueológicos mencionam a religião feminina como "culto da fertilidade", revelando, talvez, as atitudes com relação à sexualidade presentes em várias religiões contemporâneas e que podem ter influenciado tais autores. Mas as evidências arqueológicas e mitológicas da veneração à deidade feminina como criadora e regente do universo, profeta, provedora do destino da humanidade, inventora, curadora, caçadora e líder valorosa nas batalhas, sugere que o título "culto da fertilidade" pode ser uma grosseira simplificação de uma complexa estrutura teológica.

Ao prestar mais atenção à semântica, insinuações linguísticas e nuances de significado, observei que a palavra "culto", cujas conotações sugerem algo menos refinado ou civilizado do que "religião", era quase sempre aplicada a deidades femininas, não por ministros da Igreja, mas por arqueólogos e historiadores supostamente mais objetivos. Os rituais associados ao judaico-cristão Iavé (Jeová) foram sempre descritos respeitosamente por esses mesmos estudiosos como "religião". Foi reparando que as palavras "Deus", e até "Ele" sempre começavam com letra maiúscula, enquanto "rainha do céu", "deusa" e "ela" eram escritas com minúsculas, que decidi tentar outra abordagem, observando como essas mudanças aparentemente pequenas afetavam, com sutileza, o significado bem como o impacto emocional.

Em descrições de cidades e templos soterrados há muito tempo, acadêmicos colocaram a Deusa sexualmente ativa como "imprópria", "insuportavelmente agressiva" ou "vergonhosamente desprovida de moral", enquanto deidades masculinas que estupravam ou seduziam mulheres e ninfas nas lendas eram descritas como "brincalhões" e até admiravelmente "viris". A natureza abertamente sexual da Deusa, justaposta à sagrada divindade Dela, confundiu um acadêmico a tal ponto que ele se decidiu pelo espantoso título de Virgem-Meretriz. As mulheres que seguiam os costumes sexuais da fé na Deusa, conhecidas em sua própria linguagem como mulheres sagradas ou consagradas, eram sempre referidas como "prostitutas ritualísticas". Mais uma vez, essa escolha de palavras revela uma ética muito etnocêntrica, provavelmente baseada em atitudes bíblicas. Contudo, usar o termo "prostituta" na tradução do título de mulheres conhecidas de fato como *qadesh*, que quer dizer sagrada, sugere uma falta de compreensão da própria estrutura teológica e social que tais autores tentavam descrever e explicar.

Descrições da deidade feminina como criadora do universo, inventora ou provedora da cultura recebiam uma ou duas linhas, isto quando mencionadas. Os autores rapidamente descartavam esses aspectos da deidade feminina como se desprovidos de importância. E, apesar do fato de, na maioria dos documentos históricos do Oriente Próximo, o título da Deusa ser Rainha do Céu, alguns autores queriam reconhecê-la apenas como a eterna "Mãe Terra".

A divindade feminina, reverenciada como guerreira ou caçadora, combatente corajosa ou ágil artilheira, às vezes era descrita como possuidora dos "mais curiosos atributos masculinos", com a implicação de que Sua força e Seu valor faziam Dela algo como uma aberração, uma anormalidade psicológica. J. Maringer, professor de arqueologia pré-histórica, rejeitou a ideia de que crânios de renas eram troféus de uma tribo paleolítica. O motivo? Foram encontrados no túmulo de uma mulher. Ele escreve: "Aqui o esqueleto era de uma mulher, circunstância que parece excluir a possibilidade de crânios e galhadas de renas terem sido troféus de caça." Teriam esses autores julgado a natureza física feminina a partir dos ideais de mulher frágil e chorosa oriundos de uma moda ocidental atual?

As sacerdotisas da Deusa, que ofereciam orientações e conselhos em Seus santuários de sabedoria profética, eram descritas como adequadas para essa posição, dado que, como mulheres, eram mais "intuitivas" e "emocionais", e, portanto, médiuns ideais para a revelação divina. Esses mesmos autores desconsideravam a importância política dessas orientações, ou a possibilidade de que essas mulheres deveriam realmente ser respeitadas como detentoras de sabedoria e conhecimentos, capazes de ocupar posições vitais de aconselhamento. Estranhamente, qualidades emocionais ou poderes intuitivos nunca foram mencionados com relação aos profetas masculinos de Iavé. Gerhard von Rad comentou: "(...) sempre foram as mulheres que demonstraram tendência para cultos obscuros astrológicos."

INTRODUÇÃO

A palavra "deuses" em vez da palavra "deidades", sendo que tanto deidades femininas quanto masculinas foram estudadas, era escolhida com maior frequência pelos escribas contemporâneos da religião antiga. Até algo simples como em Driver –"Ele tirou dos campos as mulheres catando gravetos" – e em Gray – "Para lá e para cá nos campos, as mulheres se ocupavam de cortar madeira" – levantou questões sobre a precisão de certos termos usados em traduções. É verdade que em geral é muito difícil decifrar e traduzir linguagens arcaicas em termos contemporâneos. Em certos casos, alguns palpites baseados na erudição podem ser temporariamente úteis, mas é também nesse ponto que vieses preconceituosos têm a chance de aparecer.

Infelizmente, exemplos de traduções possivelmente imprecisas, comentários tendenciosos, suposições e especulações se mesclam inocentemente em explicações de atitudes e crenças dos tempos antigos. A tendenciosidade masculina e as atitudes religiosas preconcebidas, que aparecem em temas de maior ou menor importância, levantam questões prementes e pertinentes acerca da objetividade das análises do material arqueológico e histórico disponível atualmente. Isso sugere que teorias e conclusões aceitas de longa data precisam ser reexaminadas, reavaliadas e, quando indicadas por evidências mais atuais, revisadas.

Em 1961, uma série de erros foi apontada pelo professor Walter Emery, que participou das escavações de alguns dos mais antigos túmulos egípcios. Ele nos conta que a "posição cronológica e o status de Meryet-Nit são incertos, mas há motivos para se supor que ela teria sido a sucessora de Zer e terceira soberana da Primeira Dinastia". Sobre a escavação desse túmulo em 1900 por Sir Flinders Petrie, Emery diz: "Na época, acreditava-se que Meryet-Nit era um rei, mas pesquisas posteriores mostraram que se tratava de um nome de mulher e, a julgar pela riqueza da câmara mortuária, uma rainha."

Ele prossegue: "Em 1896, De Morgan, então diretor do Serviço de Antiguidades, descobriu em Nagadeh um enorme túmulo que, pelos objetos nele encontrados, foi identificado como o local funerário de Hor-Aha, primeiro rei da Primeira Dinastia. No entanto, pesquisas posteriores mostraram ser mais provável que fosse o sepulcro de Nit-Hotep, mãe de Hor-Aha." E mais uma vez ele afirma: "No bastão de Narmer, uma figura sentada num palanquim com dossel foi tida como homem, mas uma comparação com figuras similares num selo de madeira de Sakkara mostra que isso é improvável e é quase certo que represente uma mulher." E, apesar de seus próprios relatos dessa suposição de que os enterros mais ricos e os palanquins reais do passado fossem para homens e não para mulheres, ao descrever a tumba do rei Narmer, ele declara: "Esse monumento é quase insignificante em comparação com o túmulo de Nit-Hotep em Nagadeh e *somente podemos concluir* que essa era apenas a tumba do rei no sul, e que seu verdadeiro local de enterro ainda está para ser descoberto." (Grifo meu.) Embora alguns faraós tenham construído dois túmulos, espera-se um "possivelmente" ou "provavelmente" em vez dessa conclusão absoluta e o descarte implícito da possibilidade de que, nesse período da primeira dinastia egípcia, a tumba de uma rainha poderia ser maior e mais ricamente adornada que a de um rei.

Em *Palestine Before the Hebrews*, E. Anati descreve um grupo de asiáticos chegando ao Egito. Nessa descrição, ele conta que foram os homens que lá chegaram e trouxeram consigo seus bens, seus jumentos, esposas e filhos, ferramentas, armas e instrumentos musicais, nesta ordem. A descrição que Anati faz da antiga aparência da Deusa não é menos masculino-orientada: "Esses *homens* do Paleolítico Superior também criaram uma figura feminina aparentemente representando uma deusa ou um ser de fertilidade (...) as implicações psicológicas da deusa mãe são, portanto, de tremenda importância. (...) Aqui inegavelmente está a figura de um *homem* pensante, de um *homem* com realizações intelectuais e materiais." (Grifo meu.) Não poderiam ter sido as ancestrais dessas mulheres arroladas com os jumentos e outros bens, as *mulheres* pensantes, *mulheres* com realizações intelectuais e materiais?

A dra. Margaret Murray, da Universidade de Londres, escrevendo em 1949 sobre o Egito antigo, sugeriu que toda a série de eventos acerca dos relacionamentos "românticos" de Cleópatra, que de fato tinha o legítimo direito ao trono egípcio, foi mal compreendida em resultado da tendenciosidade masculina. Ela salienta que "os historiadores clássicos, imbuídos como eram dos costumes de monogamia e descendência patrilinear, além de verem as mulheres como bens móveis dos homens, não entenderam nada da situação e passaram sua interpretação equivocada para o resto do mundo".

Estes são apenas alguns exemplos da tendenciosidade sexual e religiosa que encontrei. Como diz Cyrus Gordon, professor de Estudos do Oriente

INTRODUÇÃO

Próximo e ex-diretor do departamento na Universidade Brandeis de Massachusetts, "absorvemos atitudes, além do tema, no processo de aprendizado. E as atitudes tendem a determinar o que vemos e o que não vemos no tema em questão. Por isso, a atitude é tão importante quanto o tema no processo de aprendizado". Muitas questões vêm à mente. Quão influenciados pelas religiões contemporâneas eram muitos dos acadêmicos autores dos textos disponíveis hoje? Quantos estudiosos simplesmente entenderam que os homens sempre tiveram o papel dominante em liderança, criatividade e invenções, e projetaram essa suposição em sua análise de culturas antigas? Por que tantas pessoas educadas neste século pensam na Grécia clássica como a primeira cultura de maior relevância, sendo que já se usava a língua escrita e havia grandes cidades construídas pelo menos vinte e cinco séculos antes? E, talvez o mais importante: por que se deduz que a era das religiões "pagãs", quando ocorria a adoração das deidades femininas (se é que são mencionados), era sombria e caótica, regida por mistério e maldade, sem a luz da ordem e da razão que supostamente acompanhava as religiões masculinas posteriores – sendo que há confirmação arqueológica de que o desenvolvimento inicial de leis, governo, medicina, agricultura, arquitetura, metalurgia, veículos com rodas, cerâmica, tecelagem e a linguagem escrita se deu nas sociedades que adoravam a Deusa? Podemos indagar as razões da falta de informações acessíveis sobre sociedades que, durante milhares de anos, adoraram a antiga Criadora do Universo.

Apesar de muitos obstáculos, consegui reunir as informações existentes e passei a comparar e correlacionar o que coletei. Nesse processo, a importância, a longevidade e a complexidade dessa religião arcaica começaram a tomar forma. Na maioria das vezes, havia apenas a menção à Deusa, um trecho de uma lenda, uma referência obscura, enfiados entre quatrocentas ou quinhentas páginas de erudição acadêmica. Um templo abandonado em Creta ou uma estátua num museu em Istambul, com pouca ou nenhuma informação, passaram a encontrar lugar no panorama geral.

Reunindo a duras penas esse material, comecei enfim a compreender a realidade. Era mais do que a inscrição de uma prece antiga, mais do que uma relíquia artística na vitrine de um museu, mais do que um terreno coberto de mato com pedaços de colunas quebradas ou pedras de fundação em que outrora se erguia um templo. Lado a lado, as peças desse quebra-cabeça

25

revelaram a estrutura geral de uma religião importante, com vasta abrangência geográfica, que afetou a vida de multidões durante milhares de anos. Assim como as religiões de hoje, ela era totalmente integrada nos padrões e nas leis da sociedade, com a moral e as atitudes associadas às crenças teológicas, provavelmente atingindo em profundidade a mais agnóstica ou ateia das mentes.

Não estou sugerindo o retorno ou ressurgimento da antiga religião feminina. Como Sheila Collins escreve: "Enquanto mulheres, nossa esperança de satisfação repousa no presente e no futuro, e não em um reluzente passado mítico." Eu mantenho a esperança, porém, de que tomar consciência hoje de uma antiga e amplamente difundida veneração a uma deidade feminina, sábia Criadora do Universo e de toda a vida e civilização, pode ser útil para atravessar as muitas imagens, estereótipos, costumes e leis opressivas, falsamente estabelecidas e patriarcais, que foram desenvolvidas como reações diretas à adoração da Deusa e ditadas pelos líderes das religiões masculinas. Pois, como explicarei, as invenções ideológicas de defensores das deidades masculinas posteriores é que foram impostas sobre a antiga adoração, com a intenção de destruí-la e a seus costumes, e ainda são – por meio de sua subsequente absorção pela educação, leis, literatura, economia, filosofia, psicologia, mídia e atributos sociais em geral – impostas até mesmo sobre a maioria das pessoas não religiosas de hoje.

Este texto não pretende ser arqueológico nem histórico. É mais um convite a todas as mulheres para participar dessa busca, a fim de descobrirem quem realmente são, começando por saber que nossa herança é mais do que um fragmento enterrado de uma cultura masculina. Precisamos começar a remover a mística exclusiva do estudo de arqueologia e da religião antiga, a explorar o passado por nossa conta em vez de permanecermos dependentes de interesses, interpretações, traduções, opiniões e pronunciamentos apresentados até agora. À medida que compilamos as informações, somos mais capazes de entender e explicar as suposições errôneas nos estereótipos inicialmente criados para que as mulheres aceitassem e seguissem ditames das religiões de orientação masculina em que, de acordo com a palavra divina, uma determinada característica era normal ou natural, sendo qualquer desvio impróprio, não feminino e até mesmo pecaminoso. Somente quando muitos dos princípios das teologias judaico-cristãs forem vistos à luz de suas origens políticas, e à subsequente absorção desses princípios pela vida secular for compreendida, é que as mulheres poderão se enxergar como seres humanos maduros e autodeterminados. De posse dessa compreensão poderemos ser capazes de nos vermos não como auxiliares permanentes, mas como fazedoras, não como assistentes decorativas e convenientes para os homens, mas como indivíduos responsáveis e competentes por nosso próprio direito. A imagem de Eva não é *nossa* imagem de mulher.

É também um convite a todos os homens – àqueles que já questionaram o que há por trás das imagens e dos papéis sociais de mulheres e homens na contemporaneidade e àqueles que nunca pensaram no assunto. É um convite extensivo na esperança de que a tomada de consciência das origens históricas e políticas da Bíblia, e do papel desempenhado ao longo dos séculos pelas teologias judaico-cristãs na formulação das atitudes de homens e mulheres de hoje, possa levar a um maior entendimento, mais cooperação e respeito mútuo entre os sexos do que tem sido possível até agora. Para os homens interessados em atingir essa meta, explorar o passado oferece um entendimento mais profundo e realista dos estereótipos sexuais atuais, colocando-os na perspectiva de sua evolução histórica.

Assim como em qualquer trabalho ou estudo extensivo, muitas pessoas ajudaram amavelmente nesse percurso, pessoas a quem devo muitos agradecimentos. Em primeiro lugar quero agradecer a minha mãe, minha irmã e a minhas duas filhas pelo apoio emocional que me deram durante todos os anos de pesquisa. Gostaria também de expressar minha gratidão a Carmen Callil e Ursula Owen da Virago Limited, do departamento feminista da Quartet Books Limited, em Londres, que dedicaram tanto tempo, esforço e interesse pessoal na edição e publicação deste livro na Inglaterra; a Joyce Engelson, Debra Manette, Donna Schrader, Anne Knauerhase e a todos os demais de The Dial Press que, por sua vez, muito contribuíram amavelmente para esta edição. Em seguida agradeço a todos os diretores e funcionários de museus, aos bibliotecários de museus e universidades, arqueólogos e funcionários em sítios arqueológicos, tantos que hesito em citar seus nomes por receio de deixar alguém de fora, mas quase todos extremamente atenciosos. Depois, aos arqueólogos e historiadores cujos livros usei. (Muitos incluíram apenas fragmentos muito superficiais e outros conseguiram até ignorar totalmente a existência da deidade feminina.) Embora alguns comentários e conclusões tenham me feito estremecer de espanto e consternação diante de suas crenças internalizadas e inquestionadas acerca da dominância natural dos homens, seus trabalhos de escavar e decifrar os artefatos do passado tornaram este livro possível. Na verdade, não posso evitar a esperança de que tudo o que eu disse e direi neste livro tenha algum efeito em sua futura percepção dos povos que adoravam a Deusa.

Os trabalhos do falecido Stephen Langdon, S. G. F. Brandon, Edward Chiera, Cyrus Gordon, Walther Hinz, E. O. James, James Mellaart, H. W. F. Saggs, J B. Pritchard e R. E. Witt foram úteis, mas meu débito principal é para com mulheres acadêmicas, como as falecidas Margaret Murray e Jane Harrison, E. Douglas van Buren, Sybelle von Cles-Reden, Florence Bennett, Rivkah Harris e Jacquetta Hawkes, por terem apresentado informações vitais com uma percepção única, dando-me a coragem de questionar a objetividade de tantos escritos, de aprender a peneirar com cuidado o material de modo a separar a opinião e o fato, e – talvez o mais importante – de começar a observar quantas informações eram deixadas de fora.

Embora a arqueologia e a religião arcaica possam parecer muito isoladas, ou pertencentes ao campo esotérico, espero que este livro encoraje mais pessoas a explorar por conta própria estes temas, para que algum dia possamos entender melhor os eventos do passado, trazer à luz o que foi escondido por descuido ou intenção, e desafiar as inúmeras suposições infundadas que há muito tempo vêm se passando por fatos.

CAPÍTULO 1

Lendas com um
ponto de vista

Mesmo vivendo cercados de altos prédios metálicos, bancadas de fórmica e telas eletrônicas, alguma coisa em cada um de nós, mulheres ou homens, nos conecta profundamente com o passado. Pode ser a inesperada umidade de uma caverna na praia ou as faixas de sol espreitando pelas formas rendadas das folhas de altas árvores num bosque escuro, que desperte nos recessos ocultos da mente os ecos distantes de um tempo remoto, antigo, nos levando de volta aos primeiros movimentos da vida humana no planeta. Nas pessoas criadas e programadas segundo as atuais religiões patriarcais, que nos afetam mesmo nos aspectos mais seculares da sociedade, talvez ainda exista uma lembrança persistente, quase inata, de santuários e templos sagrados cuidados por sacerdotisas que seguiam a religião da suprema deidade original. No começo, as pessoas oravam à Criadora da Vida, a Senhora do Céu. Na aurora da religião, Deus era mulher. Você se lembra?

Algo me atraiu magneticamente, por anos, à exploração de lendas, locais de templos, estátuas e ritos antigos das deidades femininas, transportando-me a uma época em que a Deusa era onipotente e as mulheres eram Seu clero, controlando a forma e os ritos da religião.

Talvez minha formação e trabalho como escultora tenham me apresentado as esculturas da Deusa encontradas nas ruínas de santuários pré-históricos e primeiras habitações de seres humanos. Talvez certo misticismo romântico, de que já me envergonhei, mas hoje confesso com alegria, por anos tenha me levado ao hábito de pesquisar informações sobre as primeiras religiões femininas e a veneração de deidades femininas. De vez em quando, eu tentava rejeitar meu fascínio pelo assunto, considerando fantasioso demais e desconectado de meu trabalho (na ocasião, eu construía esculturas eletrônicas). Mesmo assim, sempre me encontrava analisando periódicos de arqueologia e me debruçando sobre textos nas estantes de bibliotecas universitárias e museus.

Enquanto lia, percebi que em algum ponto da minha vida me disseram – e aceitei – que o Sol, grande e poderoso, era naturalmente adorado como homem, enquanto a Lua, discreta, símbolo delicado de sentimento e amor, sempre tinha sido reverenciada como mulher. Grande foi minha surpresa ao descobrir relatos de Deusas do Sol nas terras de Canaã, Anatólia, Arábia e Austrália, e as Deusas do Sol de esquimós, japoneses, e do povo khasi, na Índia, que eram acompanhadas por irmãos subordinados, representados pela Lua.

Eu já havia assimilado a ideia de que a Terra era invariavelmente identificada como feminina, a Mãe Terra, que aceita passivamente a semente, enquanto o Céu era inerente e naturalmente masculino, sua intangibilidade simbolizando a suposta capacidade exclusiva dos homens de pensar em conceitos abstratos. Isso eu também tinha aceitado sem questionar – até saber que quase todas as deidades do Oriente Próximo e Médio eram intituladas Rainha do Céu – no Egito, não apenas a antiga Deusa Nut era conhecida como os Céus, mas seu irmão-marido Geb era simbolizado pela Terra.

Mais admirável ainda foi a descoberta de numerosos relatos das Criadoras femininas de toda existência, divindades a quem se atribuía não só o surgimento das primeiras pessoas, mas também de toda a Terra e dos Céus. Havia registros dessas Deusas na Suméria, Babilônia, Egito, África, Austrália e China.

Na Índia, a Deusa Sarasvati era honrada como inventora do alfabeto original, e na Irlanda celta a Deusa Brigit era estimada como a deidade padroeira da linguagem. Alguns textos revelaram que a Deusa Nidaba, na Suméria, era honrada como a inventora original das placas de argila e das artes da escrita. Ela figurava nessa posição antes de ser substituída por qualquer deidade masculina. A escriba oficial do céu na Suméria era mulher. O mais significativo, contudo, foi a evidência arqueológica dos primeiros exemplos de linguagem escrita descobertos até então; também localizados na Suméria, no templo da Rainha do Céu em Uruque, criados há mais de cinco mil anos. Embora quase sempre a invenção da escrita seja atribuída ao *homem*, seja da forma que for, a combinação dos fatores citados apresenta argumentos bem convincentes de que, na verdade, deve ter sido uma mulher a cunhar as primeiras marcas coerentes na argila úmida.

Segundo a teoria geralmente aceita de que as mulheres eram responsáveis pelo desenvolvimento da agricultura, uma extensão de suas atividades como provedoras da alimentação, em toda parte havia deidades femininas às quais se creditava esse presente à civilização. Na Mesopotâmia, onde foram encontradas as primeiras evidências do desenvolvimento da agricultura, a Deusa Ninlil era reverenciada por ter fornecido a Seu povo o entendimento dos métodos de plantio e colheita. Em quase todas as partes do globo as deidades femininas eram enaltecidas como curadoras, fornecendo ervas, raízes e folhas curativas, além de outros auxílios médicos, e as sacerdotisas dos templos assumiam o papel de médicas para os devotos.

Algumas lendas descreviam a Deusa como guerreira poderosa, corajosa, líder nas batalhas. A adoração da Deusa como valente guerreira deve ser a causa de numerosos relatos de soldadas femininas, posteriormente referidas nos clássicos gregos como amazonas. Uma análise minuciosa dos relatos sobre o apreço das amazonas pela deidade feminina torna evidente que as mulheres que adoravam uma Deusa guerreira caçavam e lutavam nas terras da Líbia, Anatólia, Bulgária, Grécia, Armênia e Rússia, bem diferentes das fantasias míticas que tantos escritores atuais nos levariam a crer.

Obviamente reparei nas imagens contemporâneas a subtração das atitudes pré-históricas e arcaicas acerca das capacidades mentais e intelectuais das mulheres, pois em quase todo lugar a Deusa foi reverenciada como sábia conselheira e profeta. Nas lendas irlandesas pré-cristãs, a celta Cerridwen era a Deusa da Inteligência e do Conhecimento; nos santuários pré-gregos, as sacerdotisas da Deusa Gaia forneciam a sabedoria da revelação divina; a grega Deméter e a egípcia Ísis eram invocadas como legisladoras e fontes de sabedoria, conselho e justiça virtuosos. A Deusa Maat egípcia representava a própria ordem, o ritmo e a verdade do universo. Na Mesopotâmia, Ishtar era considerada a Diretora do Povo, a Profeta, a Senhora da Visão, e os registros arqueológicos da cidade de Nimrud, onde Ishtar era venerada, revelaram que as mulheres atuavam como juízas e magistradas nos tribunais da lei.

Quanto mais eu lia, mais descobria. A adoração de deidades femininas aparecia em todas as partes do mundo, apresentando uma imagem da mulher que eu jamais encontrara. Assim, comecei a refletir sobre o poder do mito e acabei compreendendo essas lendas para além da primeira impressão de serem inocentes fábulas infantis. Eram contos com um ponto de vista muito específico.

Os mitos apresentam ideias que guiam a percepção, nos condicionando a pensar e interpretar de forma específica, principalmente os jovens, mais impressionáveis. Frequentemente retratam pessoas que foram recompensadas ou punidas por seu comportamento, estimulando a ver nesses exemplos algo a copiar ou evitar. Desde a idade em que começamos a compreendê-las, muitas dessas histórias afetam profundamente nossas atitudes e noção de mundo e de nós mesmos. Nossa ética, moral, conduta, valores, senso de dever, e até o senso de humor, costumam se desenvolver a partir de simples fábulas e parábolas da infância. Por meio delas, aprendemos o que é socialmente aceitável no contexto de onde provêm. Definem bom e mau, certo e errado, o que é ou não é natural para as pessoas que consideram os mitos significativos. Os mitos e as lendas que ganharam forma e foram propagados por uma religião em que a deidade era feminina e reverenciada como sábia, valente, poderosa e justa, forneciam imagens da feminilidade bem diferentes das oferecidas pelas religiões atuais, orientadas pela masculinidade.

Quinze dias após a criação do universo

À medida que eu refletia acerca do poder do mito, ficava mais difícil evitar o questionamento sobre os efeitos que a influência dos mitos relacionados às religiões com deidades masculinas tiveram sobre minha própria concepção do significado de ter nascido mulher, outra Eva, a progenitora da minha fé na infância. Quando criança, me foi contado que Eva tinha sido feita da costela de Adão para ser sua companheira e ajudante, para que ele não ficasse sozinho. Como se essa designação permanente como figura secundária não fosse opressiva o bastante para meus futuros planos como membro iniciante da sociedade, soube depois que Eva era considerada uma tola ingênua. Os mais velhos me explicaram que ela fora enganada com facilidade pelas promessas da pérfida serpente. Eva desafiou a Deus e provocou Adão a fazer o mesmo, arruinando assim uma coisa boa – a bem--aventurada vida no Jardim do Éden. Ao que parece, nunca valeu a pena discutir por que não consideraram Adão igualmente tolo. Identificada com Eva, apresentada como símbolo de todas as mulheres, a culpa era minha, de maneira misteriosa – e Deus, vendo que o caso todo era por minha causa, escolheu punir *a mim*, decretando: "Multiplicarei muito tua dor na gravidez; com dor darás à luz teus filhos e ainda assim teu desejo será para teu marido e ele te regerá." (Gênesis, 3:16)

LENDAS COM UM PONTO DE VISTA

Desde menina me ensinaram que, por causa de Eva, quando eu crescesse teria filhos com dor e sofrimento. Como se essa penalidade não fosse suficiente, em vez de receber compaixão, simpatia ou respeito e admiração por minha coragem, eu deveria sentir essa dor com culpa, e o pecado do meu erro caía pesado sobre mim, uma punição simplesmente por eu ser mulher, uma filha de Eva. Para piorar, eu também deveria aceitar a ideia de que os homens, simbolizados por Adão, foram presenteados com o direito de me controlar – de me dominar – para evitar minhas futuras tolices. De acordo com a onipresente deidade masculina, cuja retidão e sabedoria eu deveria admirar e respeitar com reverente fascínio, os homens eram muito mais sábios do que as mulheres. Assim, minha posição penitente e submissa como mulher estava estabelecida na terceira das quase mil páginas da Bíblia judaico-cristã.

Esse decreto original da supremacia masculina, porém, era só o começo. O mito que descreve a tolice de Eva não deveria ser esquecido nem ignorado. Quando estudamos as palavras dos profetas do Novo Testamento, vemos que usam repetidamente a lenda da perda do Paraíso para explicar e até mesmo provar a inferioridade natural da mulher. As lições aprendidas no Jardim do Éden são gravadas em nós sem cessar. O homem foi criado primeiro. A mulher foi feita para o homem. Só o homem foi feito à imagem de Deus. Segundo a Bíblia e os que a aceitam como palavra divina, o deus masculino favoreceu aos homens e os designou como naturalmente superiores. Fico só imaginando quantas vezes essas passagens do Novo Testamento foram lidas num púlpito de domingo ou em casa, pelo pai ou marido – aos ouvidos de uma devota mulher.

> Que a mulher aprenda em silêncio em total sujeição. Não irei tolerar que uma mulher ensine ou usurpe a autoridade do homem, mas sim que fique em silêncio. Pois Adão foi formado primeiro, depois Eva, e Adão não foi enganado, mas a mulher enganada estava transgredindo. (I Timóteo 2:11,14)

> Pois o homem não é da mulher, mas a mulher é do homem. Que a mulher fique em silêncio nas igrejas, pois não é permitido a elas falar; são comandadas a prestar obediência, assim diz a

lei. E se aprenderem alguma coisa, que perguntem aos maridos em casa; pois é uma vergonha para a mulher falar na igreja. (I Coríntios 11:3,7,9)

Estranhamente, nunca me tornei muito religiosa, apesar dos esforços constantes dos professores na Escola Dominical. De fato, quando cheguei à adolescência já tinha rejeitado a maior parte do que as religiões organizadas tinham a oferecer. Mas alguma coisa ainda persistia do mito de Adão e Eva, como se permeasse a cultura num nível mais profundo. Aparecia e reaparecia como fundamento simbólico de poemas e romances. Nas aulas de história da arte, surgia na interpretação visual das pinturas de grandes mestres projetadas em slides. Nas revistas de moda, anúncios sugeriam que a mulher sempre poderia superar qualquer desgosto se usasse o perfume certo. Até mesmo nas tirinhas do jornal de domingo mulheres eram a base de piadas sem graça. Como se em qualquer situação a mulher fosse a tentação do homem para agir mal. Nossa sociedade inteira concordava: Adão e Eva definiam o esteriótipo de homens e mulheres. Estas eram inerentemente astutas, conspiradoras, perigosamente sedutoras e ao mesmo tempo tolas e simplórias. Obviamente precisavam de um capataz para mantê-las na linha – e por indicação divina, muitos homens pareciam bem dispostos a isso.

Quando comecei a ler outros mitos que explicavam a criação da vida, histórias que atribuíam o evento a Nut ou Hathor no Egito, Namu ou Ninhursag na Suméria, Mami, Tiamat ou Aruru em outras partes da Mesopotâmia, e Mawu também na África, percebi que a lenda de Adão e Eva não passava de mais uma fábula, uma tentativa inocente de explicar o que ocorrera logo no início da existência. E não demorou muito para que eu entendesse quão especificamente planejados haviam sido os detalhes desse mito em particular.

Em 1960, o mitólogo Joseph Campbell escreveu um comentário sobre o mito de Adão e Eva:

> A curiosa ideia mitológica e o fato ainda mais curioso de que por dois mil anos ela foi aceita no Ocidente como relato absolutamente confiável de um evento supostamente ocorrido quinze dias após a criação do universo, forçosamente lança a questão interessantíssima da influência de mitologias conspicuamente planejadas,

falsificadas, e das inflexões da mitologia sobre a estrutura das crenças humanas e o consequente curso da civilização.

O professor Chiera observa que "a Bíblia não nos dá uma história da criação, mas várias; aquela apresentada no primeiro capítulo do Gênesis parece ser a que estava menos em voga entre as pessoas comuns. (...) Evidentemente, foi produzida em círculos acadêmicos". Ele prossegue, discutindo as diferenças entre as religiões de hoje e a adoração na antiguidade:

> Há poucos anos conseguimos combinar um grande número de placas e formar a história completa de um antigo mito sumério. Eu costumava chamá-lo de teoria darwinista dos sumérios e ele deve ter circulado bastante, pois já surgiram muitas cópias. Em comum com a estória bíblica, uma mulher tem o papel dominante, assim como Eva. Mas a semelhança acaba aí. Eva, coitada, por seu ato foi desgraçada por todas as gerações seguintes, ao passo que os babilônios tinham sua ancestral mulher em tão alta conta que a deificaram.

Lendo sobre esses outros mitos, fica claro que a mulher arquetípica nas religiões antigas, representada pela Deusa, era bem diferente, em muitos aspectos, da mulher Eva. Observei então que muitas dessas lendas da origem e da criação vinham das terras de Canaã, Egito e Babilônia, as mesmas terras onde se desenvolveu o mito de Adão e Eva. As outras lendas da criação vinham da literatura mítica religiosa de pessoas que não adoravam o Iavé (Jeová) hebreu, mas que de fato eram os vizinhos mais próximos desses primeiros hebreus.

CAPÍTULO 2

Quem era ela?

Pouco depois, as diversas peças de evidências se encaixaram e as conexões começaram a tomar forma. Então compreendi. Astarote, a desprezada deidade "pagã" do Velho Testamento, era (apesar dos esforços dos escribas bíblicos para disfarçar sua identidade usando repetidamente o gênero masculino) Astarte – a Grande Deusa, como Ela era conhecida em Canaã, a Rainha do Céu no Oriente Próximo. Aqueles adoradores de ídolos pagãos na Bíblia vinham orando a um deus mulher – em outros lugares conhecida como Innin, Inanna, Nana, Nut, Anat, Anahita, Istar, Ísis, Au Set, Ishara, Aserá, Ashtart, Attoret, Attar e Hathor – a Divina Ancestral de muitos nomes. Mas todos os nomes denotavam, nas diversas línguas e dialetos dos que A veneravam, a Grande Deusa. Terá sido mera coincidência eu nunca ter aprendido, em todos aqueles anos na Escola Dominical, que Astarote era mulher?

Ainda mais espantosa foi a evidência arqueológica provando que Sua religião existira e florescera no Oriente Próximo e Médio por milhares de anos antes da chegada do patriarca Abraão, o primeiro profeta da deidade masculina Iavé. Os arqueólogos rastrearam a adoração da Deusa até as comunidades do Neolítico, em torno de 7000 a.C. e algumas do Paleolítico Superior, perto de 25000 a.C. Desde a origem no Neolítico, sua existência foi atestada repetidas vezes, até nos tempos de dominação romana. Contudo, os acadêmicos bibliólogos concordaram que Abraão vivera em Canaã (Palestina) mais tarde, entre 1800 e 1550 a.C.

Quem era essa Deusa? Por que uma mulher, em vez de um homem, fora designada a deidade suprema? Quão influente e significativa era Sua adoração e quando realmente começou? Ao me perguntar tudo isso, comecei a investigar ainda mais os tempos neolíticos e paleolíticos. Embora as deusas tenham sido adoradas no mundo inteiro, mantive o foco na religião e em sua evolução no Oriente Próximo e Médio, já que nessas terras surgiram o judaísmo, o cristianismo e o islamismo. Descobri que o desenvolvimento da religião com deidade feminina se entrelaçava com os primórdios da religião em si naquela área, mais que em qualquer outra parte da Terra estudada até hoje.

Aurora no Jardim do Éden gravetiano

A maior parte dos sítios do período Paleolítico Superior foram localizados na Europa, mas seus fundamentos conjeturais da religião da Deusa emergiram na posterior Era Neolítica no Oriente Próximo. Sendo anterior à época dos registros escritos, e não conduzindo diretamente a um período histórico que pudesse explicá-la, a informação sobre a existência da adoração à Deusa no Paleolítico ainda é especulativa. As teorias sobre as origens da Deusa naquele período são baseadas na justaposição de costumes matriarcais com a antiga adoração. Existem três linhas de evidências.

A primeira se baseia em analogia antropológica para explicar o desenvolvimento inicial de sociedades matriarcais (parentesco materno). Estudos sobre as tribos "primitivas" nos últimos séculos indicaram que alguns povos "primitivos" isolados, mesmo nos Estados Unidos, ainda não possuíam compreensão consciente da relação entre sexo e concepção. Por analogia, os povos paleolíticos deviam ter um nível similar de percepção biológica.

Em 1963, Jacquetta Hawkes escreveu que "os australianos e alguns outros povos primitivos não entendiam a paternidade biológica nem aceitavam uma conexão obrigatória entre relação sexual e concepção". No mesmo ano, S. G. F. Brandon, professor de Religião Comparada na Universidade de Manchester, na Inglaterra, observou: "Como a criança ia parar no ventre era sem dúvida um mistério para o homem primitivo (...) considerando o período que separa a impregnação com o nascimento, é provável que o significado da gestação e do nascimento fosse prezado muito antes de se perceber que esses fenômenos eram resultado da concepção subsequente ao coito."

"James Frazer, Margaret Mead e outros antropólogos", escreve Leonard Cottrell, "afirmaram que, nos primeiros estágios de desenvolvimento do homem, antes de compreenderem o segredo da fecundidade humana, antes de associarem o coito ao parto, a mulher era reverenciada como doadora da vida. Só as mulheres conseguiam produzir sua própria espécie e a parte do homem nesse processo ainda não era reconhecida".

QUEM ERA ELA?

Segundo esses autores e muitas autoridades que escreveram sobre o assunto, é provável que nas sociedades mais arcaicas as pessoas ainda não tinham entendimento consciente da relação do sexo com a reprodução. O conceito de paternidade ainda não devia ser compreendido. Embora envolvidos por diversas explicações míticas, os bebês simplesmente nasciam das mulheres.

Nesse caso, a mãe seria vista como a única progenitora da família, a única produtora da geração seguinte. Por essa razão, era natural que as crianças tomassem o nome da tribo ou clã da mãe. Os relatos da descendência seriam mantidos pela linhagem feminina, de mãe para filha e não de pai para filho, como é o costume atual na sociedade ocidental. Esse tipo de estrutura social geralmente é mencionado como matrilinear, isto é, baseado no parentesco com a mãe. Em culturas como essa (encontradas em vários povos "primitivos" mesmo hoje em dia, bem como em sociedades historicamente atestadas na época da Grécia clássica), não só os nomes, mas também títulos, posses e direitos territoriais são transmitidos pela linhagem feminina, e assim podem permanecer dentro do clã familiar.

Hawkes observa que na Austrália, nas áreas onde o conceito de paternidade ainda não era compreendido, "muita coisa demonstra que a descendência matrilinear e o casamento matrilocal [o marido se muda para a casa ou vilarejo da família da mulher] eram generalizados e o status das mulheres era muito mais alto". Ela escreve que esses costumes ainda prevalecem em partes da África e entre os dravidianos da Índia, e há vestígios deles na Melanésia, Micronésia e Indonésia.

A segunda linha de evidências se refere aos primórdios das crenças religiosas e rituais e sua conexão com a descendência matrilinear. Houve inúmeros estudos sobre as culturas paleolíticas, explorações em sítios ocupados por esses povos, e os sinais de ritos conectados com o despojo dos mortos. Eles sugerem que os primeiros conceitos de religião provavelmente se desenvolveram na forma de adoração aos ancestrais. Mais uma vez, cabe a analogia entre os povos paleolíticos e os conceitos religiosos e rituais encontrados em muitas tribos "primitivas" estudadas pelos antropólogos nos últimos dois séculos. A adoração aos ancestrais ocorre em povos tribais em todo o mundo. Maringer afirma que mesmo na ocasião de seus escritos, em 1956, certas tribos da Ásia ainda faziam pequenas

39

estátuas chamadas *dzuli*. Ao explicá-las, ele diz: "Os ídolos são femininos e representam as origens humanas de toda a tribo."

Assim, no desenvolvimento dos conceitos religiosos dos primeiros *homo sapiens*,[1] pode ter começado a busca pela fonte principal da vida (talvez o cerne de todo pensamento teológico). Naquelas sociedades do Paleolítico Superior – em que a mãe deve ter sido considerada a única progenitora da família, a adoração aos ancestrais era aparentemente a base do ritual sagrado, e registros de ancestralidade reconheciam apenas a linha materna –, o conceito de criadora de toda vida humana pode ter sido formulado pela imagem que o clã tinha da mulher que fora seu ancestral mais antigo, o primeiro, e portanto essa imagem foi deificada e reverenciada como a Divina Ancestral.

A terceira linha de evidências, a mais tangível, provém das numerosas esculturas de mulheres encontradas nas culturas gravetianas-aurignacianas da era do Paleolítico Superior. Algumas datam de 25000 a.C. Essas pequenas estatuetas femininas, feitas de pedra, ossos e argila, frequentemente chamadas de *estatuetas de Vênus*, foram encontradas em áreas antes habitadas por pequenas comunidades assentadas. Muitas vezes estavam perto das ruínas de paredes do que provavelmente foram as primeiras habitações na Terra. Maringer afirma que os nichos e as depressões nas paredes eram feitos para se colocar as estatuetas. Essas estátuas de mulheres, algumas podendo estar grávidas, foram descobertas em todos os sítios gravetianos-aurignacianos espalhados pela Espanha, França, Alemanha, Áustria, Tchecoslováquia e Rússia. Esses sítios e estátuas podem abranger um período de pelo menos dez mil anos.

"Então parece muito provável", diz Maringer, "que as estatuetas femininas fossem ídolos do culto a uma 'grande mãe' praticado pelos caçadores de mamute aurignacianos não nômades que habitavam os imensos territórios eurasianos, estendendo-se do sul da França até o lago Baikal na Sibéria". (A propósito, acredita-se que se originaram dessa área do lago Baikal, na Sibéria, as tribos que migraram para a América do Norte, aproximadamente no mesmo período, formando os indígenas americanos.)

---

1 A expressão *homo sapiens* (literalmente, "*homem* que sabe ou sábio") ilustra mais uma vez a suposição acadêmica da importância primordial do homem, neste caso para indicar a negação total da população feminina na definição da espécie. Se todo "*homo sapiens*" fosse literalmente apenas isso, logo que a espécie se desenvolvesse morreria pela falta de capacidade de reproduzir a si mesma.

A paleontóloga russa Z. A. Abramova, citada no livro recente de Alexander Marshak, *Roots of Civilization*, tem uma interpretação ligeiramente diferente, ao escrever que, na religião paleolítica, a "imagem da Mulher-Mãe (...) era complexa, incluindo diversas ideias relacionadas ao significado especial da mulher na sociedade primitiva dos clãs. Ela não era deus, nem ídolo, nem a mãe de um deus; era a Mãe do Clã. (...) A ideologia das tribos caçadoras nesse período dos clãs matriarcais se refletia nas estatuetas femininas".

A manhã neolítica

As conexões entre as estatuetas femininas do Paleolítico e o posterior surgimento das sociedades que adoravam a Deusa, nos períodos do Neolítico no Oriente Próximo e Médio, não são definitivas, mas são sugeridas por muitos especialistas no assunto. No sítio gravetiano de Vestonice, na República Tcheca, onde as estátuas de Vênus tinham sido moldadas e endurecidas em fornos, foi encontrado um túmulo cuidadosamente arrumado de uma mulher de cerca de quarenta anos. Ela estava com ferramentas, fora coberta com ossos de escápulas de mamute e salpicada de ocre vermelho. Num sítio protoneolítico em Xanidar, nas extensões ao norte do rio Tigre, foi encontrado outro túmulo, de aproximadamente 9000 a.C. Era a sepultura de uma mulher um pouco mais jovem, também polvilhada com ocre vermelho.

Uma das ligações mais significativas entre os dois períodos é a estatueta feminina, conhecida nas sociedades neolíticas, por meio de seu surgimento no período histórico de registros escritos, como representante da Deusa. As esculturas das culturas do Paleolítico e dos períodos do Neolítico são notavelmente semelhantes nos materiais, nos tamanhos e, o mais admirável, no estilo. Hawkes comentou a relação entre os dois períodos, observando que as estátuas femininas do Paleolítico "são extraordinariamente parecidas com as Deusas Mãe ou Terra dos povos agrícolas da Eurásia na Era Neolítica e devem ser suas ancestrais diretas". E. O. James também ressalta a similaridade, falando das estátuas neolíticas: "Muitas são obviamente ligadas aos protótipos gravetianos-paleolíticos." Porém, talvez o fato mais significativo seja a recente descoberta de sítios aurignacianos perto de Antália, cerca de cem quilômetros da comunidade neolítica de adoradores da Deusa de Hacilar, na Anatólia (Turquia), e em Musa Dag no norte da Síria (que já foi parte de Canaã).

James Mellaart, ex-diretor assistente do Instituto Britânico de Arqueologia em Ankara, e que agora leciona no Instituto de Arqueologia em Londres, descreve as culturas protoneolíticas do Oriente Próximo entre 9000 e 7000 a.C. Segundo ele, durante aquele intervalo, "a arte aparece na forma de entalhaduras de animais e estatuetas da suprema deidade, a Deusa Mãe".

Essas comunidades neolíticas emergem com as primeiras evidências de desenvolvimento agrícola (o que as define como neolíticas). Aparecem em áreas posteriormente conhecidas como Canaã (Palestina [Israel], Líbano e Síria), na Anatólia (Turquia) e ao longo do norte dos rios Tigre e Eufrates (Iraque e Síria). Pode ser relevante que todas essas culturas possuíam obsidiana, provavelmente adquiridas no local mais próximo disponível: Anatólia. Um desses sítios, perto do lago Van, estaria diretamente na rota das estepes russas até o Oriente Próximo.

No sítio agora conhecido como Jericó (em Canaã), em 7000 a.C., as pessoas moravam em casas de tijolos e argamassa, algumas tinham fornos de argila com chaminés e até mesmo encaixes para batentes de portas. Também já existiam santuários retangulares de argamassa. Sybelle von Cles-Reden escreve sobre Jericó: "Vários achados indicam uma vida religiosa ativa. As estátuas femininas em argila com as mãos elevadas ao peito se assemelham aos ídolos da deusa mãe que posteriormente seriam bastante disseminados no Oriente Próximo." Mellaart também escreve sobre Jericó: "Eles moldavam cuidadosamente pequenas estátuas de argila do tipo da deusa-mãe."

Outra comunidade neolítica tinha o centro em Jarmo, no norte do Iraque, em torno de 6800 a.C. O professor de Linguagens Semíticas H. W. F. Saggs conta que em Jarmo "havia estatuetas em argila de animais, bem como de uma deusa-mãe – a representada por essas estatuetas aparentemente era a figura central na religião neolítica".

Hacilar, cerca de 100 quilômetros do sítio aurignaciano de Antália, era habitada em torno de 6000 a.C. Ali também foram encontradas estátuas da Deusa. E nas escavações em Çatal Hüyük, junto às planícies cilicianas da Anatólia, perto da atual Konya, Mellaart descobriu não menos que quarenta santuários, datando desde 6500 a.C. A cultura de Çatal Hüyük existiu por

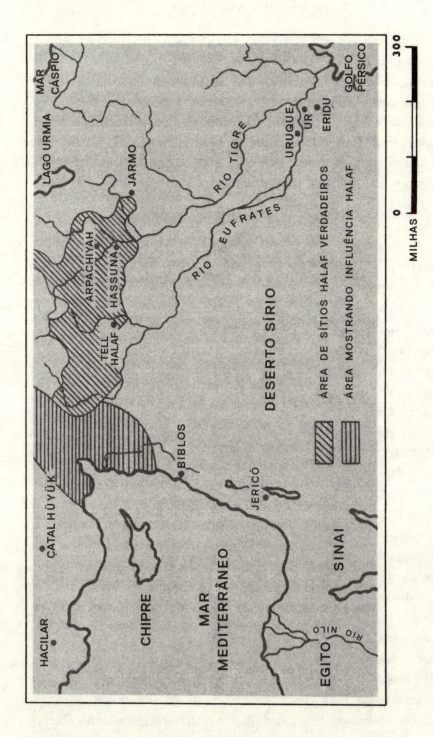

Mapa 1: Alguns assentamentos neolíticos e calcolíticos 7000-4000 a.C.

quase mil anos. Mellaart revela que "as estátuas nos permitem reconhecer as principais deidades adoradas pelos povos neolíticos em Çatal Hüyük. A mais importante era uma deusa, mostrada em seus três aspectos: jovem, parindo e velha". Ele sugere que as mulheres deviam ser a maioria em Çatal Hüyük, dado o número de sepulcros femininos. Lá também se cobriam os corpos com ocre vermelho e quase todos os que usavam tal artifício eram de mulheres. Ele também sugere que a religião era basicamente associada ao papel das mulheres no desenvolvimento inicial da agricultura, e acrescenta que "parece muito provável que o culto à deusa era administrado principalmente por mulheres".

Em torno de 5500 a.C., as casas eram construídas com grupos de cômodos distribuídos em volta de um pátio central, estilo usado até hoje por muitos arquitetos. Elas foram encontradas em sítios ao longo do norte do rio Tigre, em comunidades que representam o que se conhece como período Hassuna. Como em outras comunidades neolíticas, os arqueólogos encontraram ferramentas agrícolas como foices e enxadas, barris para armazenar milho e fornos de argila. O professor Saggs relata que "as ideias religiosas do período Hassuna se refletem nas estatuetas femininas em argila da deusa-mãe".

Uma das culturas mais sofisticadas da pré-história no Oriente Próximo e Médio se localizava ao longo das margens norte do rio Tigre e a oeste até o rio Habur. É a chamada Cultura de Halafe, encontrada em vários lugares em 5000 a.C. Nesses sítios, foram descobertas pequenas aldeias com ruas de pedras. Os habitantes já usavam metais, e os arqueólogos posicionaram as culturas halafianas no Período Calcolítico.

Saggs, a julgar por uma imagem num vaso de cerâmica, escreve: "A invenção de veículos com rodas provavelmente data do período halafiano." Em todos os sítios halafianos foram descobertas estatuetas da Deusa, mas na aldeia halafiana de Arpachiyah essas estátuas estavam associadas a serpentes, machados duplos e pombas; em períodos históricos era sabido que todos esses símbolos se conectavam à adoração da Deusa. Além de utensílios rebuscados de cerâmica multicoloridos, em Arpachiyah havia construções chamadas *tholoi*. Eram cômodos circulares de até 10 metros de diâmetro, com tetos abobadados bem construídos. As estruturas redondas se conectavam a longos corredores retangulares de quase 20 metros de comprimento.

Como a maioria das estatuetas da Deusa foi descoberta perto desses *tholoi*, é provável que fossem usados como templos.

Por volta de 4000 a.C. as imagens da Deusa apareceram em Ur e Uruque, regiões situadas no extremo sul do rio Eufrates, não longe do Golfo Pérsico. Nesse mesmo período apareceram no Egito as Culturas de Badari e de Amira. Foi nesses lugares que surgiu a agricultura do Egito. E novamente foram descobertas estatuetas da Deusa nessas mesmas comunidades neolíticas.

A partir desse ponto, com a invenção da escrita, a história emergiu na Suméria (sul do Iraque) e no Egito – em torno de 3000 a.C. Em todo o Oriente Próximo e Médio, a Deusa era conhecida nos tempos históricos. Embora muitos séculos de transformação tenham sem dúvida alterado a religião de diversas formas, a adoração à deidade feminina sobreviveu até os períodos clássicos da Grécia e de Roma. Só foi totalmente suprimida no tempo dos imperadores cristãos de Roma e Bizâncio, que por volta de 500 d.C. já tinham fechado os últimos templos da Deusa.

Deusa – o que as pessoas hoje pensam de deus

Os artefatos arqueológicos sugerem que em todas as sociedades neolíticas e nas primeiras calcolíticas a Divina Ancestral, geralmente citada como Deusa Mãe, era reverenciada como a suprema deidade. Ela fornecia não só a vida humana como também controlava os suprimentos de comida. C. Dawson, em 1928, escreveu sumariamente que "os primórdios da agricultura devem ter evoluído ao redor de santuários da Deusa Mãe, que se tornaram centros sociais e econômicos, além de lugares sagrados, e foram os germes de futuras cidades".

W. Schmidt é citado por Joseph Campbell em *Mitologia primitiva* sobre essas culturas antigas: "Aqui eram as mulheres que se mostravam supremas; elas não só concebiam crianças como eram as principais provedoras de comida. Percebendo que era possível cultivar e também coletar, elas tornaram valiosa a terra e, consequentemente, se tornaram suas donas. Assim ganharam prestígio e poder econômico e social." Em 1963, Hawkes acrescentou: "Todas as razões levam a supor que, nas condições básicas do modo de vida neolítico, o direito materno e o sistema de clã ainda eram dominantes e a terra era transferida pela linhagem feminina."

A Deusa pode ter começado a reinar sozinha, mas em algum momento desconhecido Ela ganhou um filho ou irmão (dependendo da localização geográfica), que era também Seu amante e consorte. Ele é conhecido por meio do simbolismo dos primeiros períodos históricos, e se assume que tenha feito parte da religião feminina muito antes disso. O professor E. O. James escreve: "Se isso reflete ou não um sistema primevo de organização social matriarcal, o que é nada improvável, permanece o fato de que inicialmente a Deusa tinha precedência sobre o deus-jovem associado a ela como filho, marido ou amante."

Era esse o jovem simbolizado pelo papel masculino na união sexual sagrada anual com a Deusa. (Esse ritual é conhecido nos tempos históricos, mas normalmente se acredita que já fosse conhecido no período neolítico da religião.) Chamado em várias linguagens de Damuzi, Tamuz, Átis, Adônis, Osíris ou Baal, esse consorte morreu jovem, causando um ano de tristeza e lamentação para os que homenageavam a Deusa. O simbolismo e os rituais conectados a ele serão explicados mais detalhadamente no capítulo sobre o consorte masculino, mas onde quer que esse jovem morto apareça como deidade masculina, podemos reconhecer a presença da religião da Deusa, sendo suas lendas e rituais de lamentação extraordinariamente semelhantes em muitas culturas. Esse relacionamento da Deusa com Seu filho, ou em certos lugares com um belo jovem simbolizando o filho, era conhecido no Egito por volta de 3000 a.C. Ocorreu nos primórdios da literatura na Suméria, apareceu mais tarde na Babilônia, Anatólia e Canaã, sobreviveu na lenda grega clássica de Afrodite e Adônis, e chegou à Roma pré-cristã nos rituais de Cibele e Átis, possivelmente influenciando o simbolismo e rituais dos primórdios do cristianismo. É um dos principais aspectos da religião que atravessa vastidões, tanto geográficas como cronológicas.

Assim como os povos das primeiras culturas neolíticas podem ter vindo da Europa, possíveis descendentes das culturas gravetianas-aurignacianas, levas de mais povos do norte vieram posteriormente para o Oriente Próximo. Houve conjeturas de que estes descendiam das culturas mesolíticas (15000-8000 a.C.), maglemosianas e de Kunda, do norte da Europa. Como explicarei melhor adiante, sua chegada não foi uma assimilação gradual ao lugar, como parece ter ocorrido com os povos da Deusa, mas uma série de invasões agressivas, resultando na conquista sucessiva das áreas do povo da Deusa.

Esses invasores do norte, geralmente conhecidos como indo-europeus, trouxeram sua própria religião, a adoração a um jovem deus guerreiro e/ou um supremo deus pai. Sua chegada é atestada histórica e arqueologicamente em 2400 a.C., mas várias invasões podem ter ocorrido antes. A natureza dos invasores do norte, sua religião e seus efeitos sobre os povos adoradores da Deusa serão descritos com maior profundidade e discutidos nos Capítulos 4 e 5. Mas o padrão que emergiu após as invasões foi um amálgama das duas teologias e a força de uma ou outra variava nitidamente entre cidades. À medida que os invasores ganhavam mais territórios, ficando cada vez mais poderosos ao longo dos dois mil anos seguintes, essa religião sintetizada frequentemente reunia as deidades masculina e feminina, não como iguais, mas com o homem sendo um marido dominador ou até assassino Dela. Mesmo assim, mitos, estátuas e evidências documentais revelam a presença contínua da Deusa e a sobrevivência dos costumes e rituais de sua religião, apesar dos esforços dos conquistadores para destruir ou depreciar aquela adoração antiga.

Os primeiros exemplos de linguagem escrita já descobertos no planeta foram descobertos no templo da Rainha do Céu, em Uruque, na Suméria, pouco antes de 3000 a.C., mas naquele tempo parece que os escritos tratavam mais da contabilidade dos negócios do templo. Os grupos recém-chegados do norte adotaram essa maneira de escrever, denominada *cuneiforme* (pequenos sinais cunhados em argila úmida) e a usavam em seus próprios registros e literatura. Chiera comenta: "É estranho notar que praticamente toda a literatura existente foi colocada na forma escrita um século ou dois após 2000 a.C." Se isso sugere que a linguagem escrita nunca foi considerada um meio para mitos e lendas antes daquele tempo, ou se as placas então existentes foram destruídas e reescritas naquela ocasião, é uma questão que permanece em aberto. Mas, infelizmente, significa que precisamos contar com a literatura produzida após o início das invasões do norte e suas conquistas. Entretanto, a sobrevivência e o ressurgimento da Deusa como suprema em certas regiões, costumes, rituais, orações e o simbolismo dos mitos, bem como a evidência de locais de templos e estátuas, nos fornecem muitas informações sobre a adoração à Deusa já naquele tempo. Observando a progressão das transições que aconteceram nos dois mil anos seguintes, essas informações nos permitem, em certo sentido, extrapolar de forma retroativa e entender melhor a natureza da religião tal como deve ter existido nos tempos históricos iniciais e neolíticos.

Como já mencionei, a adoração da deidade feminina, em grande parte, foi incluída como um acréscimo secundário ao estudo dos padrões das crenças religiosas nas culturas arcaicas, e a maioria dos escritores preferiu discutir os períodos em que as deidades masculinas já eram proeminentes. Em muitos livros, uma apressada menção à Deusa costuma preceder longas dissertações sobre as deidades masculinas que A substituíram. São muito enganosas as vagas inferências de que a veneração a uma deidade feminina era uma ocorrência isolada, secundária, incomum ou curiosa. Como a maioria dos livros trata de alguma área geográfica específica, esse engano resulta parcialmente da identificação da Deusa por um ou mais nomes, dependendo do local, e as conexões gerais nunca são mencionadas.

No entanto, uma análise mais atenta mostra que muitos desses nomes usados em diferentes áreas eram apenas títulos variados da Grande Deusa, epítetos como Rainha do Céu, Senhora do Lugar Elevado, Regente Celestial, Senhora do Universo, Soberana dos Céus, Leoa da Sagrada Assembleia ou simplesmente Sua Santidade. O nome da aldeia ou cidade costumava ser acrescentado, tornando o nome ainda mais específico. Não estamos confrontando a miríade confusa de deidades, mas sim a variedade de títulos resultantes de diversas línguas e dialetos, mas que ainda assim referem-se a uma divindade feminina por demais semelhante. De posse dessa visão mais ampla e abrangente, é evidente que a deidade feminina no Oriente Próximo e Médio era reverenciada como Deusa – como as pessoas hoje pensam em Deus.

Em *Syrian Goddess*, de Strong e Garstang (1913), algumas conexões são explicadas – "Entre os babilônios e semitas do norte Ela era Ishtar; Ela é Astarote na Bíblia e Astarte na Fenícia. Na Síria, o nome Dela era Athar e na Cilícia era Ate (Atheh)".

Na tradução de Robert Grave de *O Asno de Ouro*, do escritor romano Apuleio no século II d.C., a própria Deusa aparece e explica:

> Eu sou a Natureza, a Mãe universal, senhora de todos os elementos, filha primordial do tempo, soberana de todas as coisas espirituais, rainha dos mortos, rainha também dos imortais, a única manifestação de todos os deuses e deusas que existem. A um aceno, governo as alturas brilhantes do Céu, as brisas benéficas do mar, os silêncios lamentosos do mundo inferior. Embora

eu seja adorada sob muitos aspectos, conhecida por inúmeros nomes e propiciada com toda sorte de ritos, todos ao redor da Terra me veneram.

Os primeiros frígios me chamam de Pessinúncia, Mãe dos deuses; os atenienses surgidos de seu próprio solo me chamam de Ártemis Cecropiana; para os ilhéus de Chipre sou Afrodite Pafiana; para os arqueiros de Creta sou Dictina; para os silicianos trilíngues sou Prosérpina Estigiana; e para os eleusínios, sua antiga Mãe do Milho. Alguns me conhecem como Juno, alguns como Belona das Batalhas, outros como Hécate, ainda outros como Rhamnubia, mas tanto os etíopes, das terras onde brilha o primeiro sol da manhã, como os egípcios, excelentes no aprendizado do antigo, e que me adoram com cerimônias apropriadas a minha divindade, me chamam por meu verdadeiro nome, Rainha Ísis.

Ironicamente, Ísis é a tradução grega para a Deusa egípcia Au Set.

As similaridades de estátuas, títulos, símbolos como a serpente, a vaca, a pomba e o machado duplo, o relacionamento com o filho/amante que morre e é pranteado anualmente, os sacerdotes eunucos, a anual união sexual sagrada e os costumes sexuais no templo, todas revelam as conexões sobrepostas e subjacentes entre a adoração da deidade feminina em áreas tão afastadas no espaço e no tempo quanto os primeiros registros da Suméria estão de Roma e da Grécia clássicas.

A deificação e adoração da divindade feminina em tantas partes do mundo antigo eram variações de um tema, versões ligeiramente diferentes das mesmas crenças teológicas básicas, originadas nos primeiros períodos da civilização humana. É difícil absorver a imensidão e significação da extrema reverência prestada à Deusa pelo período de 25 mil anos (como sugerem as evidências no Paleolítico Superior) ou mesmo 7 mil anos, cobrindo quilômetros de terras, atravessando fronteiras de nações e vastas extensões de mar. Entretanto, é vital fazer exatamente isso se quisermos compreender a longevidade e a grande abrangência de poder e influência que essa religião já possuiu.

Segundo o poeta e mitólogo Robert Graves, "toda a Europa neolítica, a julgar pelo que restou de artefatos e mitos, tinha um notável sistema homogêneo de ideias religiosas baseadas na multi-intitulada Deusa Mãe, que também era conhecida na Síria e na Líbia. (...) A Grande Deusa foi considerada imortal, imutável, onipotente; e o conceito de paternidade ainda não fora introduzido no pensamento religioso".

A mesma religião discutida por Graves existia bem antes, em muitos aspectos, nas áreas hoje conhecidas como Iraque, Irã, Índia, Arábia Saudita, Líbano, Jordão, Israel (Palestina), Egito, Sinai, Líbia, Síria, Turquia, Grécia e Itália, bem como nas culturas de grandes ilhas como Creta, Chipre, Malta, Sicília e Sardenha. Havia ocorrências de quase a mesma adoração nos períodos neolíticos na Europa, desde 3000 a.C. Os Thuata Dé Danann remontam suas origens à Deusa que levaram consigo para a Irlanda, muito antes da chegada da cultura romana. Os celtas, que hoje abrangem a maior parte das populações da Irlanda, Escócia, País de Gales e Grã-Bretanha, eram chamados pelos romanos de gauleses. Sabe-se que eles enviaram sacerdotes a um festival sagrado para a Deusa Cibele em Pessino, Anatólia, no século II a.C. E os achados de entalhes em Carnac e nos santuários gálicos em Chartres e Monte Saint-Michel, na França, indicam que esses lugares já foram dedicados à Grande Deusa.

"Da Índia ao Mediterrâneo... Ela reinava suprema"

O status e as origens da Grande Deusa já foram discutidos em diversos estudos sobre a antiga adoração. O interesse principal da maioria desses acadêmicos era o filho/amante e a transição das religiões femininas para as masculinas. Mas todas as suas afirmações revelam que o status original da Deusa era de deidade suprema.

Em 1962, James Mellaart descreveu as culturas entre 9000 e 7000 a.C. em seu *Earliest Civilizations of the Near East*. Como já mencionei, Mellaart observou que, naquele tempo, "a arte aparece na forma de entalhes de animais e estatuetas da suprema deidade, a Deusa Mãe". Ele escreve que em Çatal Hüyük em 7000 a.C. "a principal deidade era uma deusa". Ao descrever o sítio da antiga Hacilar, uma comunidade neolítica em 5800 a.C., ele chama a atenção para o fato de que "as estatuetas retratam a deusa, e o homem só tem um papel subalterno, de filho ou amante".

Uma estátua da Deusa em Hacilar está agora no museu de Ankara – que abriga a maior parte das peças descobertas pelas escavações de Mellaart em

Hacilar e Çatal Hüyük –, e sua antiguidade contrasta estranhamente com a arquitetura e a decoração modernas. Essa escultura da Deusa em particular parece representá-La no ato de fazer amor, embora a figura masculina esteja quebrada, representada apenas por um pequeno fragmento da cintura, coxas e uma perna. É possível que ele seja um filho mais velho sendo abraçado, embora o mais provável é que seja um adolescente, talvez representando o filho/amante da deidade feminina há aproximadamente oito mil anos.

Em *The Lost World of Elam*, publicado em 1973, o dr. Walther Hinz, diretor do Instituto de Estudos Iranianos da Universidade de Göttingen, na Alemanha, também discute a adoração da Deusa no Oriente Próximo e Médio. A nação de Elão ficava logo a leste da Suméria, e nos primeiros períodos históricos as duas culturas mantinham estreito contato. O dr. Hinz escreve: "Nesse mundo, o lugar de honra era assumido por uma deusa, e isso é típico de Elão. (...) Ela era a 'grande mãe dos deuses' para os elamitas. O próprio fato de que a precedência era dada a uma deusa, que ficava acima e à parte dos outros deuses de Elão, indica uma abordagem matriarcal nos devotos dessa religião."

O dr. Hinz descreve como a Deusa era conhecida nos vários centros dos territórios elamitas, e prossegue: "No terceiro milênio essas 'grandes mães dos deuses' ainda dominavam indiscutivelmente o ápice do panteão elamita, mas durante o segundo milênio houve uma mudança. Enquanto o velho matriarcado de Elão cedia à gradual elevação da posição dos homens, um arranjo correspondente aconteceu com os deuses. (...) Durante o terceiro milênio, ele [Humban, consorte da Deusa] ainda ocupava o terceiro lugar, mas desde a metade do segundo milênio passou a ocupar o ápice do panteão."

Explicando a precedência da deidade feminina entre os semitas, que incluem os povos árabes e hebreus, Robertson Smith, em seu profético livro de 1984, *Religion of the Semites*, afirmou que a divindade feminina na religião semita fora deificada em resultado da justaposição da adoração ancestral com um sistema de parentesco feminino. Na ocasião, ele escreveu:

> Pesquisas recentes na história da família tornam muitíssimo improvável que o parentesco físico entre o deus e seus adoradores, que deixaram marcas em toda a área semita, fosse

originariamente concebido como a paternidade. Foi o sangue da mãe, não do pai, que criou a ligação original de parentesco entre os semitas e outros povos iniciais naquele estágio da sociedade; se a deidade tribal era considerada progenitora do grupo, então uma deusa, não um deus, teria sido, necessariamente, o objeto de adoração.

"Na Mesopotâmia, a deusa é suprema", escreveu o professor Henri Frankfort em sua publicação de 1948, *Kingship and the Gods*, "(...) porque a fonte de toda vida é vista como feminina. Portanto, o deus também descende dela e é chamado de seu filho, embora também seja seu marido. No ritual do casamento sagrado, a deusa toma a iniciativa o tempo todo. Mesmo em condições de caos, a mulher Tiamat é a líder, e Apsu é meramente seu complemento masculino".

Em seus extensos doze volumes de pesquisas sobre a religião arcaica e "primitiva", publicados em 1907, Sir James Frazer escreveu sobre a Deusa Ísis egípcia (Au Set) e Seu irmão/marido Osíris (Au Sar). Além dos volumes de *O Ramo de Ouro*, ele publicou um livro em separado, *Attis, Adonis and Osiris*, título usado também em várias seções de *O Ramo de Ouro*. Nessas duas obras, Frazer afirma que, de acordo com a mitologia egípcia, Ísis era a divindade predominante naquele casal. O autor relacionava isso ao sistema de propriedade e descendência praticado no Egito, que descreveu como "parentesco materno". Ele se referia ao jovem amante da Deusa como "a mítica personificação da natureza" e explicou que era necessário que esse personagem fosse sexualmente acasalado com a suprema deidade feminina. Sobre o status e a posição do rapaz dentro da religião, ele comentou: "Em cada caso [Átis, Adônis e Osíris] parece que originalmente a deusa era uma personagem mais poderosa e importante que o deus."

H. J. Rose, em seu *Handbook of Greek Mythology*, de 1928, discutiu o papel do jovem na união sexual sagrada, descrevendo-o como "seu parceiro inferior masculino" e observando: "Até agora estivemos tratando de lendas que representam a deusa não casada, mas formando uniões mais ou menos temporárias com alguém muito inferior a ela, procedimento este bastante característico das deusas orientais, que eram essencialmente mães, mas não viúvas, e ao lado delas os amantes mergulham em comparativa insignificância."

QUEM ERA ELA?

Uma descrição do relacionamento entre a Deusa e Seu filho/amante foi incluída pelo professor E. O. James em sua publicação de 1960, *The Ancient Gods*. Ele explicou Sua supremacia desta forma:

> Foi Ela a responsável pela recuperação e ressuscitação dele, de quem dependia a renovação da natureza. De modo que em última análise Inanna/Ishtar, e não Damuzi/Tamuz, era a fonte primordial de vida e regeneração, embora um jovem como seu agente fosse fundamental no processo. (...) Com o estabelecimento da agropecuária e da domesticação, porém, a função do homem no processo de geração tornou-se mais aparente e vital, e então à Deusa Mãe foi designado um esposo com o papel de procriador, enquanto na Mesopotâmia, por exemplo, ele era Seu jovem filho/amante ou servo. Da Índia ao Mediterrâneo, de fato, Ela reinava suprema, frequentemente aparecendo como a deusa não casada.

Arthur Evans, eminente acadêmico de Oxford e notável arqueólogo que localizou, desenterrou e reconstruiu parcialmente o complexo real de Cnossos, na ilha de Creta, comentou em 1936: "Por mais que o elemento masculino tenha se afirmado no domínio do governo, é certo que, nos dias grandiosos da civilização minoica, a religião ainda refletia o antigo estágio matriarcal do desenvolvimento social. Sem dúvidas, a deusa era suprema."

Discorrendo sobre Anatólia, que era estreitamente relacionada com a Creta minoica por meio de colonização e comércio, Evans escreveu: "Abrangendo uma grande parte da Anatólia, novamente reconhecemos os cultos da mesma grande mãe com seu marido satélite, amante ou filho, de acordo com o caso." Outro acadêmico de Oxford do final do século XIX, L. R. Farnell escreveu ainda em 1896 sobre Creta. Na série de volumes de *The Cults of the Greek States*, ele comentou: "Podemos então concluir de forma segura, a partir das evidências disponíveis até agora, que a primeira religião da Creta civilizada era principalmente devotada a uma grande deusa, enquanto a deidade masculina, sempre inevitável no culto à deusa, era subordinada e mantida em segundo plano."

Robertson Smith escreveu sobre a posição da Deusa na Arábia, que ele já sugerira ter sido originariamente deificada como progenitora de todos.

Ele descreveu a transição de poder que então aconteceu: "Na religião árabe, uma deusa e um deus formavam um par, sendo a deusa suprema, e o deus, seu filho, uma deidade menor. Gradualmente houve uma mudança em que os atributos da deusa foram presenteados ao deus e assim a posição feminina foi rebaixada."

Smith ressaltou que a Deusa ainda era conhecida na religião patriarcal posterior, e alegou que Sua adoração era relacionada a "cultos" com origem nas eras do "parentesco materno". Ele passou a discutir o tempo em que:

> a mudança na lei de parentesco privou a mãe de sua antiga proeminência na família, e transferiu ao pai a parte maior da autoridade e dignidade dela (...) as mulheres perderam o direito de escolher seus próprios parceiros à vontade, a esposa ficou sujeita à sua senhoria, o marido (...) e ao mesmo tempo os filhos, para todos os fins de herança e deveres do sangue, tornaram-se membros da família por parte dele e não dela. Na medida em que a religião acompanhava as novas leis e moralidade social em decorrência desse desenvolvimento, a divina mãe independente tornou-se necessariamente a parceira subordinada à deidade masculina (...) ou, se a supremacia da deusa estivesse bem-estabelecida demais para ser abalada, ela poderia trocar de sexo, como na Arábia Saudita, onde Ishtar foi transformada no masculino Athtar.

Resumindo, ele observou que, com a aceitação do parentesco paterno, a mulher ganhou um status de subordinada, e a posição principal na religião não era mais ocupada pela Deusa, mas por um deus. Embora Smith tenha apresentado essa mudança como algo natural, eu já mencionei, e vou descrever em maiores detalhes adiante, que a transição foi na verdade acompanhada de violentas agressões, massacres brutais e conquistas territoriais por todo o Oriente Próximo e Médio.

Depois de ler esses e muitos outros estudos sobre o assunto, não tive mais nenhuma dúvida da existência da antiga religião feminina, nem da deificação da mulher como supremo e principal ser divino nos primeiros sistemas teológicos. É essa religião original, tão disseminada pelo mundo antigo, suas similaridades e diferenças locais, que será descrita no restante deste livro. Mais uma vez, será dividido em nomes e lugares, já que assim o material disponível fica mais compreensível, mas não podemos evitar a percepção das numerosas parecenças e similaridades entre a religião conhecida e praticada em uma cultura e sua forma e rituais em outra. Ficou também evidente que essa religião precedeu as religiões masculinas por milhares de anos. Essa informação, porém, em vez de satisfazer minha curiosidade, simplesmente a aguçou ainda mais. O mais significativo para mim foi observar as inúmeras questões a respeito da posição e status das mulheres que realmente viveram nas sociedades em que a Deusa era reverenciada.

CAPÍTULO 3

Mulheres – onde a mulher era deificada

A questão mais premente – talvez a mais insistente para este livro existir – é esta: que efeito a adoração da deidade feminina exercia sobre o status das mulheres nas culturas em que Ela foi louvada? Hinz, Evans, Langdon e muitos outros referiram-se às antigas sociedades em que havia adoração à Deusa como matriarcais. Em que isso implica exatamente?

Inicialmente, seria fácil entrar numa espécie de gangorra de raciocínio: eles adoravam uma Deusa, e por isso as mulheres deveriam ter um alto status; ou as mulheres tinham um alto status, então uma Deusa era adorada? Esses dois fatores, a julgar pelas atitudes das sociedades de hoje que adoram deidades masculinas, devem estar intimamente relacionados. No entanto, é preciso considerar vários aspectos do tema, mesmo aqueles em que causa e efeito parecem se confundir ou quando eventos simultâneos são percebidos como lineares. O que desejamos é encontrar o entendimento mais abrangente possível da relação da religião feminina com a posição das mulheres.

Em *The Dominant Sex*, M. e M. Vaerting, na Alemanha, em 1923, declararam que o sexo da deidade era determinado pelo sexo dos que detinham o poder:

> O sexo dominante, tendo o poder de difundir suas próprias perspectivas, tende a generalizar sua ideologia específica. Se as tendências do sexo subordinado forem contrárias, provavelmente serão eliminadas com mais força na proporção em que o sexo dominante for mais opressor. O resultado é que a hegemonia das deidades masculinas geralmente é associada à dominância dos homens, e a hegemonia das deidades femininas à dominância das mulheres.

Sir James Frazer acreditava que o status elevado das mulheres era responsável pela veneração e estima da deidade feminina. Ele cita o clã de Palau, na Micronésia, onde as mulheres eram consideradas social e politicamente superiores aos homens. "Essa preferência por deusas em detrimento de deuses no clã das ilhas de Palau", escreve ele, "foi explicada, sem dúvida corretamente, pela alta importância das mulheres no sistema social do povo".

Robertson Smith associou a escolha do sexo da deidade suprema à posição de dominância do homem ou da mulher na família. Ele sugeriu que, em resultado do sistema de parentesco, a identidade do chefe da família formulava a identidade sexual da deidade suprema.

Ambos são exemplos da teoria de que o sexo da deidade é determinado por uma dominância preexistente de um sexo sobre o outro – no caso da Deusa, a posição mais alta das mulheres na família e na sociedade. Junto a essas teorias, existem resmas de material pseudopoético sobre a deificação da mulher como símbolo de fertilidade – na visão do homem –, o deslumbramento ante a capacidade mágica de produzir uma criança supostamente fazia dela o objeto da adoração *dele*.

Como mencionei, Frazer sugeriu que o status elevado das mulheres levava à adoração da Deusa como ser supremo, baseando suas conclusões em anos de estudo de sociedades "primitivas" e clássicas. Mas em virtude dessa pesquisa, ele também associou a adoração da deidade feminina ao sistema de parentesco materno e de adoração ancestral, explicando que "onde quer que a deusa seja superior ao deus, e a antepassada mais reverenciada que o antepassado, há quase sempre uma estrutura de parentesco materno". Robertson Smith também relaciona a identidade sexual da deidade suprema ao sistema de parentesco prevalente em cada sociedade.

Seja qual for a ordem de causa e efeito sugerida, um dos fatores mais importantes – que aparece continuamente no material relativo ao status e ao papel das mulheres na antiga religião feminina em tempos históricos – é a estreita conexão com o parentesco feminino, a matrilinearidade, que talvez seja a própria origem de seu desenvolvimento. No exame da posição das mulheres, essa mãe, ou estrutura familiar feminina, que leva à descendência matrilinear de nome e propriedade, deve ser estudada com atenção.

Em geral, a matrilinearidade é definida como a estrutura de uma sociedade em que a herança passa pela linhagem feminina, e filhos, maridos e irmãos só têm acesso ao título e à propriedade por via de sua relação com a mulher, que é a proprietária legítima. Descendência matrilinear não significa matriarcado, que é definido como as mulheres no poder ou, de forma mais específica, a mãe como chefe da família, assumindo essa posição também no governo da comunidade e do estado. Em algumas sociedades matrilineares, o irmão da mulher que detém o direito ao nome e à propriedade tem um papel importante. Contudo, não podemos ignorar a probabilidade de que costumes matrilineares e matrilocais afetassem de várias maneiras o status e a posição das mulheres. Devem ser consideradas as sutilezas do poder e da posição de barganha advindos da propriedade de uma casa, terras ou título, ou, como em sociedades matrilocais, o fato de a mulher residir na casa ou na cidade de seus próprios pais e não na de seus parentes afins.

A economia do Neolítico e das primeiras sociedades agrícolas históricas foi discutida pela socióloga V. Klein em 1946. Ela sugere que: "Nos primórdios da sociedade, as mulheres detinham as principais fontes de riqueza; elas eram proprietárias da casa, produtoras de comida, provedoras de abrigo e segurança. Economicamente, portanto, o homem dependia da mulher."

Sociedades que seguiam o costume de parentesco da mulher ou da mãe eram bem comuns no passado e ainda podem ser vistas em muitas áreas do mundo. A teoria de que muitas sociedades eram originariamente matrilineares, matriarcais ou mesmo poliandras (uma mulher com vários maridos) foi objeto de muitos estudos no fim do século XIX e início do século XX. Estudiosos como Johann Bachofen, Robert Briffault e Edward Hartland aceitaram a ideia do antigo matriarcado e da poliandria, sustentando suas teorias com muitas evidências, mas observaram tais sistemas como um estágio específico no desenvolvimento evolucionário. Os autores sugerem que todas as sociedades tinham que passar por um período de matriarcado antes de se tornarem patriarcais e monogâmicas, o que parecem considerar como um estágio superior de civilização. Mas, como Jacquetta Hawkes observa: "Hoje está fora de moda falar sobre antigas ordens mais matriarcais de sociedade. No entanto, há evidências em muitas partes do mundo de que o papel das mulheres vem enfraquecendo desde os tempos antigos em diversos setores da estrutura social."

A maioria dos estudos sobre matriarcado foi baseada em analogia antropológica e literatura clássica de Roma e da Grécia. Dado que uma grande quantidade desses trabalhos foram pesquisados no século XIX e começo do século XX, os autores não tiveram acesso a muitas das evidências arqueológicas disponíveis hoje. Apesar de compreensões equivocadas de pontos específicos ou julgamentos de valor tendenciosos, ainda podemos pensar que eles estavam profeticamente à frente de seu tempo.

Hoje, além do material que já estava disponível para aqueles autores, temos também à disposição um corpo de material muito maior, produzido neste século por extensivas escavações arqueológicas no Oriente Próximo e Médio. É verdade que a sorte casual de achados arqueológicos apresenta limitações – o que não foi descoberto, o que se encontra danificado demais para ser lido, o que não pode ser decifrado e o que pereceu em resultado da natureza do material original.

Sabe-se atualmente que o código de Hamurabi, da Babilônia (cerca de 1790 a.C.), por muito tempo visto como o mais antigo já compilado, foi precedido de muito outros, descobertos mais recentemente. Ainda assim, apenas um destes data de cerca de 2300 a.C. e os outros, de cerca de 2000 a.C., ou pouco mais tarde. Logo, ainda devemos confiar no material que aparece em forma escrita apenas após o início das invasões do norte. Mas examinando as evidências disponíveis e os comentários, que diferem de acordo com o local e a era, podemos ter uma noção do status das mulheres em sociedades que adoravam a Deusa. A religião da Deusa, embora declinando lentamente, ainda existia.

Etiópia e Líbia – "toda autoridade era investida nas mulheres"

Quarenta e nove anos antes do nascimento de Cristo, um homem da Sicília romana escreveu sobre suas viagens ao norte da África e a alguns países do Oriente Próximo, anotando suas observações das pessoas ao longo do caminho. Ele estava muito interessado em padrões culturais e, sem dúvidas, foi um dos precursores nos campos da antropologia e da sociologia. Esse homem era conhecido como Diodoro Sículo, ou Diodoro da Sicília. Em seus escritos constavam muitas afirmações do status elevado das mulheres, que às vezes era até dominante. Podemos perguntar por que ele, mais do que qualquer outro escritor clássico, registrou tantas informações sobre mulheres guerreiras e matriarcado nas nações ao seu redor. Diodoro não menosprezou os homens que viviam nesses sistemas sociais; não parece ter sido seu objetivo. Na verdade, ele parecia ter grande admiração e respeito pelas mulheres investidas de tanto poder.

Foi Diodoro quem relatou que as mulheres da Etiópia portavam armas, praticavam casamento comunal e criavam os filhos numa comunidade tão plena que eles às vezes se confundiam sobre quem era sua mãe natural. Em partes da Líbia, onde a Deusa Neite era louvada, relatos de amazonas ainda persistiam nos tempos romanos. Diodoro descreve assim a Líbia:

> Toda autoridade era investida nas mulheres, que desempenhavam todos os deveres públicos. Os homens cuidavam dos trabalhos domésticos tal como as mulheres entre nós, e faziam o que as esposas mandavam. Eles não tinham permissão para assumir serviços de guerra, nem exercer funções de governo, ou qualquer cargo público, pois isso poderia lhes dar mais ânimo para se voltar contra as mulheres. Imediatamente após o nascimento, as crianças eram entregues aos homens, que as criavam com leite e outros alimentos adequados à idade.

Diodoro escreveu que as mulheres guerreiras na Líbia haviam formado exércitos que invadiam outras terras. Segundo ele, elas reverenciavam a Deusa como sua maior deidade e construíam santuários para adorá-La. Embora ele não dê um nome específico, é provável que tais relatos estejam se referindo à Deusa líbia guerreira chamada Neite, também reverenciada com o mesmo nome no Egito.

Egito – "enquanto os homens ficam em casa e tecem"

No Egito pré-histórico, a Deusa que tinha supremacia no Alto Egito (no sul) era Nekhebt, simbolizada por um abutre. O povo do Baixo Egito, que inclui a região do delta, ao norte, adorava sua Deusa suprema na forma de uma serpente, com o nome de Ua Zit (Grande Serpente). Desde cerca de 3000 a.C. diziam que a Deusa conhecida como Nut, Net ou Nit – provavelmente derivados de Nekhebt –, já existia quando nada ainda havia sido criado. Então, Ela criou tudo o que passou a existir. Segundo a mitologia egípcia, foi Ela que colocou no céu Ra, o deus do Sol. Outros textos do

Egito falam da Deusa como Hathor nesse papel de criadora da existência, elucidando que Ela tomou a forma de uma serpente naquela época.

No Egito, o conceito de Deusa sempre permaneceu vital. A introdução de deidades masculinas, justamente quando começaram os primeiros períodos dinásticos (cerca de 3000 a.C.), será discutida no Capítulo 4. É provável que esse fato tenha diminuído a supremacia original Dela, como era conhecida nas sociedades neolíticas. Mas a adoração da Deusa continuou e, com isso, as mulheres do Egito parecem ter se beneficiado de várias maneiras.

Diodoro escreveu um longo relato sobre a adoração à Deusa Ísis (a tradução grega de Au Set), que havia incorporado aspectos tanto de Ua Zit como de Hathor. Ísis também era associada à Deusa como Nut, que era mitologicamente registrada como a mãe Dela. Em pinturas, Ísis usa as asas de Nekhebt. Diodoro explicou que, segundo a religião egípcia, Ísis era reverenciada como a inventora da agricultura, como grande curadora e médica, e como a primeira a estabelecer as leis da justiça na terra.

Depois ele dá o que hoje podemos achar a mais surpreendente descrição das leis do Egito, dizendo que eram resultado da reverência prestada e essa poderosa Deusa. Ele escreveu: "É por essas razões, de fato, que foi ordenado que a rainha deve ter maior poder e honra do que o rei, e que na vida particular das pessoas a esposa deve ter autoridade sobre o marido, o marido devendo concordar no contrato de casamento que será obediente à esposa em todas as coisas."

Frazer, comentando a relação entre a veneração a Ísis e os costumes de parentesco feminino, declarou que: "No Egito, o sistema arcaico de parentesco materno, com sua preferência por mulheres em vez de homens em matérias de propriedade e herança, durou até os tempos romanos."

Existem mais evidências de que o Egito era uma terra em que as mulheres tinham mais liberdade e controle sobre a própria vida, e talvez sobre a dos homens também. Heródoto, da Grécia, muitos séculos antes de Diodoro, escreveu que no Egito "as mulheres vão ao mercado, fazem transações e se ocupam dos negócios, enquanto os homens ficam em casa e tecem". Seu contemporâneo, Sófocles, declarou que "seus pensamentos e ações são modelados em termos egípcios, pois lá os homens ficam no tear dentro de casa enquanto as mulheres trabalham fora para ganhar o pão de cada dia".

MULHERES - ONDE A MULHER ERA DEIFICADA

Em seus escritos de 1953 sobre a vida no Egito antigo, o professor Cyrus Gordon nos diz que: "Na vida em família, as mulheres tinham uma posição peculiarmente importante, pois a herança passava pela mãe e não pelo pai. (...) Esse sistema pode remontar a tempos pré-históricos, quando apenas a relação óbvia entre mãe e filho era reconhecida, e não a menos aparente relação entre pai e filho."

O dr. Murray sugere que a "condição da mulher era elevada, talvez devido à sua independência econômica". S. W. Baron escreve que nos papiros egípcios "muitas mulheres aparecem como partes em litígios civis e transações independentes de negócios, mesmo contra os próprios maridos e os pais". Um dos primeiros arqueólogos das pirâmides do Egito, Sir William Flinders Petrie, escreveu em 1925 que no "Egito todas a propriedades vinham pela linhagem materna, a mulher era a senhora da casa, e em narrativas antigas era representada como possuidora do controle total sobre si e sobre o lugar".

Discutindo a posição da mulher no antigo Egito, o teólogo e arqueólogo Roland de Vaux escreveu em 1965 que "no Egito, a mulher era a chefe da família com todos os direitos que essa posição acarretava". A obediência era imposta ao marido nas máximas de Ptá-Hotepe. Contratos de casamento de todos os períodos atestam a posição de extrema independência social e econômica da mulher. Segundo E. Meyer, citado nos estudos de Vaerting, "entre os egípcios, a mulher era notavelmente livre. (...) Até o século IV a.C. existia, lado a lado com o casamento patriarcal, uma forma de casamento em que a mulher escolhia o marido e podia se divorciar dele dando-lhe um pagamento de compensação".

Poemas de amor descobertos em túmulos egípcios sugerem que a mulher era quem fazia a corte, às vezes dopando o cortejado com intoxicantes para diminuir seus protestos. Robert Briffault fala sobre uma funcionária egípcia que veio a se tornar governadora e acabou comandante em chefe de um exército.

Um estudo muito esclarecedor e significativo sobre a estrutura e a posição social das mulheres no Egito foi realizado em 1949 pela dra. Margaret Murray. Traçando a muito custo a linhagem de famílias reais no Egito, ela conseguiu provar que, no nível da realeza, a cultura egípcia foi matrilinear em muitos períodos. A realeza foi estudada porque os registros dessas pessoas eram os mais disponíveis. Segundo Murray, eram as filhas, e não os filhos, as verdadeiras herdeiras ao trono. Ela sugere que o costume de casamento de irmã com irmão foi desenvolvido desse modo, permitindo que o filho tivesse acesso aos privilégios reais. Ela escreve também que o direito matrilinear ao trono era a razão pela qual, durante muitos séculos, as princesas egípcias só se casavam com familiares e não podiam fazer alianças em casamentos internacionais. Isso pode esclarecer por que a Deusa Ísis, que Frazer declara ter sido uma deidade mais importante que Seu irmão/marido Osíris, e a quem Diodoro cita como a origem da posição geralmente elevada das mulheres egípcias, era conhecida como O Trono.

Mas até no Egito as mulheres foram lentamente perdendo sua prestigiosa posição. Sir Flinders Petrie que, a propósito, foi um colega muito respeitado da dra. Murray na Universidade de Londres, discutiu o papel das sacerdotisas no Egito antigo. Ele ressaltou que a posição delas mudou entre o tempo das primeiras dinastias (3000 a.C. em diante) e o da Décima Oitava Dinastia (1570-1300 a.C.). Segundo os registros disponíveis, a Deusa conhecida como Hathor, a mesma deidade que Ísis, era nos primórdios servida por 61 sacerdotisas e 18 sacerdotes, enquanto a Deusa conhecida como Neite era atendida apenas por sacerdotisas. Na época da Décima Oitava Dinastia, as mulheres já não faziam parte do clero religioso, e serviam apenas como musicistas do templo. Foi na Décima Oitava Dinastia que o Egito sentiu a maior influência dos indo-europeus, um fator que será discutido em maior profundidade nos Capítulos 4 e 5. A propósito, o uso da palavra "faraó", em geral invocando imagens ainda mais poderosas que a palavra "rei", na verdade vem do termo *par-o*, que literalmente significa "casa grande". Somente na época da Décima Oitava Dinastia a palavra passou a ser usada com o significado de homem real da casa.

Suméria – "as mulheres de antigamente costumavam ter dois maridos..."

Em 1962, o professor Saggs escreveu sobre as sociedades da Mesopotâmia, que incluíam tanto a Suméria como a Babilônia. Em geral, a Mesopotâmia remete às áreas do Iraque ao longo e entre os rios Tigre e Eufrates, começando no Golfo Pérsico e chegando até a Anatólia. Ele examinou as relações entre a reverência às Deusas e o status das mulheres na Suméria (cerca de 3000 a.C.-1800 a.C., no sul do Iraque), e concluiu que nos períodos arcaicos as mulheres estavam em situação muito melhor do que nos períodos posteriores, e que foram gradualmente perdendo o poder ao longo dos anos. O professor Saggs relata:

> O status das mulheres era muito mais elevado na antiga cidade-estado suméria do que veio a ser mais tarde. (...) Há indícios de que, bem no início da sociedade suméria, as mulheres tinham um status muito mais alto do que no apogeu da cultura suméria. Isso repousa principalmente no fato de que na antiga religião suméria uma posição proeminente era ocupada por deusas que depois desapareceram, a não ser – com exceção de Ishtar – quando no papel de consortes de um deus em particular. O próprio Submundo era governado apenas por uma deusa, e um mito explica como ela veio a ter um consorte; e as deusas tomavam parte nas assembleias para decisões divinas nos mitos. Existe até uma forte sugestão de que a poliandria pode ter sido praticada em certa época, pois as reformas de Urukagina falam de mulheres que tinham mais de um marido. Alguns estudiosos, no entanto, se retraíram diante dessa conclusão, sugerindo que pode ter sido uma referência apenas a um segundo casamento de uma viúva, mas a formulação no texto sumério não apoia essa ideia.

Posso acrescentar que a Deusa do Submundo não só tem um consorte, mas é puxada pelos cabelos, arrancada do trono e ameaçada de morte até concordar em se casar com seu agressor, o deus Nergal, que seca Suas lágrimas com beijos, se torna marido Dela e reina a Seu lado.

A reforma de Urukagina é datada de cerca de 2300 a.C. e diz assim: "As mulheres de antigamente costumavam ter dois maridos, mas as mulheres de hoje serão apedrejadas se fizerem isso." A poliandria foi relatada nas regiões da Índia em que os dravidianos adoram a Deusa, mesmo neste século.

As leis do estado sumério de Eshnunna, escritas em cerca de 2000 a.C., foram achadas numa cidadezinha, e por isso é possível que reflitam atitudes mais antigas. Nelas, lemos que "se um homem rejeita sua esposa depois que ela está esperando um filho, e toma outra, ele deve ser expulso de casa e de tudo o que possui, e se alguém o aceitar, deve seguir junto com ele". Essas mesmas leis ditam que se uma mulher é casada e tem um filho com outro homem enquanto o marido está na guerra, ela ainda é considerada esposa do primeiro homem. Não há menção de castigo para adultério. A permissão para casamento tinha que ser dada pela mãe e pelo pai.

A posição e as atividades de um grupo de sumérias conhecido como *naditu* foram estudadas em profundidade por Rivkah Harris em 1962. No exame cuidadoso de textos sumérios, ela observou que as mulheres *naditu* se ocupavam com negócios do templo, possuíam imóveis em seu nome, emprestavam dinheiro, e, em geral, estavam engajadas em diversas atividades financeiras. Ela também encontrou relatos de muitas mulheres escribas do mesmo período. Contudo, lemos no capítulo do professor Sidney Smith no livro *Myth, Ritual and Kingship*, de Hooke, que a palavra *naditu* "provavelmente quer dizer mulher despejada, isto é, rendida ao deus".

Nos hinos sumérios, a mulher precede o homem. O épico de Gilgamés revela que a escriba oficial do paraíso sumério era mulher, e a invenção da escrita era atribuída a uma Deusa. Como mencionei, pode muito bem ter sido a sacerdotisa, possivelmente *naditu*, que era quem fazia a contabilidade do templo, a responsável pelo desenvolvimento da arte da escrita. O mais antigo exemplo de escrita (de cerca de 3200 a.C.), descoberto no templo da Deusa Inanna de Uruque, onde viviam muitas mulheres *naditu*, foi uma lista do templo com pagamentos de aluguel de terras.

Em 1930, Stephen Langdon, eminente acadêmico de Oxford, observou em seus escritos que as lendas associadas à Rainha de Céu suméria, Inanna, podem ter se desenvolvido em um "sistema matriarcal" da sociedade. A possibilidade também é sugerida pelas mudanças na imagem e no papel da Deusa Inanna, encontrada séculos mais tarde como a babilônia Ishtar. No mito sumério, Inanna exibe Seu poder e ódio onipotente diante da recusa de Seu filho/amante em Lhe mostrar o devido respeito, lançando-o aos demônios da Terra dos Mortos. Porém, treze séculos mais tarde, no mito babilônio de Ishtar há uma nova versão da mesma história, em que a Deusa sofre pela morte acidental do jovem.

Em geral, os registros das reformas sumérias de Urukagina em cerca de 2300 a.C. são orientados no sentido comunitário. Referem-se às árvores frutíferas e comidas das terras do templo, que eram para alimentar os necessitados e não o clero – o que parecia estar se tornando um costume da época. O fato de que nessas placas de argila se repita que tais reformas remontavam aos modos de vida de períodos anteriores sugere que as sociedades iniciais eram mais comunitárias. Ainda mais interessante é a palavra usada para rotular essas reformas, *amargi*, que recebeu a tradução dupla de "liberdade" e "volta à mãe".

Elão – nus diante da alta sacerdotisa

Em 1973, o dr. Walther Hinz sugeriu que a supremacia original da Deusa em Elão (localizado um pouco a leste da Suméria, cidade com a qual mantinha estreito contato em 3000 a.C.) indicava uma "abordagem matriarcal" nos devotos da religião Dela. Ele diz que, embora Ela fosse suprema no terceiro milênio, mais tarde se tornou secundária ao consorte Humban e passou então a ser conhecida como a Grande Esposa. Em Susa, no extremo norte dos territórios elamitas, o consorte masculino era chamado de In Shushinak. Nos tempos arcaicos, ele fora conhecido como Pai dos Fracos; no segundo milênio, era chamado de Rei dos Deuses; e no século VIII a.C. era invocado como Protetor dos Deuses do Céu e da Terra.

Nos primeiros períodos de Elão, as deidades parecem ter sido servidas por um clero masculino e feminino, e os homens ficavam nus diante da alta sacerdotisa, como era costume na antiga Suméria. Hinz conta que em Elão, muito semelhante às mulheres *naditu* da Suméria, "um grupo especial entre as sacerdotisas era formado por virgens, que dedicavam a vida à Grande Deusa". Essas mulheres se envolviam primariamente em compra, venda e aluguel de terras.

Documentos legais de Elão, principalmente posteriores a 2000 a.C., revelam que as mulheres eram as únicas herdeiras. Uma mulher casada se recusou a partilhar sua herança com o marido e pretendia passá-la à filha. Outra placa diz que um filho e uma filha devem receber em partes iguais, sendo a filha mencionada primeiro. Várias placas descrevem situações em que o marido deixava tudo o que possuía para a esposa e insistia que seus filhos só herdassem se a tratassem com o maior respeito.

Babilônia – *"manter e administrar suas propriedades"*

Na Mesopotâmia, os acadianos, após uma elevação de sua posição sob o governo de Sargão em 2300 a.C., vieram a obter supremacia por volta de 1900 a.C., gradualmente suplantando os sumérios como líderes nas áreas cultural e política. Formaram, então, a nação conhecida como Babilônia, instalando a capital na cidade de Babilônia, na parte central do Eufrates. A linguagem acadiana dos babilônios tornou-se o idioma internacional do Oriente Próximo, mas a religião dos sumérios foi incorporada na cultura babilônia e a linguagem suméria foi tão usada quanto o latim foi empregado nas missas da Igreja Católica Romana em todo o mundo. Em 1600 a.C., o controle da Babilônia passou aos cassitas. Evidências linguísticas sugerem que os cassitas eram governados pelos invasores do norte, os indo-europeus, que se infiltraram gradualmente na Babilônia e na Assíria.

Apesar da perda de status na posição das mulheres na Babilônia em comparação com suas predecessoras da Suméria – uma perda que foi acompanhada pela crescente ascendência de deidades masculinas como Marduque, que matou miticamente a Deusa Criadora Tiamat para tomar e assegurar sua posição –, as mulheres da Babilônia ainda resguardavam certos direitos de independência. A citação a seguir é baseada no código de Hamurabi, que precedeu o controle total pelos cassitas, mas que pode ter sido um pouco afetado pelas contínuas incursões indo-europeias vindas do norte desde pelo menos 2000 a.C. em diante. W. Boscawen, em 1894, relatou:

> A liberdade assegurada às mulheres na Babilônia lhes permitia manter e administrar suas propriedades, em especial no caso de sacerdotisas do templo, que comerciavam extensivamente. (...) Um dos traços mais interessantes e característicos dessa civilização arcaica da Babilônia era a alta posição das mulheres. Aqui, a mãe é sempre representada por um signo que quer dizer "deusa da casa". Qualquer pecado contra a mãe, qualquer repúdio, eram punidos com expulsão da comunidade. Estes são fatos

evidentemente indicativos de um povo que em certa época seguia a descendência matriarcal.

Segundo o que De Vaux escreveu em 1965, na "lei da Babilônia o pai dava à jovem noiva certas posses que pertenciam a ela por direito, e o marido tinha apenas o direito de uso. Essas posses eram restituídas para ela em caso de viuvez ou divórcio, sem ônus. Na Babilônia, ela podia adquirir propriedades, mover ações legais, ser sócia em contratos e receber uma parte da herança do marido."

Nos tempos de Hamurabi, as mulheres eram livres para requerer divórcio e uma lei da Babilônia declarava que, se a esposa não queria ser responsável pelas dívidas anteriores do marido, ela precisava obter um documento afirmando que ele concordava. Essa suposição de responsabilidade financeira no casamento sugere que a maioria das mulheres deve ter participado de questões financeiras e de negócios (como faziam no Egito), e talvez a certa altura tenha sido economicamente responsável pela família. Sete das leis de Hamurabi eram concernentes às sacerdotisas do templo e ao seu direito de herdar, e o que podia ou não podia transmitir aos filhos, sugerindo que a posição econômica dessas mulheres era matéria de preocupação e estava em rápida mudança.

Ishtar era reverenciada como "rainha majestosa cujos decretos são preeminentes". Em um texto, a própria Ishtar diz: "Quando estou presente num processo ou julgamento, eu sou a mulher que entende a questão." Em escavações em Nimrud, no norte da Mesopotâmia, foram encontrados registros de mulheres juízas e magistradas, atestando a posição vital e respeitada das mulheres mesmo no século VIII a.C. Em várias cidades havia relatos de sacerdotisas babilônias que atuavam como profetisas em oráculos, oferecendo conselhos políticos e militares a reis e líderes e revelando sua poderosa influência nos negócios de Estado. E, embora houvesse mais homens que mulheres nessa tarefa, há relatos de mulheres escribas em todos os períodos babilônios.

Vemos que nas leis da Babilônia mais tardia, em uma época no final do segundo milênio, uma mulher casada não podia mais se dedicar aos negócios, a não ser que fosse orientada por seu marido, filho ou cunhado. Se alguém fizesse negócios com ela, mesmo insistindo não saber que ela era casada, era acusado de crime.

Anatólia – *"desde os velhos tempos eles foram governados por mulheres"*

Ao norte da Babilônia, havia uma área de grande comércio chamada Anatólia, onde hoje é a Turquia, também conhecida como Ásia Menor. Nos períodos neolíticos na Anatólia, louvava-se a Grande Deusa. Sua adoração surgiu nos santuários de Çatal Hüyük de 6500 a.C. Pouco ainda se sabe da Anatólia logo após o período de Çatal Hüyük, mas em algum momento antes de 2000 a.C. ela foi invadida pelos indo-europeus.

As áreas onde os povos do norte instalaram mais assentamentos foram as regiões sul e centro-sul da Anatólia, e alguns conquistaram a terra conhecida como Hati. Assim como os habitantes locais, os invasores passaram a ser chamados de hititas. Muito do que aparece sobre Deusas em textos literários dessa área, depois da chegada dos hititas, era de fato sobre antigas deidades desse povo. Uma das mais importantes deidades femininas era a Deusa do Sol de Arina. Após as conquistas hititas, foi dado a Ela um marido, simbolizado como um deus da tempestade. Embora este tenha adquirido supremacia em muitas cidades governadas pelos povos do norte, em Arinna ele permaneceu em segundo lugar. Mas, curiosamente, as rainhas hititas aparecem em vários textos numa relação muito próxima a essa Deusa do Sol de Hati; elas atuavam como altas sacerdotisas Dela. Apesar de não haver evidências conclusivas para fundamentar isso, a existência desses textos sugere a possibilidade de que os invasores, uma vez conquistada a terra, podem ter se casado com as sacerdotisas de Hati a fim de assegurar maior legitimidade ao trono diante da população conquistada.

Nas regiões ocidentais da Anatólia, a descendência matrilinear e a adoração à Deusa permaneceram nos tempos clássicos. Strabo, pouco antes do nascimento de Cristo, escreveu sobre as cidades do norte da Anatólia, chegando até a Armênia, onde filhos de mulheres não casadas eram legitimados e respeitáveis. Eles tomavam o nome da mãe que, segundo os relatos de Strabo, eram as mais nobres e aristocráticas entre os cidadãos.

É possível que na época das invasões hititas muitos dos povos que adoravam a Deusa tenham fugido para o oeste. O renomado templo da Deusa na cidade de Éfeso era alvo dos zelosos esforços missionários do apóstolo Paulo (Atos 19:27). Esse templo, que as lendas e os textos clássicos alegam ter sido fundado pelas "Amazonas", só foi completamente fechado em 380 d.C.

Por toda essa seção ocidental, que incluía as áreas conhecidas como Lícia, Lídia e Cária, havia relatos, na literatura clássica grega e na romana, da difundida veneração à "Mãe de todas as Deidades", juntamente com registros de mulheres guerreiras, as amazonas. Diodoro escreveu sobre uma nação nessa área em que "mulheres detinham o poder supremo e autoridade real". Segundo seus registros, a rainha dessa terra atribuía as tarefas de cardar a lã e outros deveres domésticos aos homens, enquanto as leis eram estabelecidas pela rainha. Ele alega que o direito ao trono pertencia à filha da rainha e a mulheres da família na linha de sucessão. Foi na terra da Lídia que dizem que o lendário indo-europeu grego Hércules foi aprisionado como amante servil da rainha Onfalo. Nesse ponto, podemos perguntar se os numerosos contos das "amazonas" não seriam os relatos posteriores, gregos indo-europeus, das mulheres que tentaram defender os santuários da antiga Deusa e repelir os patriarcais invasores do norte. Vemos, porém, na *Encyclopaedia Britannica*, que a "única explicação plausível da história das amazonas é que se trata de uma variedade do conhecido conto de uma terra distante onde tudo é feito da maneira errada; assim, mulheres lutam, o que é papel dos homens".

Em todo o período grego clássico, a descendência matrilinear e sugestões de matriarcado na Anatólia ocidental foram repetidamente relatadas entre os lícios, que parecem ter persistido por mais tempo ou sido mais observados. Heródoto escreveu: "Pergunte a um lício quem é ele e ele responde dando seu nome, que é o da mãe, e assim por diante na linha da família." Nicolau de Damasco relata: "Eles adotam o nome da mãe e a herança passa para as filhas, e não para os filhos." Sobre os lícios, Heráclides Pôntico falou: "Desde os velhos tempos eles foram governados por mulheres."

Creta – *"dominada pelo princípio feminino"*

Muitos autores clássicos escreveram que os lícios e os cários tinham grandes afinidades com a ilha de Creta. Alguns declararam que a Lícia havia sido colônia daquela próspera cultura insular. Em Creta, foram encontradas várias figuras da Deusa em diversos sítios neolíticos, embora nenhuma tão antiga quanto no continente. Na planície de Messara, também foram encontradas as edificações conhecidas como *tholoi*, muito semelhantes às do sítio de Tell Arpachiyah, em Halaf. Creta era a sociedade em que mais se supunha haver matrilinearidade e, possivelmente, matriarcado.

Sinclair Hood, ex-diretor da British School of Archaeology na Grécia, escreveu em *The Minoans, Crete in the Bronze Age*:

> Parece bastante provável que costumes descritos como matriarcais (governo da mãe) tenham persistido em Creta. Eles surgem em sociedades primitivas onde as pessoas não compreendem, quando nasce um bebê, quem pode ser o pai. As crianças recebem o nome da mãe e toda a herança segue a linhagem feminina. Tradições primevas desse tipo sobreviveram na Anatólia nos tempos clássicos. Assim, entre os cários na costa oeste da Anatólia, a sucessão ainda era através da mãe no século IV a.C., e na Lícia, a sudeste de Cária, as crianças recebiam o nome da mãe.

Em 1952, Charles Seltman escreveu sobre a cultura altamente desenvolvida em Creta, cujo início precedeu em muitos séculos os tempos bíblicos, e afirmou que o matriarcado tinha sido o modo de vida lá. Ele discutiu a liberdade sexual das mulheres, a descendência matrilinear e o papel do "rei", salientando o alto status das mulheres na ilha e nas terras em que a Deusa parece ter sido o próprio cerne da existência.

"Entre os povos mediterrâneos", escreve Seltman, "via de regra a sociedade era formada em torno da mulher, mesmo nos mais altos níveis em que a descendência seguia a linhagem feminina. Um homem somente se tornava *rei* ou *chefete* por meio de um casamento formal, e sua filha, e não filho, o sucedia, de modo que o próximo chefete seria o jovem que se casaria com sua filha. (...) Antes da invasão dos povos do norte, a religião e os costumes eram dominados pelo princípio feminino".

Em *The Aegean Civilization*, Gustave Glotz, em 1925, examinando o papel da mulher em Creta, afirmou que elas controlavam a forma e os ritos da religião.

> As sacerdotisas por muito tempo presidiram as práticas religiosas. A mulher era a intermediária natural com as divindades, sendo a maior destas a mulher deificada. Uma enorme quantidade

de objetos representa as sacerdotisas em seus deveres (...) a participação de homens nos cultos foi, assim como a associação de um deus com a deusa, um desenvolvimento mais tardio. O papel deles nas cerimônias religiosas era sempre subalterno, mesmo quando o rei se tornava o alto sacerdote. Para atenuar sua invasão e confundir os espíritos maus a cujo poder seu ato os expunha, eles assumiam nos serviços divinos os trajes sacerdotais das mulheres (...) enquanto a adoração privada era realizada diante de pequenos ídolos, na adoração em público o papel de deusa era representado por uma mulher. É a alta sacerdotisa que toma lugar no assento da deusa, senta-se junto da árvore sagrada ou fica de pé no pico de uma montanha para receber adoração e oferendas dos acólitos e dos fiéis.

Stylianos Alexiou, diretor do Archaeological Museum em Iráclio, participou no capítulo sobre religião em Creta no livro *Minoan Civilization*, e escreveu: "O trono de alabastro em Cnossos estava destinado, segundo Helga Reusch, à rainha-sacerdotisa que, ladeada pelos grifos pintados na parede, personificava a deusa. No palácio real, o trono situado à parte como uma espécie de altar sagrado mostra que uma pessoa se sentava lá para receber adoração. Segundo Matz, quando a rainha descia a escada do palácio para a corte dentro do santuário, ela representava uma autêntica incorporação da deidade diante da multidão de adoradores extáticos."

Em 1958, Jacquetta Hawkes trouxe perspicazes observações sobre o status das mulheres em Creta, comentando que, embora se possa considerar a possibilidade de que a Deusa devia ser um sonho masculino, "homens e mulheres em todos os lugares de Creta estavam acostumados a ver uma esplêndida deusa reinando sobre um deus masculino pequeno e suplicante, e esse conceito deve ter expressado alguma atitude presente na sociedade humana que o aceitava". Em seguida, destaca que a autoconfiança das mulheres e seu lugar assegurado na sociedade talvez fossem evidenciados por outra característica. "Essa é a destemida e natural ênfase na vida sexual que perpassava toda expressão religiosa e tornava-se óbvia na vestimenta provocativa de ambos os sexos e sua fácil interação – um espírito melhor compreendido através de seu oposto: o véu e o isolamento total das mulheres muçulmanas sob uma fé que lhes negava até a existência de alma."

Observando os artefatos e murais de Cnossos, o Archaeological Museum de Iráclio e outros museus de Creta, resta pouca dúvida de que a divindade feminina foi, durante milênios, o principal ser sagrado do local, com mulheres atuantes no clero Dela. Portanto, é interessante seguir as manifestações da cultura cretense tal como apareceram depois na Grécia antiga, cerca de mil anos antes da clássica Idade de Ouro (cerca de 500-200 a.C.), com a qual estamos mais familiarizados.

Grécia – "o ataque aos clãs matrilineares"

As conexões são feitas pelos assentamentos em Creta e/ou Grécia no continente, atribuídas ao povo conhecido como micênico, assim chamado pelos arqueólogos devido a um dos sítios no continente: Micenas. Indícios das origens do povo que habitava esses sítios apresentaram algumas possibilidades intrigantes aos estudiosos. Muitos acreditam que os micênicos eram um grupo de indo-europeus, talvez o mesmo povo que os aqueus, ou possivelmente vindos numa migração anterior das tribos do norte. Outros afirmam que eles já eram habitantes de Creta e que haviam derrubado o governo anterior pouco antes de 1400 a.C. Alguns os relacionam ao grupo conhecido como Povos do Mar, e outros ainda sugerem que eram filisteus ou que os filisteus eram um ramo dos micênicos. Houve até uma sugestão de que os micênicos eram relacionados com os hicsos, os "reis pastores" que usavam bigas puxadas a cavalo e haviam mantido o Egito sob suas leis por muitos séculos. Os hicsos foram expulsos do Egito na mesma época em que os micênicos apareceram.

Sejam quais forem suas origens, o motivo da importância dos micênicos aqui é que sua cultura, até onde sabemos, era parcialmente cretense e parcialmente grega. Muitos estudiosos acreditam que eles levaram a cultura cretense de Creta para a Grécia. As placas com a escrita Linear B dos micênicos, que são listas de inventários encontradas no palácio de Cnossos, são todas datadas do mesmo ano, cerca de 1400 a.C., e usam uma linguagem que os estudiosos acreditam ser diferente da usada anteriormente em Creta. Após muitos anos de debates, a maioria dos especialistas aceita que a linguagem usada nessas placas é uma forma arcaica de grego (com muitos símbolos e sinais que tinham sido usados por uma linguagem mais antiga e que ainda não foi decifrada de modo aceitável, embora Gordon tenha oferecido um corpo de evidências sugerindo que era intimamente relacionada à linguagem cananeia usada em Ugarit). Se os micênicos ou seus líderes eram originalmente indo-europeus, como sugerem as placas, uma vez assentados em Creta logo adotaram muitos dos assuntos e técnicas de artesanato, o estilo de vestimentas, a maneira de escrever e a religião dos habitantes da ilha.

Cottrell nos diz que a "arte micênica continuou a refletir a cultura 'minoica'[1] dos povos mediterrâneos (...) cujo sistema de escrita havia adotado". R. W. Hutchinson, da Universidade de Cambridge, escreve: "Em meados do segundo milênio, é provável que os gregos ainda estivessem se instalando em Creta, embora em números comparativamente pequenos, e já haviam adotado muitos cultos e costumes religiosos cretenses. Até no continente encontramos sobreviventes da religião minoica, ou pelo menos da pré-helênica..."

No Catalog of Prehistoric Collections do National Archaeological Museum em Atenas, os curadores observam: "Na religião micênica, em que a adoção de muitas características cretenses é óbvia, podemos notar, acima de tudo, o aparecimento da deusa de natureza cretense." Nesse grande museu está a coleção de artefatos descoberta em escavações nos assentamentos micênicos na parte continental da Grécia, uma coleção que se destaca pelo elaborado trabalho artesanal em ouro nos anéis com sinetes e carimbos mostrando cenas da Deusa e das sacerdotisas Dela – cenas quase idênticas às produzidas na Creta "minoica".

Ao discutir as placas Linear B, que mencionavam os nomes de várias deidades conhecidas mais tarde na Grécia clássica, Cottrell explica que "existe também em Pilos [no continente] e em Cnossos [em Creta] uma

---

1   "Minoica" é o nome dado à cultura nativa de Creta (pré-micênica) por seu escavador, Sir Arthur Evans, e se baseia em um relato clássico grego sobre o rei Minos de Creta que, segundo parece, deve ter realmente vivido no período micênico.

referência frequente a *Potnia* – 'Amante' ou 'Nossa Senhora'; essas últimas inscrições confirmam o que os arqueólogos vinham suspeitando há muito tempo pela evidência em selos encontrados no continente: que os micênicos também adoravam a deusa mãe minoica".

Os micênicos habitaram e governaram Creta no Palácio de Cnossos pouco depois de um grande holocausto, possivelmente causado por uma invasão ou um terremoto. Esse mesmo povo fundou muitas cidades pré--gregas no continente, e trouxe a adoração da Deusa cretense. A Idade Micênica é em geral situada entre cerca de 1450 e 1100 a.C. Seu início data de pouco antes do período geralmente atribuído a Moisés. Prosperou durante séculos antes da Grécia de Homero e é provável que seus escritos tratassem dos eventos desse período ou logo depois. A luta por Helena bem pode ter sido a luta por direitos legais ao trono de Esparta. Embora a Grécia clássica seja sempre apresentada como a própria fundação da cultura e civilização ocidentais, é interessante notar que de fato ela surgiu 25 séculos após a invenção da escrita e foi formulada e profundamente influenciada pelas culturas do Oriente Próximo, que a precederam por milhares de anos.

A Grécia foi invadida várias vezes pelos povos do norte. Robert Graves, em sua introdução a *Os mitos gregos*, escreveu em 1955: "As invasões dos aqueus do século XIII a.C. enfraqueceram drasticamente a tradição matrilinear (...) quando os dórios chegaram, perto do fim do segundo milênio, a sucessão patrilinear se tornou a regra." Com esses povos do norte, veio a adoração ao indo-europeu Dyaus Pitar, literalmente Deus Pai, que veio a ser conhecido na Grécia como Zeus e mais tarde, em Roma, como Júpiter. Esse período transicional, da mudança de adoração à Deusa para uma deidade masculina, mudança introduzida mais intensivamente pela invasão dos dórios, é o tema de *Some Traces of the Pre-Olympian World*, escrito por E. Butterworth em 1966.

Butterworth soube fazer com a Grécia o que Murray fez com o Egito. Traçando cuidadosamente a linhagem das casas reais, conseguiu mostrar que muitas das grandes cidades pré-gregas, essencialmente pequenas nações, eram matrilineares. Ele ressaltou que Argos, Tebas, Tirino e Atenas, assim como outras cidades, em outros tempos seguiam o costume de descendência matrilinear. E explicou que isso era resultado da adoração à Deusa e Suas origens cretenses, afirmando que a própria Creta era matrilinear, e possivelmente matriarcal.

Seu principal interesse era na revolução patrilinear, o tempo em que os clãs patrilineares decidiram impor violentamente seus costumes a todos à sua volta.

> A matrilinearidade, embora não universal na Grécia e no mundo Egeu, era amplamente difundida (...) o efeito do sistema de sucessão à realeza e à herança de propriedades era imenso naquela época. A maioria dos clãs era matrilinear por costume, e a maior revolução na história da Grécia antiga foi a que mudou a sucessão de matrilinear para patrilinear, e a lealdade ao clã foi destruída.

A partir de 3000 a.C., as sacerdotisas eram retratadas em esculturas e apareciam em murais e outras obras e artefatos em Creta, sugerindo que eram as mulheres que controlavam a adoração. Creta foi mais tarde governada pelos micênicos, que adotaram sua religião e muitos aspectos de sua cultura. Já que os artefatos religiosos dos micênicos retratavam o clero da Deusa como feminino, é muito provável que as mulheres das comunidades micênicas na Grécia também tivessem esse privilégio. Butterworth afirma que as mulheres, em especial as das casas reais, eram as protetoras da religião. Ele diz:

> O ataque aos clãs matrilineares destruiu o poder do próprio mundo dos clãs e, com ele, sua religião (...) a história dos tempos é seguidamente penetrada pelo embate entre patrilinear e matrilinear, enquanto as velhas dinastias religiosas são quebradas, dispersadas e reestabelecidas. (...) O mundo matrilinear foi levado ao fim por inúmeros ataques criminosos ao coração desse mundo, à própria Potnia Mater [a Grande Deusa].

Não posso evitar a menção à lenda grega da deusa conhecida como Hera, cuja adoração parece ter sobrevivido aos tempos micênicos, e Sua frustrada rebelião contra Seu marido recém-designado, Zeus, um lembrete alegórico daqueles que lutaram pela supremacia da Deusa – e perderam. Contudo, segundo Hawkes, muitas das atitudes sobre a posição inferior das mulheres na Grécia clássica foram exageradas pela "visão acadêmica tendenciosa do século XIX". Ela sugere que, mesmo no período clássico da Grécia, as mulheres retinham alguma liberdade de suas predecessoras cretenses:

> Assim como em Creta, as mulheres compartilhavam o poder da Deusa, tanto psicológica quanto socialmente; as sacerdotisas tinham elevada posição e se formavam associações clericais de mulheres em torno dos templos e dos lugares sagrados. Uma das mais influentes, por exemplo, era associada ao famoso templo de Ártemis (Diana), em Éfeso. Nessa cidade, e na Jônia em geral, mulheres e meninas gozavam de muita liberdade. Enquanto as mulheres adquiriam influência e responsabilidade servindo nos templos e em grandes festivais das deusas, havia também a liberação dos cultos antigos. Matronas respeitáveis e meninas em grandes grupos passavam noites inteiras a céu aberto nas colinas em danças que estimulavam êxtase e intoxicações, talvez em parte alcoólicas, mas sobretudo místicas. Dizem que os maridos desaprovavam, mas não gostavam de interferir em questões religiosas.

Na época clássica de Esparta, onde a veneração da Deusa como Ártemis prosperava, as mulheres eram livres e independentes. Segundo Eurípedes e Plutarco, as jovens espartanas não ficavam em casa, mas nos ginásios, onde tiravam as roupas desconfortáveis e lutavam nuas com os jovens de sua idade. As mulheres de Esparta pareciam ter total liberdade sexual e, embora se dissesse que a monogamia era a regra oficial dos casamentos, vários relatos clássicos mencionam que essa regra não era levada muito a sério. Plutarco relatou que em Esparta a infidelidade das mulheres chegava a ser de certo modo glorificada, enquanto Nicolau de Damasco, talvez em virtude de alguma experiência pessoal, nos diz que a mulher espartana tinha o direito de engravidar do homem mais bonito que encontrasse, fosse nativo ou estrangeiro.

Canaã – "a posição social e legal de uma esposa israelita"

Deixei por último a análise das mulheres nas duas nações hebreias, Judá e Israel, porque em geral as vemos como parte de uma sociedade patriarcal isolada, que adorava apenas a deidade masculina. Neste ponto, será esclarecedor comparar a posição das mulheres hebreias, não apenas com suas contemporâneas da Babilônia e do Egito, culturas tão interligadas entre si, mas também com as mulheres de Canaã, onde elas finalmente se estabeleceram.

Na cidade de Ugarit, no norte de Canaã no século XIV a.C., que não era uma comunidade hebreia, existem registros de uma mulher cujo título foi traduzido como "Senhora Importante da Casa Real". Ela era conhecida como Adath (que significa "Senhora", a contraparte feminina de Adon, que quer dizer "Senhor"). Nessa região, a Deusa era conhecida como Anate, que pode ser a mesma palavra. Os textos de Ugarit (atualmente Ras Shamra, na Síria), nos quais foram também descobertas lendas de Anate, revelam que essa "Senhora Importante" era parte ativa nas negociações políticas.

Claude Schaeffer, codiretor da primeira escavação em Ugarit, escreveu em 1939: "O status social das mulheres, particularmente a mãe de família, parece ter sido elevado em Ugarit." Documentos encontrados desse mesmo período revelam que em caso de divórcio ou viuvez a mulher conservava suas propriedades. Os registros legais são muito parecidos com os de Elão, declarando que o marido deixava suas posses para a esposa, e não para os filhos. Esses filhos eram aconselhados a não brigar, a respeitar e obedecer a mãe. Como explicarei nos dois próximos capítulos, em Ugarit havia uma curiosa combinação das culturas do sul e do norte, que se refletiam nos mitos religiosos. Há relatos de muitos indo-europeus morando na cidade no século XIV a.C., porém o status das mulheres não parece ter sido afetado nessa época.

Entre os amonitas de Canaã, um povo com o qual os hebreus entravam frequentemente em conflito, as mulheres atuavam em funções oficiais. Em 1961, o arqueólogo G. Landes escreveu que "a posição superior das mulheres estava de acordo com a prática nômade". Ele afirmou que as rainhas, como a Rainha de Sabá (cerca de 950 a.C.), às vezes conduziam os estados ou tribos árabes, e isso foi relatado também nos séculos VIII e VII a.C.

Em contraste com a posição econômica, legal e social das mulheres à sua volta, a posição das israelitas exibe os efeitos da quase total aceitação da deidade masculina, Iavé, e da sociedade patriarcal que o acompanha. Segundo a Bíblia, embora ainda não haja evidências arqueológicas que as confirmem, as leis israelitas datam do tempo de Moisés (em torno de 1300-1250 a.C.) e permaneceram como leis dos hebreus de Canaã até a queda do reino do norte, conhecido como Israel, em 722 a.C., e a queda do reino do sul, chamado Judá, em 586 a.C. Essas mesmas leis aparecem até hoje no Velho Testamento da Bíblia judaico-cristã.

Através de um estudo intensivo da Bíblia, o padre e arqueólogo Roland de Vaux fez as seguintes observações sobre as hebreias em seu estudo de 1965, publicado como *Ancient Israel*:

> A posição social e legal de uma esposa israelita era inferior à posição ocupada por uma esposa nos grandes países à volta (...) todos os textos mostram que os israelitas queriam filhos homens para perpetuar a linhagem e a fortuna da família, e para preservar a herança ancestral. (...) O marido podia se divorciar da esposa (...) a mulher, por sua vez, não podia pedir o divórcio (...) a esposa chamava o marido de Ba'al ou amo; ela também o chamava de adon ou senhor; de fato, ela se dirigia a ele como um escravo se dirigia ao amo, ou um súdito ao rei. O Decálogo inclui a esposa entre as posses do marido (...) ela permanece inferior durante toda a vida. A esposa não herda do marido, nem as filhas do pai, exceto quando não há um herdeiro homem. Um compromisso assumido por uma moça ou mulher casada necessita, para ser válido, do consentimento do pai ou do marido, e, se esse consentimento fosse suspenso, o compromisso seria anulado e invalidado. O homem tinha o direito de vender a filha. As mulheres eram excluídas da sucessão.

De Vaux afirma que, ao contrário de todas as outras culturas no Oriente Próximo, não era permitido ter sacerdotisas na fé israelita. Ele expõe que:

> (...) a sugestão de que havia mulheres no clero do templo conflita com um fato linguístico importante: havia sacerdotisas

MULHERES – ONDE A MULHER ERA DEIFICADA

na Assíria, sacerdotisas e altas sacerdotisas na Fenícia, onde são apresentadas como o feminino de kohen; nas inscrições minoicas havia uma forma feminina de lw' [sacerdotisa] que alguns estudiosos ligam ao hebraico lewy, mas em hebraico não há nome correspondente a kohen ou lwey, nenhuma mulher jamais teve lugar no clero israelita.

Posso acrescentar que, segundo a lei hebraica, a mulher não tinha direito a dinheiro ou propriedades no caso de divórcio e, como seu compromisso ficava invalidado, presume-se que ela não podia se envolver em negócios. Talvez as leis mais chocantes de todas eram as que declaravam que a mulher deveria ser apedrejada ou queimada se perdesse a virgindade antes do casamento, um fator nunca antes mencionado em outros códigos legislativos no Oriente Próximo, e que uma mulher solteira, sendo vítima de estupro, era obrigada a se casar com o estuprador; se ela fosse noiva ou casada, seria apedrejada até a morte por ter sido estuprada.

Talvez a explicação mais clara do status das hebreias na antiguidade seja a revelada pelo arqueólogo D. Ussishkin em 1970. Ele descreveu um túmulo hebreu antigo recentemente descoberto em Israel: "Portanto, parece que um corpo, quase certamente do marido, foi colocado mais alto que o corpo da esposa, de modo que o status inferior da mulher era demonstrado mesmo após a morte."

Apesar da posição mais baixa das mulheres decretada pelos hebreus em suas leis e seus costumes, houve dois incidentes que revelam um possível ressurgimento da antiga religião da Deusa, dentro mesmo da casa real de Israel. A associação com as crenças antigas sugere que duas rainhas podem ter adquirido poder por meio dos velhos costumes de matrilinearidade, que talvez tenham se infiltrado em Israel com outros padrões "pagãos". Os dois incidentes envolviam mulheres listadas como rainhas hebreias, uma em Israel e outra em Judá.

O primeiro se refere a uma mulher conhecida como Rainha Maaca, possivelmente descendente de uma princesa arameia do mesmo nome que estava no harém do rei Davi, hebreu. Essa segunda Maaca consta na Bíblia como a rainha de Roboão, rei de Israel de cerca de 922 a 915 a.C. A mãe dele não era hebreia, e sim uma princesa amonita. Registros desse rei dizem que ele erigiu bezerros de ouro "pagãos". Murray sugere que essa mesma Rainha Maaca foi mais tarde casada com o rei sucessor, Abias, listado como filho de Maaca e Roboão. Essa sugestão se baseia no fato de que algumas versões da Bíblia listam Maaca como mãe do filho de Abias, Asa. Outras versões listam Maaca como avó dele, mas colocam o nome dela onde o nome da mãe normalmente estaria e nunca mencionam quem era a mãe dele, um padrão muito diferente de todas as outras descrições de filhos hebreus da realeza. Murray escreveu: "A única maneira de Abias e Asa terem tido a mesma mãe foi o casamento de Abias com a própria mãe."

Foi Asa quem realizou muitas reformas, dando fim às práticas "pagãs" até então muito prevalentes, e finalmente destronou Maaca. À luz das curiosas discrepâncias na genealogia de Asa, o motivo dado na Bíblia para a deposição de Maaca é ainda mais interessante. Em 1 Reis 15:2-14 lemos que Maaca havia feito uma *asherah*, isto é, uma estátua da Deusa Aserá. Considerando as repetidas evidências de "paganismo" nesse período, é muito provável que Israel tenha retomado costumes da antiga religião, aceitando na época a deidade feminina e o parentesco feminino na sucessão ao trono. Se assim foi, Maaca teria sido a herdeira real e mantido sua posição até que Asa, possivelmente sob a influência dos religiosos hebreus, restabeleceu a religião de Iavé.

O segundo incidente é datado de cerca de 842 a.C., quando Atália, filha da Rainha Jezebel, reclamou seu direito ao trono de Judá. Segundo a lei hebraica, as mulheres não tinham permissão para reinar sozinhas. No entanto, foi preciso uma violenta revolução para destroná-la. A própria Jezebel era muito identificada com a religião antiga. Seus pais, avós de Atália, eram a alta sacerdotisa e o alto sacerdote de Astarote e Baal na cidade cananeia de Sídon, reinando lá como rainha e rei. O assassinato de Jezebel, que havia reinado junto com Acabe como rainha no reino norte de Israel, foi, na verdade, um golpe político para acabar com a religião da Deusa. Isso fica evidente nos eventos que se seguiram ao assassinato no relato bíblico em Reis 1 e 2. Portanto, vale notar que foi a filha de Jezebel que ascendeu ao trono real de Judá, a única mulher que governaria sozinha a nação dos hebreus. Mais significativo é o fato de que, uma vez tendo assegurado seu direito ao trono, Atália reinou durante seis anos, restabelecendo a antiga religião "pagã" em toda a nação, para angústia e sofrimento dos sacerdotes hebreus.

Resumo

Por mais que causa e efeito entre descendência matrilinear, status elevado de mulheres e veneração da Deusa sejam confundidos, não podemos desconsiderar o fato de que repetidas evidências atestam que a religião da Deusa e um sistema de parentesco feminino estavam fortemente interligados em muitas partes do Oriente Próximo. Embora muito do material seja pertinente à realeza, há o suficiente para sugerir que os costumes matrilineares eram praticados em diversas regiões, também pela população em geral. Ao examinar a transição da religião da Deusa para a adoração de uma suprema deidade masculina e os efeitos subsequentes sobre o status das mulheres, vemos surgir certos padrões.

Desde o começo do segundo milênio, os assírios tinham estreitas relações políticas e comerciais com os indo-europeus hititas. Os príncipes indo-europeus hurritas aparecem em várias cidades do norte da Síria a partir dessa época. Em 1600 a.C., a Babilônia era controlada pelos cassitas, liderados pelos indo-europeus. Em 1500 a.C., a Assíria estava sob o domínio completo dos hurritas, que haviam formado o reino de Mitani.

Acompanhando essas conquistas estava a introdução do mito de Marduque que, segundo dizem, assassinou a Deusa para adquirir sua posição suprema na Babilônia. Na Assíria contavam o mesmo mito, com o nome de Assur substituindo o nome de Marduque. Ao longo do segundo milênio, os indo-europeus fizeram mais incursões nas terras de Canaã e da Mesopotâmia e, como explicarei nos próximos dois capítulos, podem ter desempenhado um papel importante na formação da religião e das leis dos hebreus.

Nesse ponto pode ser útil fazer um resumo das mudanças nas leis, já que afetaram vários aspectos da vida das mulheres. Em Esnuna (na Suméria), em torno de 2000 a.C., se um homem estuprava uma mulher, era condenado à morte. Na velha Babilônia, no período de Hamurabi, antes das maiores incursões dos indo-europeus, embora muitos vindos do norte já estivessem lá, era dada a mesma punição. Nas leis da Assíria, datadas entre 1450 e 1250 a.C. (quando a Assíria estava sob o controle dos indo-europeus), está escrito que se um homem estupra uma mulher, o marido ou o pai dessa mulher deve estuprar a esposa ou a filha do estuprador e/ou casar sua própria filha com o estuprador. Essa última parte também está presente na lei dos hebreus, e ainda acrescentam que a mulher seria condenada à morte se já fosse casada ou noiva. As leis assírias parecem ter sido as primeiras a mencionar o aborto, atribuindo à sua prática a pena de morte.

As reformas de Urukagina (cerca de 2300 a.C.) reportam o fato de que a mulher costumava ter dois maridos, muito embora na época de seu reinado isso não fosse mais permitido. Nas leis de Esnuna, o homem que tomasse uma segunda esposa depois que a primeira já tivesse dado à luz um filho era expulso de casa sem direito a posses. Em Esnuna, se a esposa tivesse um filho de outro homem enquanto seu marido estava na guerra, seu marido deveria aceitá-la de volta. Não há menção a punição por adultério. No código de Hamurabi, se uma mulher tivesse relações sexuais com outro homem, ela deveria fazer um juramento no templo e voltar para casa com o marido. As leis assírias e hebraicas davam ao marido o direito de matar tanto a esposa como o amante.

É um pouco difícil fazer comparações entre os vários lugares e períodos, já que as leis parecem ter sido incluídas na montagem de um código de incidentes muito específicos e referidos a várias situações. As mudanças mais importantes nas leis concernentes às mulheres afetavam seu direito de participar de atividades econômicas, o que podiam ou não podiam herdar, o que podiam deixar para os filhos, a atitude ante o estupro, aborto, infidelidade por parte do marido ou da mulher, e apenas entre os hebreus a pena de morte – para mulheres – pela perda de virgindade antes do casamento. Essas leis, que afetavam primariamente as atividades econômicas e sexuais das mulheres, apontam para a probabilidade de que o alvo era o costume da descendência matrilinear. O próprio fato de que tantas dessas leis se referiam às mulheres sugere que a posição tanto econômica quanto sexual destas sofria contínuas mudanças desde o tempo das primeiras invasões atestadas vindas do norte (cerca de 2300 a.C.) até as leis dos hebreus, escritas provavelmente entre 1250 e 1000 a.C., embora, como mencionei, nenhum dos textos hebreus originais tenha sido descoberto.

Ao questionar até que ponto o costume de parentesco feminino e a reverência à deidade feminina afetaram o status das mulheres, talvez possamos julgar melhor a partir de nossas observações das mulheres de tribos hebreias que aceitaram adorar apenas a nova deidade masculina e das subsequentes leis controlando sua posição e seus direitos na sociedade em que viviam.

MULHERES – ONDE A MULHER ERA DEIFICADA

Podemos também considerar a possibilidade de que, num nível mais pessoal, assim como os hebreus rezavam para ter filhos homens e se rejubilavam quando nascia um herdeiro para dar continuidade à linhagem da família (atitude não tão remota em muitas famílias hoje em dia), nas sociedades matrilineares o nascimento de meninas devia ser igualmente considerado uma bênção especial. Meninas devem ter sido estimadas pelas mesmas razões. Segundo os curadores do Archaeological Museum da Universidade de Cambridge, na Inglaterra, até hoje no "povo matrilinear asante, na África, as meninas são valorizadas por causa de seu poder de transmitir sangue (*mogya*) para continuar a matrilinearidade (*abusua*)". Nos tempos antigos, a Deusa do Sol de Arina, na Anatólia, era adorada com Suas duas filhas e uma neta. Os khasis de Assam adoravam a Deusa com Suas três filhas e um filho rebelde. Que efeitos emocionais isso pode ter tido na autoestima e desenvolvimento de uma menina naquela época, só podemos imaginar.

A tomada de consciência da relação entre a veneração da Deusa e a descendência matrilinear de nome, propriedade e direito ao trono é vital para o entendimento da destituição da religião da Deusa. Como explicarei adiante, foi provavelmente o motivo subjacente ao ressentimento pela adoração da Deusa (e tudo o que isso representava) pelos invasores patriarcais que vieram do norte.

A julgar pela contínua presença da Deusa como deidade suprema nas sociedades neolítica e calcolítica do Oriente Próximo e Médio, a adoração da Deusa, provavelmente acompanhada pelos costumes matrilineares, parece ter existido sem ameaças durante milhares de anos. As maiores mudanças nas crenças religiosas e costumes sociais devem ter ocorrido com a chegada dos invasores do norte que, segundo todos os relatos, tinham estabelecido os costumes patriarcais, a patrilinearidade e a adoração a uma suprema deidade masculina algum tempo antes de sua chegada nas áreas de adoração à Deusa. Quem eram esses invasores do norte? E como foram capazes de ir aos poucos suprimindo até por fim destruir a antiga religião da Deusa, que perdurou durante tantos milhares de anos?

CAPÍTULO 4

Os invasores
do norte

Quando e por que as tribos mais ao norte passaram a escolher uma deidade masculina são questões em aberto. No desenvolvimento inicial, eles não deixaram nem placas de argila nem templos. Só nos chamam atenção quando chegam às comunidades adoradoras da Deusa, no Oriente Próximo e Médio, que na ocasião já eram prósperos centros urbanos.

A falta de evidências de centros culturais em sua terra natal, na região da Rússia e do Cáucaso, logo antes das invasões, indica que até sua chegada no Oriente Próximo e Médio ainda eram grupos nômades que caçavam e pescavam, possivelmente pastores começando a praticar a agricultura. Esses povos do norte são mencionados em diversos contextos como indo-europeus, indo-arianos, indo-iranianos, ou apenas arianos. Quando aparecem nos períodos históricos, são descritos como guerreiros agressivos, dirigindo bigas em duplas puxadas por cavalos; nas referências mais especulativas de tempos pré-históricos são grandes navegadores que percorriam rios e costas da Europa e do Oriente Próximo.

Discorrendo sobre suas origens, Hawkes escreve sobre os grupos do Mesolítico e Neolítico, conhecidos como possuidores de "culturas de batalhas com machados":

> Nenhum outro assunto causou tão completa divergência nem tanta falta de objetividade dos especialistas quanto as origens dessas culturas. A razão desse partidarismo vem do único ponto de concordância dessas autoridades: que as culturas de *batalhas com machados* representam as raízes dos povos falantes indo-europeus. (...) O que se pode dizer com alguma certeza é que os povos das batalhas com machados receberam uma grande herança étnica, social e cultural dos caçadores-pescadores das florestas, como os maglemosianos e kunda. (...) Embora não tenha sido sempre assim, nem em toda parte, com o tempo

seu caráter passou a ser predominantemente pastoril, patriarcal, guerreiro e expansivo.[1]

Os povos maglemosiano e kunda nos tempos mesolíticos (em torno de 15000-8000 a.C.) se encontravam nas florestas e nas costas do norte da Europa, especialmente na Dinamarca. Sua localização era mais ao norte do que os primeiros grupos gravetianos-aurignacianos, de quem herdamos as estátuas da Vênus.

A invasão pelos povos do norte não foi um grande evento isolado, mas uma série de migrações em ondas, por um período de pelo menos mil e possivelmente três mil anos. As invasões no período histórico, começando em aproximadamente 2400 a.C., são atestadas pela literatura e pelos artefatos descobertos, e são aceitas pela maior parte dos historiadores e arqueólogos. Aquelas do período pré-histórico são especulativas, baseadas em sugestões de evidências e conexões etimológicas. As invasões anteriores e menos extensivas retroagem a 4000-3000 a.C., acontecendo, portanto, antes do tempo dos registros escritos. Em geral não são associadas às mesmas tribos invasoras, porém, com base nas evidências que realmente aparecem, sinto que devam ser mencionadas com os períodos mais atestados, de modo que quem está lendo possa tirar suas próprias conclusões.

O mais significativo é que, nos tempos históricos, os invasores do norte se consideravam um povo superior. Essa atitude deve ter se baseado principalmente em sua capacidade de conquistar os habitantes anteriores, mais desenvolvidos culturalmente, o povo da Deusa. Os indo-europeus viviam em conflito constante, não só com os povos das terras que invadiam, mas também entre eles. Nas áreas onde aparecem, o padrão de sociedade é composto por um grupo de guerreiros agressivos, acompanhados de uma casta sacerdotal de alta posição, que começava invadindo, conquistando e depois governando as populações nativas daquelas terras.

---

1 Algumas autoridades no assunto associam os povos falantes indo-europeus aos povos da cultura neolítica curgã da Rússia, que viveram ao norte do Mar Negro e do Cáucaso. Houve sugestões de que mais tarde o povo curgã dominou os povos da Europa neolítica e um escritor chegou a especular que foram eles a introduzir a linguagem indo-europeia nos povos europeus da época. (Como não temos evidências da língua do povo curgã na Rússia nem do povo europeu na época, por enquanto a teoria permanece especulativa.)

OS INVASORES DO NORTE

A data de seu surgimento original no Oriente Próximo varia. O professor James sugere que os indo-europeus se estabeleceram no platô iraniano em torno do quarto milênio. Os curadores do Museu Fitzwilliam em Cambridge, Inglaterra, datam sua entrada na Anatólia no final do quarto milênio ou começo do terceiro. O professor Albright sugere que apareceram na Anatólia "o mais tardar no começo do terceiro milênio", enquanto o professor Seton Lloyd escreve que "em torno de 2300 a.C. uma grande onda de povos indo-europeus, falando em um dialeto conhecido como luviano, parecem ter se espalhado pela Anatólia".

O professor Gordon relata que "os indo-europeus aparecem em cena no Oriente Próximo pouco depois de 2000 a.C. Seus principais representantes são os hititas, mas os deuses e reis mitanianos levam nomes indo-europeus. (...) O platô iraniano viria a ser o grande lar dos arianos (como podemos denominar o segmento de indo-europeus que inclui os iranianos)". Gordon prossegue elaborando que "o influxo de imigrantes indo-europeus ao Oriente Próximo durante o segundo milênio a.C. revolucionou a arte da guerra. Os recém-chegados introduziram as bigas de guerra puxadas por cavalos, que deram um poderoso impulso de ataque até então desconhecido no Oriente Próximo. (...) Os oficiais de elite condutores de bigas, que ganharam o nome indo-europeu *maryannu*, logo formaram uma nova aristocracia por toda a área, incluindo o Egito".

Da Anatólia ao Irã, essas tribos continuaram a invadir o sul na direção da Mesopotâmia e Canaã. Segundo o professor Albright,

> Há evidências tanto arqueológicas quanto documentais indicando um grande movimento ou movimentos migratórios do nordeste para a Síria no século XVIII a.C. O resultado dessa movimentação foi uma enchente de tribos hurritas e indo-iranianas no país. No século XV a.C. encontramos a maior parte do leste e do norte da Síria ocupados predominantemente por hurritas e indo-iranianos. (...) Megido, Jerusalém e Ascalão [todas em Canaã] são regidas por príncipes com nomes anatolianos ou indo-iranianos. Os tipos de crânios em Megido, antes de características mediterrâneas, tornam-se alpinos braquicéfalos.

Mapa 2: Localização das áreas discutidas no Capítulo 4.

Como as invasões eram esporádicas, são difíceis de rastrear e provavelmente exigiriam um volume para cada área em particular, cobrindo um longo período, para serem explicadas. Mas as evidências históricas, mitológicas e arqueológicas sugerem que foram esses povos do norte que trouxeram os conceitos do claro para o bem e do escuro para o mal (muito possivelmente, simbolizando suas atitudes em relação às pessoas de peles mais escuras das áreas mais ao sul) e de uma suprema deidade masculina. O surgimento da deidade masculina em sua literatura subsequente, que descrevia e explicava repetidamente a supremacia da mesma, bem como a posição elevada de sua casta sacerdotal, talvez permitam ver essas invasões como guerras de cruzadas religiosas além de conquistas territoriais.

A chegada das tribos indo-arianas, a apresentação de suas deidades masculinas como superiores às deidades femininas das populações nativas das terras invadidas e o complexo entrelace subsequente dos dois conceitos teológicos estão mitologicamente registrados em cada cultura. É nesses mitos que testemunhamos as atitudes que levaram à supressão da adoração à Deusa.

Como escreve Sheila Collins: "A teologia é essencialmente política. A forma com que as comunidades humanas deificam o transcendente e determinam as categorias de bem e mal tem mais a ver com a dinâmica de poder dos sistemas sociais que criam as teologias do que com a espontânea revelação da verdade por outros quadrantes."

A julgar pela mitologia religiosa por parte de escribas reais e sacerdotes que se encontra nos arquivos de palácios das nações governadas por indo-europeus nos períodos históricos, e a escrita frequente nas línguas das populações conquistadas, podemos deduzir que a motivação deve ter sido política e não devido ao fervor religioso. A prevalência de mitos que explicam a criação do universo pela deidade masculina ou a instituição do reinado masculino, quando nenhum desses existia antes, sinaliza de forma enfática a possibilidade de que muitos desses mitos foram escritos por sacerdotes das tribos invasoras para justificar a supremacia das novas deidades masculinas, e para justificar a instalação de um rei por conta da relação dele com a deidade masculina.

A deidade masculina indo-europeia, diferente do filho/amante na religião da Deusa, quase sempre era descrita como um deus da tempestade, no alto de uma montanha, reluzente pela luz do fogo ou relâmpago. Esse simbolismo recorrente sugere que esses povos do norte podem ter adorado vulcões como manifestações de seu deus, um fator que discutirei com mais detalhes no Capítulo 5. Em algumas áreas, esse deus era relacionado à Deusa exercendo o papel de marido, como o deus da tempestade Taru e a Deusa do Sol em Arina, ou Zeus e Hera. Em algumas lendas, ele surgia como um jovem rebelde que heroicamente destruía a antiga deidade feminina, algumas vezes devido à promessa previamente assegurada de supremacia na hierarquia divina.

Em muitos desses mitos, a deidade feminina é simbolizada como uma serpente ou dragão, quase sempre associada à escuridão e ao mal. Às vezes, o gênero do dragão parece neutro ou mesmo masculino (estreitamente associado a sua mãe ou esposa que é a Deusa). Mas a trama e o tema subliminar

QUANDO DEUS ERA MULHER

simbólico da história são tão semelhantes em cada mito que, a julgar pelas narrativas que chegam a usar o nome da deidade feminina, podemos deduzir que a identidade alegórica do dragão ou serpente é a própria religião da Deusa. Deidade suprema original dos povos conquistados e depois governados pelos invasores indo-europeus, a Deusa não era ignorada, mas simbolicamente incluída de tal modo que esses mitos supostamente religiosos nos permitem rastrear Sua posterior deposição.

A deidade masculina é invariavelmente o poderoso defensor da luz. Com ligeiras variações, encontramos o mito nos hititas da Anatólia, na batalha entre o deus da tempestade e o dragão Illuyanka. Na Índia, entre Indra, Senhor das Montanhas e a Deusa Danu e Seu filho Vritra. No norte de Canaã, entre Baal (que tem o duplo papel de deus da tempestade do Monte Hermón e também de irmão/consorte da Deusa Anate) e a serpente Lotan ou Lawtan (na linguagem canaanita, Lat significa Deusa). Na Babilônia, provavelmente no período indo-europeu do controle cassita, entre Marduque e a Deusa Tiamat. Na Assíria indo-europeia controlada pelos mitanianos, Assur simplesmente assume os feitos de Marduque. Na Grécia indo-europeia, entre Zeus e a serpente Tifão (filho da Deusa Gaia), entre Apolo e a serpente Píton (também registrado como filho de Gaia) e entre Hércules e a serpente Ladão, que guarda a árvore do fruto sagrado da Deusa Hera (diz-se que ela ganhou de Gaia na ocasião do casamento com Zeus). O mito aparece nos antigos escritos dos hebreus (e serão discutidas no Capítulo 5 as conexões destes com os indo-europeus), como a conquista da serpente Leviatã (outro nome canaanita para Lotan) pelo deus hebreu Iavé (Jeová). Pode haver uma conexão com as lendas de São Jorge com o dragão e de São Patrício com as cobras.

A religião feminina, especialmente após as primeiras invasões, parece ter assimilado as deidades masculinas na antiga adoração, e a Deusa sobreviveu como a religião popular por milhares de anos após as invasões iniciais. Nos tempos de Marduque e Assur, no século XVI a.C., a posição Dela tinha sido muito rebaixada na Mesopotâmia. Mas foi com os últimos ataques dos hebreus, e depois dos cristãos, no século I d.C., que a religião da Deusa foi suprimida e quase esquecida.

As origens de muitas ideias dos primeiros hebreus podem ser encontradas nesses relatos do povo indo-europeu. O conceito do deus no topo da montanha, flamejante na luz, a dualidade entre claro e escuro simbolizando bem e mal, o mito da derrota da serpente pela deidade masculina, bem como a liderança de uma classe governante suprema, todos tão prevalentes na sociedade e na religião indo-europeias, são encontrados também nos conceitos políticos e religiosos dos hebreus. A influência, ou possível conexão, com os povos indo-europeus pode explicar as atitudes patriarcais dos hebreus, algo que discutiremos em profundidade no Capítulo 5. Uma vez conhecidos os padrões políticos e as representações religiosas dos indo-europeus, pode-se compreender melhor as ideias e atitudes dos hebreus que posteriormente seriam adotadas no cristianismo.

Índia – "origem das castas..."

Na Índia se encontram algumas das mais óbvias evidências das invasões indo-arianas e da conquista dos primeiros povos adoradores da Deusa. A língua dos indo-arianos na Índia era o que hoje chamamos de sânscrito. Quando chegaram, os povos do norte ainda não possuíam um método de escrita. Adotaram dois alfabetos, possivelmente dos acadianos, que usaram para a escrita de seus hinos e outras literaturas. Assim, os registros mais abrangentes dos indo-arianos no país estão nos livros conhecidos como os Vedas, escritos em alguma época entre 1500 e 1200 a.C. na língua sânscrita indo-europeia, usando os caracteres herdados.

Em 1963, o professor E. O. James escreveu:

> Ao que parece, os deuses celestiais do antigo panteão védico já estavam estabelecidos nas tribos arianas quando começaram suas migrações no segundo milênio a.C. (...) Ao chegarem à Índia encontraram, ao contrário da crença anterior às escavações dentro e ao redor do Vale do Indo desde 1922, não uma população aborígene primitiva, mas uma civilização urbana desenvolvida, superior ao modo de vida deles, relativamente simples, como representado no Rigueveda.

Giuseppi Sormani, escrevendo em 1965, conta que "os arianos entraram em contato com sociedades estabelecidas de forma já antiga, altamente civilizadas, e em comparação eles eram meros bárbaros". E ele diz também que "eles já tinham abandonado o matriarcado havia muito tempo e tinham um sistema familiar patriarcal, bem como uma forma de governo patriarcal".

De acordo com os hinos do Rigueveda indo-ariano, no início dos tempos só existia *asura*, poder vital. A *asura* então se dividiu em dois grupos cósmicos. Um era dos inimigos dos arianos, chamados de dânavas ou daitias, filhos da Deusa Danu ou Diti; o outro grupo, obviamente dos heróis dos arianos, era dos chamados de a-daitias. Esse título revela o fato de que essa estrutura mítica foi criada em reação à presença dos adoradores de Diti, já que a-daitia significa literalmente "não daitia", "não povo" de Diti. Isso é uma forte indicação de que esses hinos míticos não foram escritos somente quando os arianos entraram em contato com o povo da Deusa, mas também foram concebidos e compostos depois daquela ocasião.

Um dos principais deuses indo-arianos era chamado de Indra, Senhor das Montanhas, "aquele que derruba cidades". Com a promessa de supremacia se tivesse sucesso em matar Danu e Seu filho Vritra, ele assim o faz e consegue reinar sobre os a-daitias. Em um hino a Indra no Rigueveda que descreve esse evento, Danu e o filho Dela são inicialmente descritos como serpentes demoníacas; mais tarde, já mortos, são simbolizados por uma vaca e seu bezerro. No Oriente Próximo e Médio, as duas imagens, da vaca e da serpente, são associadas com a adoração à Deusa. Após os assassinatos, "as águas cósmicas fluíram e ficaram grávidas". Em seguida, deram à luz o Sol. Essa imagem do deus sol emergindo das águas primevas aparece em outros mitos indo-europeus e também ocorre em conexão com duas das invasões pré-históricas.

A atitude indo-ariana em relação às mulheres transparece em duas frases atribuídas a Indra no Rigueveda. "A mente da mulher não tolera disciplina. Seu intelecto tem pouco peso." Podemos achar bastante irônica essa afirmação à luz do nível de cultura dos indo-arianos, patriarcais, adoradores de homens, em comparação com o nível de cultura dos povos adoradores da Deusa, mais orientados para o feminino, subjugados à força.

O Rigueveda também faz referência ao deus pai ancestral conhecido como Prajapati e como Diaus-Pita. Ele aparece como uma ideia quase abstrata no Rigueveda. Contudo, Diaus-Pita é conhecido nos escritos brâmanes posteriores como o "supremo pai de todos". Em vários hinos do Rigueveda há evidências de uma adoração ancestral ao pai. Os indo-arianos recitavam diariamente o Pitriyajna, a adoração aos pais ancestrais. Nesse ritual, o pai da família atuava como alto sacerdote e depois passava os ritos ao filho mais velho. Em sânscrito, *pitar* significa pai, mas *pati* tem diversos significados. As conexões nos confirmam a posição dos homens nessas tribos do norte. *Pati* tem tradução alternativa de senhor, governante, mestre, proprietário e *marido*.

Com a expansão da cultura indo-ariana vieram as origens da religião hindu e o conceito de que a pele mais clara era melhor do que a escura. Os brâmanes, sacerdotes dos indo-arianos mais claros, eram considerados o epítome da hierarquia racial. Sormani relata que:

> Muito se estudou sobre a verdadeira origem das castas e as teorias mais confiáveis retrocedem às invasões nos tempos antigos. Os arianos de pele branca não queriam se misturar com os dravidianos de pele escura, que eram os habitantes originais (em sânscrito, a palavra para casta, *varna*, significa cor). As primeiras medidas para dividir as populações em castas foram leis proibindo casamentos mistos entre arianos e dravidianos.

Mais tarde, no Bhagavad Gita, o herói ariano Arjuna fala de seu medo de minar "a própria estrutura da sociedade". A preocupação dele é não produzir "ilegalidade", em seguida descrita como "a corrupção das mulheres" que, por sua vez, levaria a "mistura de castas".

Um personagem que aparece na mitologia indo-ariana de 400 a.C., embora possa ter sido conhecido em lendas antes disso, é Rama, que simboliza a tradição bramânica. Norman Brown, professor de sânscrito na Universidade da Pensilvânia, assim o descreve:

> Rama é o agente mítico da expansão da cultura ariana (que é bramânica ou sânscrita) para o ainda não arianizado sul da Índia, onde até hoje a cultura está na posse dos brâmanes, recobrindo um substrato que é basicamente dravidiano. (...) Rama conquistou pela força das armas (...) e assim é representado como provedor de cultura e luz para os aborígenes, que são chamados de demônios quando são intransigentes, ou de macacos e ursos quando se convertem voluntariamente.

Portanto, os invasores patriarcais, que consideravam inferiores as mulheres, podem ter sido responsáveis também pelas origens das atitudes racistas.

Para os arianos, a luz deve ter sido as labaredas ofuscantes de erupções vulcânicas, depois simbolizadas pela luz de seus onipresentes sacrifícios pelo fogo, a luz dos corpos celestes, especialmente do Sol, os relâmpagos de seu deus da tempestade, talvez o tom claro de sua própria pele em comparação com o povo mediterrâneo e o "reino de eterna luz" onde se supunha que morariam os espíritos dos arianos mortos. Os "nobres pais residem em luz brilhante, primeva luz". Brahma, um nome que acabou se tornando o do deus supremo, é descrito como "aquele que tem a forma da luz". *Dev*, palavra sânscrita para deus, significa literalmente cintilante ou brilhante. Mitra, outro deus que aparece no Rigueveda, surge posteriormente com um papel mais importante na Avestá iraniana e é continuamente associado à luz, enquanto Varuna, que pode ser outro nome de Diaus-Pita, tem a tarefa de realizar sacrifícios diários para trazer o "sol brilhante" para fora do "profundo espaço escuro embaixo da terra".

Evidências arqueológicas, especialmente nos trabalhos de Sir John Marshall, revelam que antes das invasões arianas as populações nativas da Índia reverenciavam a Deusa. As primeiras culturas do Vale do Indo parecem ter entrado em contato com a Suméria e Elão por volta de 3000 a.C. As crenças e atitudes religiosas frequentemente se entrelaçam aos costumes sociais e familiares. Se a maior parte da população algum dia considerou a Deusa sagrada, não surpreende muito descobrir que essas crenças reviveram em ocasiões seguras, quando podiam ser seguidas abertamente, embora seja impressionante o período abrangido.

Bem mais tarde na história indiana, assim como em muitas outras áreas onde a adoração à deidade masculina foi sobreposta à religião feminina, muitas pessoas, talvez as que permaneceram em áreas mais isoladas, ainda mantinham a adoração à Deusa. Em 600 d.C., a adoração à divindade feminina reapareceu na Índia. Nos Puranas e Tantras, ela recebeu muitos nomes, mas *Devi*, que significava simplesmente Deusa, combinava todos. Porém, esse nome vinha do sânscrito Dev; o nome Dela como Danu ou Diti fora esquecido.

O professor Brown explica:

A razão de não termos notícias dela mais cedo é sem dúvida porque a Grande Mãe não tem origem ariana e demorou a ter reconhecimento bramânico. Ela é bem diferente de todas as deidades femininas no Rigueveda. (...) A Grande Deusa Mãe é bastante adorada hoje na Índia em círculos não arianos; no sul da Índia, todas as aldeias têm sua coleção de Ammas, ou Mães, e a adoração a elas é o principal exercício religioso da aldeia (...) os sacerdotes dessas deidades [há sacerdotisas também] não são brâmanes (...) são membros de castas inferiores, indicando adoração pré-ariana ou pelo menos não ariana a essas deusas.

Brown relata que a Deusa finalmente foi incorporada à literatura bramânica, mas ressalta que "a concepção da Grande Mãe ainda tem posição duvidosa nos círculos bramânicos".

Irã – "a semente das terras arianas"

As crenças indo-arianas também são encontradas nos escritos do Irã, embora em um período muito posterior. O material escrito mais antigo do Irã infelizmente retrocede apenas a 600 a.C., na Avestá de Zaratustra. Mas é esclarecedor, como explica James: "Tanto os indianos como os iranianos eram, como já vimos, derivados da mesma descendência etnológica indo-europeia estabelecida no platô iraniano desde o quarto milênio a.C. e, ao que parece, falavam um dialeto sânscrito védico."

O professor M. J. Dresden também conta que "um corpo substancial de evidências linguísticas, religiosas e sociais garante a tese de que, em alguma ocasião, houve a união dos portadores das duas culturas, que encontram expressão no Rigueveda indiano, por um lado, e em partes da Avestá iraniana, por outro".

Sem dúvidas, muito mudou desde o tempo do Rigueveda até escreverem a Avestá, mas encontramos de novo o conceito de um grande pai representando a luz, agora chamado Ahura Mazda. Em geral é mencionado como Senhor da Luz e mora no topo de uma montanha, refulgente em luz dourada. Diz-se que essa morada fica no monte Hara, supostamente a primeira montanha já criada. Na língua dos indo-arianos, *hara* significava de fato montanha.

A dualidade de luz e escuridão como bem e mal fica evidente em toda parte no pensamento religioso iraniano. Ahura Mazda é elevado pela bondade, enquanto o personagem demoníaco chamado Ahriman "está afundado na escuridão". Em um relato, Ahriman ousou chegar à fronteira entre eles e foi cegado pela luz de Ahura. Ao ver o valor e a supremacia "superiores aos seus", ele fugiu de volta à escuridão. Nos textos iranianos de 200 d.C. conhecidos como maniqueístas, novamente encontramos bem e mal correspondendo a claro e escuro. Nessas afirmações, os "problemas da humanidade são causados pela mistura dos dois". Mitra, que aparece no Rigueveda, surge mais significativamente no pensamento iraniano: agora é Mitra quem derrota os "demônios da escuridão".

Um personagem iraniano interessantíssimo é Gayô Mareta, o primeiro homem criado. Ele bem pode ter sido o mesmo personagem, no Irã, que Indra na Índia. *Gauee* ou *gavee* em sânscrito quer dizer vaca. *Mrityu* em sânscrito significa morte ou assassinato e sobreviveu na linguagem germânica indo-europeia como *mord*, assassinato, e na língua inglesa indo-europeia *murder*, assassinato. Assim, Gayô Mareta era o "Assassino de Vaca". Da mesma forma que Danu foi simbolizada como a Deusa vaca, mais adorada no Egito, e Indra Seu assassino, Gayô Mareta pode ter assumido essa posição no Irã. Pahlavi escreveu, em torno de 400 a.C.: "Gayô Mareta foi o modelo de Ahura para a família das terras arianas, a semente das terras arianas."

Um posterior acréscimo à mitologia iraniana como a conhecemos parece ser um ressurgimento da religião da Deusa. Segundo textos iranianos do século IV d.C., o universo estava a cargo da Deusa Anahita. É curioso o relato de que "foi *dada* a Ahura Mazda a tarefa de cuidar de toda a criação".

Os hurritas – "a casta governante dos indo-arianos"

Um grupo mais antigo de pessoas que passam a explicar a identidade e padrões culturais dos invasores do norte era conhecido como os hurritas. A maior parte deles não era indo-europeia; pelo menos, não usavam linguagem indo-europeia. Entretanto, vieram de uma região ao norte da Anatólia, ou do Irã, e formavam um grupo braquicéfalo (alpino), assim como os indo-europeus. Talvez naquela região tivessem sido inicialmente conquistados e governados por indo-europeus.

98

OS INVASORES DO NORTE

"Essas pessoas", diz o professor Saggs, "há muito conhecidas no Velho Testamento como horitas ou horins, falavam uma língua sem nenhuma afinidade reconhecida, exceto nos urartianos posteriores. Devem ter chegado às montanhas no norte da Assíria, presumivelmente vindos da região do Cáucaso na segunda metade do terceiro milênio a.C.".

Em 2400 a.C. não existia assentamento isolado hurrita em Urkish, no vale do rio Cabur, no oeste da Assíria. Nessa mesma época em Nuzi e Tell Brak, que mais tarde se tornariam importantes centros do reino hurrita, começaram a aparecer nomes hurritas. Alguns chegaram a ser encontrados ao sul, na Babilônia, e em 2300 a.C. apareceram na cidade suméria de Nipur, cerca de 65 quilômetros de Uruque.

Em seu livro de 1952, *The Hittites*, o arqueólogo O. R. Gurney sugere que a terra natal dos hurritas era no norte do Irã. Ele diz: "Sabe-se que o povo hurrita se espalhou gradualmente para o sul e o oeste, saindo de sua terra na região montanhosa ao sul do mar Cáspio, a partir de 2300 a.C., e durante o segundo milênio passou a se organizar em vários reinos poderosos (...) situados perto das águas superiores do Eufrates e do Cabur."

A maioria dos hurritas não era indo-europeia, mas nosso interesse neles se baseia na evidência de que seus reis e líderes eram indo-europeus. Saggs diz que "os reis de Mitani não tinham nomes hurritas, mas sim indo-europeus, enquanto os antigos deuses indianos Mitra, Varuna e Indra eram adorados. (...) Tudo isso indica a presença de uma casta de guerreiros arianos que governava uma população de numerosos não arianos". Gurney concorda, afirmando que Mitani "era governada por uma dinastia de reis de nomes com etimologia ariana, e deidades indianas como Indra e Varuna constam com proeminência em seu panteão. Desse modo, é evidente que, em Mitani, uma população de hurritas era dominada por uma casta governante de indo-arianos".

A lenda de Indra pode ter sido conhecida, já que ele é mencionado em placas hurritas, mas até agora não se encontrou nenhum relato hurrita da lenda em si. Um mito hurrita conhecido por meio de cópias hititas, mesmo não sendo uma história de dragões típica, gira em torno dos esforços para destruir Teshub, consorte da importante Deusa Hepat da Anatólia, considerada pela rainha Pudu-Hepa a mesma deidade que a Deusa do Sol de Arina. O principal protagonista é o deus conhecido como Kumarbi, que tinha um

99

centro religioso listado como o primeiro assentamento hurrita em Urkish. Nesse mito, ele é chamado de "pai de todos os deuses". Suas conexões arianas são visíveis em seu nome; Rajkumar em sânscrito significa príncipe. Kumarbi tem um filho feito de pedra chamado Ullikummi, que é o nome de uma montanha no território Kizzuwatna da Cilícia, no centro-sul da Anatólia, possivelmente a montanha vulcânica de dois picos conhecida hoje como monte Haçane. A tarefa de Ullikummi é destruir Teshub. O texto é bem longo, ilegível e truncado em muitos trechos vitais, mas o ponto-chave é que foi dito a Ullikummi para "destruir a cidade de Kummiya", para "atacar Teshub", "bater como se fosse farelo" e "esmagar com o pé como se fosse uma formiga". Não há certeza, mas a cidade de Kummiya na lenda pode se referir à cidade de Kummanni, que era um grande centro religioso da Deusa Hepat.

As origens do significado do nome hurrita, horita ou horim podem estar associadas ao significado da palavra iraniana *hara*, montanha. Essa palavra pode ter subsistido na palavra alemã para monte, *höhe*, e na palavra para mais alto, *höher* (possivelmente na palavra em inglês para mais alto, *higher*). Isso sugere que os hurritas podem ter sido designados pelas palavras "montanhas" ou "montes", descrevendo sua terra natal.

Também é possível que o termo fosse originariamente relacionado à palavra sânscrita *hari*, que significa amarelo dourado. Essa palavra é associada a Indra, Senhor das Montanhas, usada para descrever seu arco, seu cavalo, suas sandálias e outras posses simbólicas. Pode até se referir à posse de ouro, que em sânscrito é *hiran* e mais tarde se tornou *oro* em latim.

Indo um pouco mais adiante, esses grupos de palavras podem derivar de uma ideia anterior de uma montanha dourada, o reino de eterna luz, onde os ancestrais dos arianos supostamente residem após a morte. Essa imagem é claramente apresentada na imagem posterior de Ahura em sua morada refulgente no topo do monte Hara.

O período Ubaid – Eridu, Urartu, Ararat e Arata

No tempo desses surgimentos historicamente atestados de indo-europeus a partir da metade do terceiro milênio, há uma sugestão especulativa de que estes, ou grupos estreitamente relacionados a eles, como os predecessores dos hurritas, podem ter entrado no sul do Iraque tão cedo quanto no quarto milênio a.C. Um grupo conhecido como o povo da cultura Ubaida (assim chamado pelos arqueólogos devido ao nome moderno do sítio onde foram descobertos, Al-Ubaid) entrou na região do Tigre-Eufrates nessa época. Com muita frequência se sugere que o povo ubaida veio das terras altas do Irã, embora alguns especialistas no assunto comecem a crer que tenha vindo do norte do Iraque.

Como não havia forma de escrita naquele tempo, alguns escritores sugerem, mesmo sem ter certeza, que o povo ubaida trouxe a linguagem suméria. Essa língua, nem semita nem indo-europeia, há tempos intriga muitos peritos linguistas. O professor S. N. Kramer, que decifrou placas sumérias, pondera que o sumério é "em alguma medida remanescente das línguas altaicas dos Urais". Algumas áreas onde essas línguas foram notadas ficam logo ao norte e a oeste do mar Cáspio. Sugeriu-se que Arata, um lugar muitas vezes mencionado em textos sumérios, pode estar naquela mesma área ou ligeiramente ao sul, nas extensões do nordeste do Irã ao longo do mar Cáspio.

Seja qual for a direção de onde vieram, o povo ubaida aparentemente estabeleceu seu principal assentamento na cidade mais tarde conhecida como Eridu, muito perto da junção dos rios Tigre e Eufrates com o Golfo Pérsico, e se espalhou pela região. Mellaart relata que, em resultado, a cultura halaf "desmanchou" e "em Arpachiyah houve destruição e massacre". O povo ubaida se estendeu para o norte até os lagos Úrmia e Van, perto da fronteira Irã-Rússia, talvez a área onde se tornou um grupo mais nômade. Essa região ficou conhecida depois como Ararat ou Urartu, nome que pode ser derivado de Arata. É possível que o nome Eridu tenha sido usado para lembrar seu povo do nome Arata ou Urartu (sabe-se que em épocas posteriores Urartu foi habitada pelo povo hurrita, e por vezes se sugere que fosse sua terra natal).

Em torno de 4000 a.C. o povo ubaida construiu um templo em Eridu. Embora tenham sido construídos templos para a Deusa em muitas aldeias neolíticas e calcolíticas ao longo dos rios Tigre e Eufrates a partir de 7000 a.C., esse templo em Eridu parece ter sido o primeiro a ser erguido sobre uma alta plataforma. Poderia ter sido uma tentativa de simular uma montanha onde não havia nenhuma? Curiosamente, a palavra suméria para montanha é *hur* ou *kur*. Diferentemente das demais comunidades no Iraque naquela época, no templo ubaida de Eridu não foi encontrada nenhuma estatueta da Deusa.

Os povos maglemosianos e kunda que, como já foi mencionado, parecem ter sido os ancestrais culturais dos povos indo-europeus, usavam canoas "escavadas", até mesmo no período mesolítico. Esses barcos eram basicamente troncos e os ocupantes ficavam em buracos cavados com fogo. Em épocas anteriores, tais povos foram localizados no norte da Europa e na Dinamarca. Duas canoas, uma nos Países Baixos e outra na costa da Escócia, foram atribuídas ao povo maglemosiano. Remos, redes e armadilhas indicam que eram usadas para atividades de pesca, aparentemente um aspecto primordial da vida maglemosiana.[2]

Com rios e outros cursos d'água fluindo através da Europa e do Oriente Próximo, tornando-se mais numerosos depois do degelo dos glaciares da Era do Gelo, e com as chuvas que ainda ocorriam em 10000 a.C., podem ter sido esses antigos navegantes, talvez por muitas gerações, que acabaram chegando ao clima mais quente de Eridu. Evidências dos maglemosianos também foram encontradas na Estônia, sugerindo que eles devem ter viajado descendo o Volga, que deságua no mar Cáspio. Muitos podem ter passado pelos numerosos afluentes na costa à esquerda do Cáspio e chegado à região do Cáucaso. Um dos rios até hoje importantes chegando ao Cáspio é o Arax. Seguindo seu leito, alguns podem ter chegado às regiões dos lagos Úrmia e Van, ou seja, à terra de Urartu. Braços do Tigre em Urartu se encontram com o Arax, levando diretamente ao Golfo Pérsico, onde o Tigre se encontra com o Eufrates.

Segundo Hawkes, "no Eufrates os homens da cultura Al-Ubaid provavelmente foram os primeiros navegadores regulares. (...) Uma miniatura encontrada em uma das últimas tumbas ubaidas em Eridu representa o barco a vela mais antigo conhecido no mundo".

A deidade adorada em Eridu nos tempos históricos era conhecida como o deus Enki. Nos períodos pré-históricos, o deus desse templo parece ter sido um peixe ou deus da água – em seu altar eram queimadas oferendas de peixes. Nos tempos históricos, Enki muitas vezes era representado velejando

---

2 Os maglemosianos, que parecem ter sido excepcionalmente interessados em mobilidade e meios de transporte, também desenvolveram esquis e trenós.

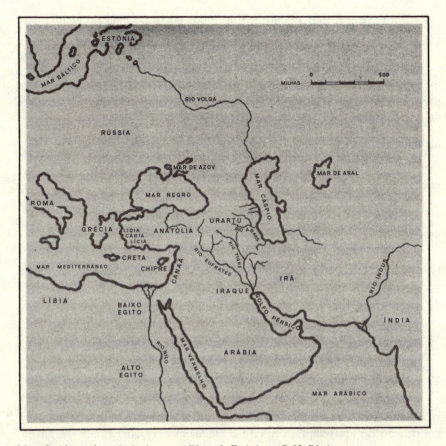

Mapa 3: Alguns dos principais cursos d'água da Estônia ao Golfo Pérsico.

ou mencionado como "aquele que veleja". Esse conceito do deus dos peixes ou da água é bastante similar ao descoberto em um fragmento de placa indo-europeia hitita, que conta de um deus que emergiu da água com um peixe na cabeça. Também remete ao deus do Sol, que nasceu das águas cósmicas, supostamente liberado por Indra após a morte de Danu e Vritra. Apesar de Enki não ser geralmente designado como um deus do Sol, na mitologia ele consta como pai de Marduque que, por sua vez, é chamado de "filho do Sol".

Ao povo ubaida atribui-se o primeiro desenvolvimento de canais de irrigação em Eridu. Embora as águas do Golfo Pérsico salgassem os canais, podemos ver o conceito de irrigação como uma ideia natural para as pessoas que passaram a vida em rios e riachos e depois se assentaram em áreas mais secas.

Outro possível indício da identidade dos povos do período ubaida em Eridu é a instituição de um reinado e a menção do nome Alalu como o primeiro rei da Suméria, segundo a lista de reis na primeira parte do segundo milênio. De acordo com essas placas, que parecem se referir a períodos pré-históricos, foi na cidade de Eridu que "o reinado desceu dos céus pela primeira vez". O nome Alalu também ocorre no mito hurrita de Kumarbi, já mencionado. O mito começa "nos primeiros anos, quando Alalu era rei no céu, quando Alalu estava sentado no trono". Embora a indicação mais frequente de que o uso hurrita do nome Alalu se baseie nos escritos da Suméria, mais antigos, é possível que esse nome tenha ficado na memória daqueles ubaidas que depois velejaram de volta à região do lago Úrmia – sua presença ali é atestada em sítios posteriores àquele dos primórdios de Eridu. Talvez por isso o nome Alalu tenha persistido nos mitos hurritas dos povos que viveram naquela área.

Suméria e Babilônia – novos povos, novos deuses e um relato revelador sobre o assassinato da Deusa

Em algum momento entre 3400 e 3200 a.C. outro grupo aparece entrando na região da Suméria. O professor Saggs escreve sobre o modo de construção de um templo, durante o chamado período Uruque do Nível V, "indicando a chegada de uma raça das montanhas familiarizada com as técnicas de trabalho com pedras". Na mesma época, as regiões de Nipur e Quis começaram a se desenvolver como centros populosos.[3] Em Nipur, nos períodos históricos, um deus chamado Enlil parece ter passado à frente de Enki. Nos mitos e nas inscrições, Enlil é "a grande montanha de olhos brilhantes" e seu templo é descrito como a Casa da Montanha, apesar de Nipur – na verdade, a maior parte da Suméria – estar a menos de 190 metros acima do nível do mar. A introdução de Enlil na cidade de Nipur está mitologicamente associada ao estupro da filha da Deusa, Nunbarshegunu. A filha ganha o nome Ninlil e depois é descrita como esposa de Enlil. Ele também era conhecido como Senhor Ar, título igualmente associado a uma

---

3   A lista de reis sumérios menciona uma grande enchente, afirmando que depois dela o reinado desceu dos céus pela segunda vez, agora em Quis.

deidade no Egito, onde o símbolo para a palavra "ar" é uma vela de barco. Nos mitos hurritas, Kumarbi é relacionado à cidade de Nipur – alega-se que ela é a cidade de Kumarbi.

Nas placas sumérias, a Deusa recebe muitos nomes. Nos primórdios, cada um desses nomes deve ter sido reverenciado como a Divina Ancestral de cada comunidade ou aldeia. Ninsikil era a deidade madrinha de Dilmum, o Paraíso dos sumérios, que também é listado em muitos registros como sendo um local físico real. Namu era conhecida como "Aquela que dá à luz o céu e a terra" e "a mãe de todas as deidades". Nina era adorada como a "Profetisa das Deidades". Nanshe de Lagas era "Aquela que conhece o órfão, conhece a viúva, busca justiça para os pobres e abrigo para os fracos". No dia do ano novo, ela julgava toda a humanidade. Nidaba de Uruque era conhecida como a mais instruída nas câmaras celestiais, Aquela que ensina os decretos, a grande escriba do céu. Shala, um título de Ininni, descrevia a Si mesma como "Poderosa rainha Deusa que concebe céu e terra sou eu".

Ningal ou Nikkal ("Grande Senhora"), que nos tempos históricos era conhecida como a esposa de um deus Lua chamado Nannar (ou Sim, na Acádia), pode em alguma época ter sido adorada como o Sol. Na Anatólia, várias sacerdotisas-rainhas da Deusa do Sol de Arina tinham Nikkal como parte do nome. Nos períodos históricos, dizia-se que Ela era mãe de Utu, o Sol, o que pode ter sido uma inovação posterior. Um santuário em Ur, que em períodos anteriores pode ter sido o mesmo de Ningal, foi em muitas épocas dividido com o marido Dela. No período cassita de Ur, Ela foi removida do templo principal e colocada em um anexo menor. Existe um longo poema para Ela como "mãe e rainha de Ur", e Nannar é mencionada como Sua sacerdotisa *ishib*.

A Deusa Ninhursag, também conhecida como Ninmah, parece se identificar estreitamente com a adoração a Enki, como sua esposa e irmã, embora em lendas anteriores Ela tenha um papel dominante e Seu nome costume preceder os de Enki e Enlil. Certa lenda diz que, com a ajuda de Namu, Ela criou as primeiras pessoas. Em uma antiga lenda suméria, a Deusa, conhecida como Ereshkigal, que mais tarde será citada como a Senhora do Submundo, é carregada para dentro do Submundo como um prêmio – na ocasião em que Enlil tomou posse da Terra. Mas, como acabamos de ver, mesmo no Submundo Ela não teve paz e acabou sendo forçada a aceitar um consorte para reinar ao seu lado, a quem Ela teve que presentear com as Tábuas do Destino.

O nome Inanna deve ter derivado de Innin, Innina ou Nina. Ela deve ter se tornado a filha de Ningal na mesma ocasião em que Utu se tornou o Sol. Quando A encontramos na época de lendas escritas (pouco depois de 2000 a.C.), apesar de ainda ser muito reverenciada, Ela já havia perdido o que possuía anteriormente. Embora Namu tivesse criado o Céu e a Terra, e Ninhursag, Nintu ou Ninmah as primeiras pessoas, um mito conta que foi Enki quem estabeleceu a ordem no mundo. Nesse mito, ele criou os canais de irrigação, "fazendo o Tigre e o Eufrates comerem juntos". Em seguida, vemos que ele designou várias deidades a certas posições e o próprio Enki, ou o personagem designado a cuidar dos canais, "carregou o joelho principesco para fora do palácio como se gordura fosse". Embora esse trecho seja bastante obscuro, pode se referir ao assassinato de um jovem príncipe naquela ocasião. Pouco depois, há dois relatos de Inanna desistindo de Seu cetro real, perguntando duas vezes a Enki "Onde estão meus poderes reais?". Como se para consolá-la, ele diz que Ela ainda está a cargo das "palavras faladas pelo jovem rapaz", palavras que Ela mesma estabelecera, e o cajado, o bastão e a "vara de pastoreio" também ainda eram Dela. Como se desse maiores explicações de Sua perda de poderes em resultado da construção do canal, ele conclui: "Inanna, você que não conhece os poços distantes, as cordas de amarração, a inundação chegou, a terra foi restaurada, a inundação de Enlil chegou."

Nessa lenda podemos ver uma explicação para a diminuição dos poderes e status da Deusa com a chegada dos ubaidas de Eridu ou dos defensores de Enlil em Nippur a quem, segundo a lenda suméria, Enki deu muitos presentes. Como o mito só foi escrito depois de 2000 a.C., é difícil dizer se essas mudanças aconteceram durante a chegada do povo de Enki ou na época do assentamento em Nipur. A posição das mulheres e a supremacia da Deusa foram perdendo prestígio ao longo de todo o período histórico na Suméria, mas essas mudanças talvez viessem ocorrendo durante séculos ou mesmo milênios. Entretanto, por todo o período histórico, a Deusa, como Inanna, ainda era reverenciada, especialmente em Uruque. Ela deve ter sido sempre considerada a que concedia os direitos de pecuária ou reinado, sugerindo que os direitos matrilineares ao trono real continuavam a existir, fator que discutiremos com mais detalhes no Capítulo 6.

Pode mesmo ter havido um ressurgimento da religião da Deusa entre os dois períodos, pois um mito trata da transferência do centro cultural de Eridu para Uruque, com Enki alegando que Inanna tinha lhe roubado todos os presentes da civilização. Além de evidência arqueológica demonstrando que muitos desses "presentes da civilização" tinham sido desenvolvidos nas comunidades de adoradores da Deusa em tempos neolíticos, também é interessante notar que as palavras sumérias usadas para fazendeiro, arado, sulco, ferreiro, tecelão, coureiro, cestaria, potes e pedreiro não tinham origens sumérias, mas eram aparentemente emprestadas de outra linguagem, talvez anterior.

Uma terceira deidade masculina foi introduzida na Suméria, provavelmente pouco antes do começo do segundo milênio, época em que os hurritas começavam a chegar à região. É chamado de An ou Anu, palavra geralmente definida como céu na língua suméria. Entretanto, a palavra *an* ou *ahn* consta de diversas linguagens indo-europeias como "ancestral", e em alemão *ür-ahn* é definida como ancestral primevo. Esse título aparece no nome indo-europeu grego Urano, um deus do céu. O professor Hooke conta: "No começo do período sumério, o nome Anu é relativamente obscuro e não aparece em nenhuma das 18 listas desse período."

Anu aparece como sucessor de Alalu no mito hurrita e hitita de Kumarbi, já discutido aqui. Mas é interessantíssimo que tenha aparecido no mito posterior de Marduque, "o filho do Sol". Nesse mito, foi pedido primeiro a Enki que subjugasse a Deusa-Criadora, a quem chamam Tiamat, mas ele falhou, conseguindo apenas matar o marido Dela, Apsu, tornando-se então o Senhor de Abzu (águas primevas). Então foi feito o pedido a Anu, mas, de acordo com a lenda, ele se encolheu de medo ao confrontar a Deusa e se recusou a cumprir a missão. Por fim, Marduque, filho de Enki, se dispôs, mas apenas com a promessa de obter a suprema posição entre todas as outras deidades caso conseguisse. Essa garantia prévia da promessa traz à lembrança aquela requisitada por Indra antes de assassinar Danu e Seu filho Vritra. Os dois mitos foram escritos provavelmente no mesmo período (1600-1400 a.C.).

Essa lenda, conhecida como o *Enuma Elish*, que explica a supremacia de Marduque, durante muito tempo foi considerada babilônica e, portanto, acadiana e semítica. Entretanto, as últimas pesquisas sugerem que, mesmo

Marduque sendo conhecido no período de Hamurabi, o mito que alega sua supremacia só apareceu de fato após a conquista da Babilônia pelos cassitas. O professor Saggs nota que "nenhum dos textos encontrados que o referenciam é anterior ao primeiro milênio" e que "já foi sugerido que de fato essa obra surgiu apenas no período cassita, e agora se sabe que foi uma época de intensa atividade literária". Como já mencionei, os cassitas também eram governados pelos indo-europeus. Gurney relata que "os nomes das deidades indianas formavam um elemento nos nomes dos governantes cassitas da Babilônia", embora, mais uma vez, a maior parte do povo cassita não fosse indo-europeia.

Em torno de 2100 a.C., um rei sumério chamado Ur Namu declarou que estabeleceria justiça nas terras, de certo modo como as reformas de Urukagina, que o precedeu. Disseram que ele eliminou os trabalhos pesados e as taxas que sobrecarregavam o povo naquele tempo, e "livrou a terra dos *grandes navegadores* que se apoderavam de bois, ovelhas e jumentos" (grifos meus.).

Em muitas lendas e inscrições, os sumérios costumam ser descritos como as "pessoas de cabeça preta". Essa designação provavelmente se refere à cor do cabelo da maioria de seus habitantes naquele tempo, e é interessante quando se começa a questionar por que a expressão passou a ser usada. As pessoas normalmente são identificadas por alguma diferença que apresentem. Só poderíamos nos referir a um grupo como "pessoas com dois olhos" se também existisse um grupo com um olho só, ou mais de dois. Aquela descrição, tantas vezes aplicada ao povo sumério nos escritos da própria Suméria, pode ser outra indicação de que os primeiros a cunhar a expressão tenham sido eles mesmos, ou que eles ao menos estavam muito familiarizados com pessoas que não tinham "cabeça preta", e sim um cabelo de cor mais clara.

Cada uma dessas conexões, vistas lado a lado, pode sugerir que Enki, Enlil, Anu e Marduque tenham sido todos introduzidos por indo-europeus, ou grupos estreitamente relacionados com eles, vindos do norte e chegando às culturas da Deusa na Mesopotâmia. Enlil, Enki e Anu devem ter sido assimilados gradualmente pelos numerosos adoradores da Deusa. Mas personagens posteriores, como Marduque e, especialmente, Assur, que substituiu sua posição na Assíria controlada pelos hurritas, foram adorados nas sociedades em que o status das mulheres já tinha sido rebaixado.

Egito – Um barco nos céus?

A outra hipótese possível, mas também especulativa, é que o surgimento desses invasores do norte tenha ocorrido pouco antes do início do período dinástico do Egito. Há evidências de que logo antes de 3000 a.C. houve uma invasão no Egito e, pouco depois, assim como em Eridu, foi instituído o reinado. Pela primeira vez, o Alto e o Baixo Egito foram unidos sob comando de um só rei. Até a invasão, as culturas neolíticas do Egito devem ter considerado suas supremas deidades a Deusa Cobra do norte (Ua Zit) e a Deusa Abutre do sul (Nekhebt), embora houvesse muitas outras deidades locais em cada comunidade. Após a invasão, as duas Deusas foram demovidas, mas continuaram a simbolizar as coroas reais do Baixo e do Alto Egito, ambas usadas sobre a cabeça do rei – uma dentro da outra.

M. E. L. Mallowan escreveu: "A dedução de ter havido na época algum contato entre Egito e Suméria é confirmada pela presença de selos do tipo de Jemdet Nasr." No período Jemdet Nasr, da Suméria, houve o assentamento de Nipur e, pode-se dizer, a introdução de Enlil. Mallowan, considerando os métodos de construção e estilo, também sugeriu que as tumbas da Primeira Dinastia poderiam ter sido inspiradas pelos templos da Mesopotâmia.

Discutindo esse mesmo período, Saggs relata que:

> Há evidências abundantes da influência cultural da Mesopotâmia nessa época no Egito. É significativo o fato de ocorrerem lá os selos cilíndricos (invenção especificamente mesopotâmica) com métodos de construção com tijolos, estranhos ao Egito, mas típicos da cultura Jemdet Nasr. Também nesse tempo no Egito, objetos e motivos mesopotâmicos são representados na arte, e um exemplo impressionante é um barco do tipo mesopotâmico entalhado no cabo de uma faca (...) ao passo que o princípio de se escrever (mas não a técnica) certamente foi tomado da Mesopotâmia pelos egípcios.

Pode ser que as mesmas pessoas conhecidas como ubaidas na Suméria tenham partido de lá durante o período Jemdet Nasr com a chegada de novos grupos, e chegado ao Egito. Pinturas em antigas tumbas dinásticas mostram uma armadilha para peixes na forma de cesta cônica quase idêntica àquelas do povo de Ertebølle do norte da Europa, descendentes diretos dos maglemosianos. No Egito, o deus que assumiu o papel de pai da antiga Deusa Nut era chamado Shu, Senhor Ar. Como já mencionei, no Egito o símbolo para o ar é uma vela, enquanto o símbolo para a palavra deuses é uma série de bandeiras ou fios de prumo que podem ser vistos como a proa de um barco. A deidade masculina do Egito, que chegou com os invasores, foi retratada como um deus do Sol guiando seu barco, aliás, como Enki era conhecido, "aquele que veleja".

O professor Walter Emery passou cerca de 45 anos escavando as antigas tumbas e pirâmides do Egito. Discorrendo sobre a chegada dessas pessoas, ele escreve:

> Se essa incursão tomou a forma de infiltração gradual ou invasão de hordas nômades é incerto, mas a comparação de evidências, principalmente as fornecidas pelo entalhe em um cabo de faca em marfim do sítio de Gebel-el-Arak e por pinturas nas paredes de uma posterior tumba pré-dinástica em Hieraconópolis, indica o segundo caso. No cabo da faca vemos um estilo artístico que alguns supõem ser original da Mesopotâmia ou mesmo da Síria, e uma cena que pode representar uma batalha marítima contra invasores, tema também grosseiramente retratado na tumba em Hieraconópolis. Nas duas representações, há embarcações típicas originárias do Egito e estranhas naus com proa e curvatura de origem sem dúvida mesopotâmica.
>
> De qualquer modo, chegando ao fim do quarto milênio a.C., encontramos as pessoas tradicionalmente conhecidas como os "Seguidores de Hórus" formando ao que parece uma aristocracia ou raça dominante que governou todo o Egito. A teoria da existência dessa raça é apoiada pela seguinte descoberta: os sepulcros do final do período pré-dinástico na parte norte do Alto Egito continham despojos anatômicos de um povo com crânios de tamanho maior e corpos maiores do que os dos nativos. A diferença é tão marcante que qualquer sugestão de que aquelas pessoas desceram dos povos anteriores é impossível.

Ele também descreve um cetro de um dos primeiros reis, encabeçado por uma cena que retrata o rei construindo um canal, aparentemente em meio às atividades de uma grande cerimônia, e acrescenta que "há fortes evidências demonstrando que o conquistador tentou legitimar sua posição tomando a princesa do Norte como sua consorte".

Os invasores desse período eram conhecidos pelos egípcios como os Shemsu Hor – povo de Hor. Com o tempo, as tribos de Hor tornaram Mênfis sua capital. Com sua chegada foi introduzida a nova deidade masculina. Era chamado Hor-Wer – Grande Hor. Escrevendo sobre as origens do personagem de Hor na mitologia egípcia, Rudolf Anthes, professor de egiptologia, explica: "A época era o início e o meio do terceiro milênio a.C., nos primórdios da documentação da história, e as circunstâncias foram propiciadas pelo estabelecimento do reinado no Egito."

Em 2900 a.C. o deus Sol Hor-Wer é retratado navegando em seu barco celestial. Podemos achar essa imagem conceitual do deus Sol em seu barco navegando pelos céus são semelhantes às imagens indo-europeias posteriores na Índia e na Grécia, onde o deus Sol atravessou os céus guiando uma carruagem puxada por cavalos.

Segundo o professor Emery, o nome do primeiro rei da Primeira Dinastia, conhecido como Narmer ou Menes na história escrita por Manetão em 270 a.C., era na verdade Hor-Aha. Mas o nome Hor parece ter sido incorporado à religião mais antiga da Deusa como "o filho que morre". Isso levou a muita confusão entre os dois Hor: um, o deus da luz dos invasores, mais velho; e outro, o filho da Deusa Ísis.

Hor (mais tarde conhecido como Hórus pelos gregos) foi descrito, em vários textos, lutando num combate ritual com outra deidade masculina conhecida como Set. Este geralmente é identificado como tio ou irmão de Hor. A luta simbolizava a vitória de Hor sobre Set – Hor sendo a luz e o bem, e Set, a escuridão e o mal. O dr. E. Wallis Budge escreveu: "A luta que Hórus, o deus Sol, travou contra a noite e a escuridão também foi identificada em um período muito antigo como o combate entre Hórus, o filho de Ísis, e seu irmão Set. (...) Originariamente, Set ou Sut representava a noite natural e era o oposto de Hórus."

Em sânscrito, a palavra *sat* significa destruir fazendo em pedaços. No mito de Osíris, que é Hórus depois de morto (mas também conhecido ao mesmo tempo como pai de Hórus), foi Set quem matou Osíris e cortou seu corpo em catorze pedaços. Mas pode ser significativo que a palavra *set* também seja definida como "rainha" ou "princesa" em egípcio. Au Set, conhecida como Ísis pelos gregos, é definida como "rainha excedente". No mito do combate, Set tenta se relacionar sexualmente com Hórus, o que é interpretado como um insulto. Entretanto, a identidade mais primitiva do personagem Set, que também tem estreita correspondência com a serpente da escuridão Zet, muitas vezes mencionada pelos escritores gregos como Tifão, a serpente da Deusa Gaia, pode já ter sido feminina, ou de algum modo simbolizava a religião da Deusa, talvez relacionada a Ua Zit, Grande Serpente, a Deusa Cobra dos tempos neolíticos.

Os seguidores de Hor que invadiram o Egito neolítico instituíram o reinado. Hor costumava ser simbolizado por um gavião ou falcão; o nome Hórus do rei era sempre representado por um gavião. No Irã indo-europeu, a palavra *xvarnah* queria dizer a legítima autoridade real. Em um mito iraniano, esse *xvarnah* deixou seu dono e voou para longe dele – na forma de um gavião.

Os Shemsu Hor aparecem em tempos remotos do Egito pré-dinástico, e as informações sobre eles são esparsas. Poderiam, no entanto, em algum momento terem sido relacionados com os povos mais tarde conhecidos como hurritas ou horitas, primeiro morando no norte do Irã, depois na Suméria, e finalmente se tornando os Shemsu Hor do Egito?

Por volta da Segunda Dinastia, a cidade de Heliópolis (chamada pelos egípcios de Annu), cerca de 16 quilômetros ao norte de Mênfis, tornou-se a sede de uma escola de sacerdotes escribas que também adoravam um deus Sol que guiava um barco. Nessa cidade eles lhe davam o nome de Rá, que em sânscrito, significa real ou exaltado nas alturas. Esse prefixo é encontrado nas palavras sânscritas para rei, *ra*ja, e para rainha, *ra*ni. Sobrevive na palavra alemã *ragen*, alçar, na francesa *roi*, que significa rei, bem como nas palavras em inglês *royal*, real, *reign*, reinar, e *regal*, régio.

Nos Textos das Pirâmides da Quinta Dinastia (cerca de 2400 a.C.), Hórus era igualado a Rá e os dois eram estreitamente conectados, às vezes de modo competitivo, com o direito ao reinado. Como Ra-Horakhty, Rá é idêntico a Hórus do Horizonte, ambos significando o sol nascente. Rá também é retratado como Sol que atravessa os céus em seu barco sagrado. Por que um barco nos céus? Teria sido porque os homens que trouxeram a ideia de um deus de luz tivessem de fato chegado em barcos? Diziam que o barco de Rá tinha emergido das águas primevas, bem parecido com Enki guiando seu barco nas águas profundas de Abzu em Eridu, ou com o deus Sol indo-ariano emergindo das águas cósmicas. Como no mito indo-europeu hitita do deus Sol na água, emergindo do mar com um peixe na cabeça, Rá também surgia assim das águas a cada manhã.

Como deus Sol, Rá era conhecido como o "brilhante", o "antecessor da luz", "o senhor da luz". E mais uma vez encontramos o mito do dragão, tão sugestivo da religião ariana. Diariamente, Rá lutava com a serpente da escuridão conhecida como Zet, depois chamada de Apófis. O motivo de a tarefa de nascer ser considerada tão difícil para o Sol, especialmente no clima do Egito, é um enigma. Seria mais fácil entender esse tipo de pensamento como originário do norte da Europa. Mas a escuridão da noite era vista como uma potência a ser vencida diariamente, assim como o indo-ariano Varuna precisava realizar sacrifícios diários para trazer o Sol para fora do profundo espaço escuro sob a terra.

Como o nome de Hórus foi assimilado na religião da Deusa como filho de Ísis, as sacerdotisas de Mênfis propuseram outro conceito para o grande deus pai: Ptá, curiosamente parecido com o sânscrito Pitar. Os textos a respeito dele descrevem a criação de toda a existência, sugerindo que Ptá estava lá antes. Dessa vez se conta que, por meio de um ato de masturbação, Ptá fez com que todos os outros deuses viessem a existir, dessa maneira eliminando a necessidade de uma ancestral divina.

Apesar das invasões de deidades masculinas que substituíram as Deusas Cobra e Abutre como supremas deidades do Egito, descobrimos que o conceito da Deusa estava longe de ser esquecido. Os antigos egípcios, tão adeptos à incorporação de novas deidades em sua religião (por vezes ao ponto de ser desanimadora a miríade de nomes e o entrelace de mitos), parecem ter assimilado as deidades masculinas dos invasores, sintetizando a religião em várias formas novas. A julgar pela longa permanência dos padrões de descendência matrilinear nos períodos históricos, os egípcios provavelmente assimilaram também os invasores, embora muitos tenham ficado na casa da realeza.

A natureza da Deusa Cobra, Ua Zit, foi mantida em outras deidades femininas posteriores. Uma é a Deusa conhecida como Hat-Hor, literalmente a Casa de Hor. Ela é simbolizada por uma vaca que traz a cobra na testa. Mas um texto A descreve como a serpente primeva, a primeira a criar o mundo. Au Set, retratada na forma humana, também tinha uma cobra na testa. O nome Au Set parece ter derivado de Ua Zit.

A Deusa egípcia conhecida por Maat é uma figura interessantíssima. Maat simbolizava a ordem do universo, tudo que era correto e bom. Dependendo da localização dos textos, Ela passou a ser conhecida como o Olho de Hórus, Olho de Rá ou Olho de Ptá. Olho em egípcio é *uzait*, mais uma palavra muito semelhante a Ua Zit. Mas no grego indo-europeu a palavra para olho é *mati*. Maat era a corporificação da antiga cobra do ornamento na testa, o ureu. Aparentemente, Maat tivera permissão de manter as qualidades e natureza Dela contanto que ficasse na posse de uma das deidades masculinas. O professor Anthes escreve: "Enquanto o rei vivesse, o ureu era guardado pela magia do rei, como expressam os Textos das Pirâmides. Porém, quando ele morresse, a víbora venenosa escaparia, a não ser que a levassem presa."

Isso indica que a lei e a ordem, na percepção dos seguidores de Hor, Rá ou Ptá, só eram possíveis enquanto a Deusa Cobra fosse controlada pelo rei. A estranha combinação de qualidades atribuídas à cobra do ureu, então conhecida como Maat – visão máxima e caos perigoso, talvez rebelde –, sugere que ela simbolizava para os reis do Egito a sociedade de adoradores da Deusa que Ela originalmente representava.

Uma referência nos Textos da Pirâmide da Quinta Dinastia vem intrigando há muito tempo os estudantes da antiga cultura egípcia. É o relato de que nos tempos antigos foram sacrificados homens no sepulcro de Osíris – homens de cabelo vermelho. Se os Shemsu Hor tivessem relação com as pessoas que posteriormente reconhecemos como indo-europeus ou hurritas, a referência fica mais plausível.

A questão de se os povos do período Ubaid de Eridu, os povos do período Jemdet Nasr de Nipur ou os Shemsu Hor do Egito eram na verdade grupos dos primeiros indo-europeus, ou povos estreitamente relacionados das áreas do Cáucaso e Urartu, ainda é uma especulação hipotética, pelo menos até que mais pesquisas sejam conduzidas. O fato é que esses grupos trouxeram a adoração da deidade masculina ao entrarem nas terras dos povos que consideravam a Deusa sagrada, e tanto os ubaidas como os Shemsu Hor podem ter criado o conceito de reinado, enquanto os povos de Jemdet Nasr em Nipur e Quis o reviveram.

Os hititas – "a criação de uma casta exclusiva"

Voltando aos períodos das invasões indo-europeias mais atestados historicamente, acredita-se que os hititas tenham entrado na Anatólia vindos da região do Cáucaso em torno de 2200 a.C., embora haja exemplos anteriores de chegadas dessas mesmas pessoas, em grupos menores.

De acordo com o professor Gurney, o "exame dos crânios encontrados em vários sítios na Anatólia demonstra que no terceiro milênio a.C. era preponderante na população o crânio alongado ou dolicocéfalo [mediterrânico], com apenas uma pequena mistura de tipos braquicéfalos [alpinos]. No segundo milênio, a proporção de crânios braquicéfalos aumentou para cerca de 50%".

Foram essas pessoas braquicéfalas ou alpinas que finalmente ficaram conhecidas como a classe governante do Império Hitita. Antes de sua chegada, os habitantes da terra eram chamados de o povo de Hati. Na verdade, foi por causa do nome Hati que aquelas pessoas foram denominadas hititas pelos primeiros acadêmicos, que ainda não sabiam que o reino hitita era composto de dois grupos de pessoas bem distintos. Uma complicação adicional foi o fato de vários reis hititas assumirem o nome Hattusili e os invasores nomearem a capital Hatusa, talvez para se identificarem com o povo do lugar. Agora fica mais claro que os habitantes originais das terras se tornaram a classe subserviente ou conquistada, ao passo que os indo-europeus assumiram os papéis da realeza e liderança, assim como os Shemsu Hor fizeram no Egito e os arianos historicamente atestados fizeram na Índia; os hurritas de Mitani entre os cassitas e depois na Grécia e em Roma.

"O estado hitita", diz Gurney, "firmou-se na criação de uma casta exclusiva imposta à população nativa do país (...) um grupo de imigrantes indo-europeus tornou-se dominante sobre uma raça aborígene de hatitas". O professor Saggs conta que "após um período de confusão em resultado da incursão de invasores indo-europeus na região do rio Hális, um de seus príncipes, um certo Labarna, construiu para si um reino que, segundo a tradição hitita, rapidamente foi ampliado por meio de missões militares bem-sucedidas até que sua fronteira fosse o mar". Saggs concorda com Gurney, afirmando que "no reino hitita daquele tempo o governo era essencialmente restrito a uma casta nobre e fechada, que controlava a população nativa e exercia com exclusividade as atividades militares e de administração central do estado".

Os indo-europeus, com bigas puxadas por cavalos e armas de ferro, assim como porte físico mais avantajado (ainda mais enfatizado pelos chapéus cônicos que deviam ter cerca de 45 a 60 centímetros de altura), possuíam uma supremacia militar jamais vista antes. O veículo com rodas aparece nas culturas de adoradores da Deusa no período Halafe, mas até a chegada de hititas e hurritas, vagões e carroças eram atrelados apenas a jumentos, basicamente para transporte de pessoas e produtos. Somente após o advento dos guerreiros *maryannu* indo-europeus é que passaram a usar cavalos, e as bigas de guerra puxadas por esses animais foram introduzidas no Oriente Próximo. Nas descrições do Rigueveda, essas bigas eram puxadas por uma parelha de cavalos e conduzida por dois homens. Afirma-se que, em alguma época no segundo milênio a.C., os hititas descobriram o processo de mineração e fundição do ferro, embora tenha sido encontrada uma adaga de ferro em uma sepultura de aproximadamente 2500 a.C. Em comparação com o cobre, o ouro e o bronze das culturas da Deusa, o ferro obviamente fornecia armamento mais "eficiente". A palavra em inglês para ferro, *iron*, pode corresponder à palavra ariano, pela estreita associação com aquele povo que conseguiu manter o processo em segredo por muitos séculos. Os egípcios neolíticos tinham usado ferro de meteoritos, a que chamavam de "metal do céu". Talvez tenha sido essa associação dos arianos com o ferro, embora cientificamente atestado como ferro terrestre, que originou as lendas sugerindo suas origens celestiais e a ideia de reinado descido dos céus. Juntando o monopólio das armas de ferro e a velocidade e potência das bigas a cavalo nas guerras (e provavelmente os efeitos intimidadores sobre um povo urbano pacífico), os invasores indo-europeus possuíam um poder militar desconhecido no Oriente Próximo até então.

Os hatitas conquistados devem ter sido rigorosamente mantidos na linha por medo dessa casta guerreira bem armada que governava seu país. Uma lei hitita declarava: "Se qualquer um se opuser ao julgamento do rei, sua casa deverá ficar em ruínas; se qualquer um se opuser ao julgamento de um dignitário, sua cabeça deverá ser cortada."

Antes das invasões, os hititas ainda não tinham desenvolvido uma linguagem escrita, ou pelo menos não uma que fosse usada para registrar mitos e literatura. (Realmente apareceram hieróglifos hititas, que discutirei mais adiante.) Com sua chegada e o contato com o povo acadiano, eles começaram a usar o alfabeto cuneiforme acadiano, baseado na escrita dos sumérios. Embora os hititas de fato usassem a língua acadiana para escrever muitos de seus mitos, sua própria linguagem também foi transferida para a maneira acadiana de escrever. É essa língua hitita que aparece como uma das primeiras formas de fala dos indo-europeus. Nos primeiros tempos históricos, essa linguagem é estreitamente associada ao sânscrito, latim e grego. Já nos tempos atuais, encontramos relações com alemão, francês, inglês, dinamarquês e quase todos os outros idiomas europeus.

Gurney relata: "A descoberta de que o hitita tinha afinidades com as línguas indo-europeias foi feita pelo acadêmico tcheco B. Hrozny e publicada em 1915. A sugestão de que uma língua indo-europeia era falada pela população da Ásia Menor no segundo milênio antes de Cristo foi tão impressionante que de início foi recebida com grande ceticismo." Ele prossegue dizendo que depois foi provada de forma incontestável.

Os hatitas originais, que podem ter se relacionado com os povos muito mais antigos de adoradores da Deusa em Çatal Hüyük, cerca de 200 quilômetros ao sul da capital hitita Hatusa, também parecem ter considerado a Deusa como sua deidade suprema. Deusas como HannaHanna, Hepat, Kupapa e a Grande Deusa do Sol de Arina, todas parecem ter sobrevivido da antiga religião hatita. Em vários textos, a Deusa era simplesmente chamada de O Trono, título associado a Ísis no Egito.

Apesar das evidências em textos de que os hititas adoravam Indra, Mitra e Varuna, ainda não foram descobertos mitos e relatos hititas sobre essas deidades. Deuses de tempestades nas montanhas foram introduzidos pelos hititas, e nos escritos da Anatólia hitita somos brindados com algumas das atitudes em relação a essas novas deidades masculinas. Nas inscrições do rei Anita, um dos primeiros reis hititas, o deus da tempestade Taru é mencionado como a deidade suprema. No entanto, séculos depois na cidade de Arina, ainda não localizada, mas que se dizia estar a um dia de viagem de Hatusa, a história é diferente. A partir dos textos de Boghazkoy, Gurney observa: "Em Arina a principal deidade parece ser a Deusa do Sol, Wurusemu; seu consorte Taru, o deus do Clima, fica em segundo lugar, e há filhas, chamadas Mezulla e Hulla, e até uma neta, Zintuhi."

Alguns textos descrevem os rituais observados por uma série de rainhas hititas para a Deusa do Sol de Arina, revelando que a rainha também tinha o papel de alta sacerdotisa da Deusa. Como já mencionei, esse estreito relacionamento das rainhas hititas com a Deusa do Sol sugere que em algum momento os indo-europeus invasores devem ter tido aceitação popular e legitimidade ao trono pelo casamento com sacerdotisas hatitas, que podem ter mantido o direito ao trono graças à descendência matrilinear. Gurney explicou que os reis arianos mantinham os antigos templos hatitas "e ao mesmo tempo assumiam para si próprios o ofício de alto sacerdote supremo do reino".

Mais uma vez, encontramos o mito da derrota do dragão. O rei hitita Mursil II escreveu que precisava celebrar os festivais do deus da tempestade em várias cidades. Na mesma carta, ele se referia ao maior festival dessa natureza sendo celebrado na capital Hatusa, no mausoléu da Deusa conhecida como Lelwani. Nesses festivais, um combate ritual era recitado ou representado, talvez muito parecido com o de Hor contra Set no Egito. Esse combate era entre o deus da tempestade e o dragão Illuyanka. Parece que Mursil, como rei, pode até ter atuado no drama, possivelmente como o deus da tempestade. Mas o outro personagem envolvido na história, um jovem chamado Hupisayas que, por ter dormido com a Deusa conhecida como Inara, ganhou força suficiente para ajudar o deus da tempestade a derrotar o dragão, parece um papel mais provável. A estória de Hupisayas ganhando força por fazer amor com a Deusa pode ter sido representada por uma união sexual sagrada anual, semelhante às descritas nos textos da Suméria e da Babilônia, que serão explicadas mais profundamente no Capítulo 6. Naqueles países, o rei fazia o papel de filho/amante da alta sacerdotisa da Deusa, que então lhe concedia os direitos ao reinado. Se é assim, novamente se sugere que os primeiros reis indo-europeus podem ter representado esse papel com sacerdotisas hatitas para legitimar sua posição. O nome do dragão Illuyankas pode estar relacionado à Deusa Lelwani. No final, o dragão foi morto, como a Deusa Tiamat, simbolizada por um dragão, foi morta por Marduque. Será coincidência que o festival tenha acontecido não no templo de Lelwani, mas em Seu mausoléu?

O nome do deus hitita Taru algumas vezes é relacionado à palavra hitita *tarh*, conquistar. Em sânscrito, a palavra *tura* significa poderoso, enquanto que na Índia, Tura Shah era outro nome para Indra. Essa palavra pode ter sobrevivido nas palavras *taurus* e *toros*, um touro. Mas também pode ser ligada a montanhas, como *Hor*, *Hur* ou *Hara*. Além do fato de que uma das grandes serras da Anatólia se chama montanhas Toros e um de seus picos mais altos é o monte Toros, encontramos na língua indo-europeia celta a palavra *tor* para cume rochoso, e em alemão *türm* é torre, que em inglês é *tower*. Esse nome aparece como o do deus etrusco da tempestade Tarcão e pode estar de algum modo associado ao famoso deus viking da tempestade Thor.

Os hititas entraram em frequentes conflitos com os exércitos egípcios, ambos tentando ganhar o controle de Canaã (área hoje conhecida como partes da Síria, do Líbano e de Israel [Palestina]). É possível que, em resultado desses conflitos, em um esforço de pacificação ou talvez de infiltração, princesas hititas, hurritas e cassitas foram enviadas para se tornarem esposas de reis egípcios na Décima Oitava Dinastia (1570-1300 a.C.) durante várias gerações. Alguns especialistas no assunto acham que as rainhas Tí e Nefertiti, respectivamente mãe e esposa do rei revolucionário Aquenáton, descendiam de hititas ou hurritas. Caso isso seja verdade, poderia explicar a revolução religiosa em torno de 1350 a.C., que fez Aquenáton mudar sua capital para El Amarna, rejeitando todas as deidades exceto Rá, o disco solar, que ele chamou de Aton. Se os casamentos foram tentativas de infiltração, funcionaram, pois Aquenáton, supostamente tão interessado em suas atividades religiosas, ignorou suas colônias e seus aliados em Canaã, o que permitiu aos hititas e hurritas ganharem o controle.

Outro dado curioso foi uma carta recebida por um rei hitita logo depois das mortes de Aquenáton e seu filho e genro Tutancámon. Há dúvidas se foi enviada por Nefertiti ou sua filha Anquesenamon. Na carta, ela se identifica como Rainha do Egito e pede ao rei hitita para enviar-lhe um de seus filhos para ser seu marido.

Os hititas, assim como outras nações governadas por indo-europeus, estavam continuamente envolvidos em guerras e política internacional. No tempo do rei Mursil, os hititas atacaram a Babilônia aproximadamente em 1610 a.C., mas quando este foi assassinado, os cassitas tomaram as rédeas do governo. A partir dessa mesma época, o estado hurrita de Mitani controlou a Assíria por vários séculos, enquanto os cassitas conquistaram as antigas cidades sumérias de Ur e Uruque.

* * *

QUANDO DEUS ERA MULHER

Do século XX ao XVI a.C., a arqueologia em Canaã mostra constantes perturbações nomádicas. Isso geralmente se atribui a batalhas locais entre nômades. Contudo, o professor Albright, que descreve a entrada dos indo-europeus em Canaã como um "movimento migratório", conta que "no século XV a.C. nobres e príncipes indo-arianos e horitas estavam estabelecidos em quase toda parte". Raramente se sugere que as "perturbações nomádicas" podem ser resultado das invasões originais dessas tribos indo-arianas e horitas, entrando no país e batalhando até serem finalmente aceitas como governantes. Descrevendo cartas encontradas nos arquivos de Aquenáton em El Amarna, Werner Keller escreve: "Embora possa parecer extraordinário, um terço desses nobres correspondentes de Canaã tem ancestralidade indo-ariana."

O nome Baal, que foi usado para o consorte masculino da Deusa em Ugarit, Canaã, no século XIV a.C., e para o consorte de Astarote no período bíblico no sul de Canaã depois de Moisés (por volta de 1250-586 a.C.), também pode ter suas origens na linguagem indo-europeia. No século XIV a.C., grande parte da população de Ugarit era hurrita. Os textos hititas e hurritas usavam o mesmo símbolo para Baal que os acadianos. Em sânscrito *bala* significa quase o mesmo que *tura*, ou seja, touro e poderoso ou potente. É usado especialmente em conjunção com tropas de exército, o que pode explicar o duplo papel de Baal. Possivelmente como o deus da tempestade indo-europeu em Ugarit, ele é o senhor do monte Hérmon [Saphon] pedindo à Deusa Anate que fosse construído um templo apropriado para ele. O monte Hérmon também é mencionado no mito hurrita de Kumarbi. Nos tempos clássicos, foi conhecido como monte Cásio e descrito como a localização da batalha entre Zeus e a serpente Tifão que, segundo a lenda grega, nasceu numa caverna de montanha na Cilícia, Anatólia, onde sofreu o primeiro ataque de Zeus. Pode ser significativo que a montanha vulcânica ao norte do lago Van ainda seja conhecida como monte Süphan, embora o monte Hérmon de Baal seja geralmente descrito como o Saphon perto de Ugarit (hoje Jebel Aqra). Assim como Hor se tornou o nome usado para o filho da Deusa Ísis no Egito, o nome Baal parece ter sido usado para substituir o nome Tamuz como consorte da Deusa, embora o nome Tamuz continuasse a ser usado até 620 d.C. em Jerusalém.

Outra deidade masculina de Ugarit, conhecida como El, é considerado o consorte da Deusa Aserá e pode ter feito parte da religião da Deusa dos tempos mais antigos. Mas devemos suspeitar novamente da natureza de El em Ugarit, pois os textos de lá constantemente se referem a ele como Thor-El, indicando também seus laços com o deus da tempestade indo-europeu.

Luvitas, louvitas ou luvischen

Perto do território hitita na Anatólia existiu outro grupo de indo-europeus, conhecido como luvitas ou lúvios, dependendo da tradução. Alguns luvitas viveram logo ao sul dos hititas, na região conhecida como Cilícia, perto dos montes Tauro. É quase a mesma área onde a cultura de adoradores da Deusa de Çatal Hüyük florescera. Por muito tempo, os luvitas foram considerados parte da nação hitita e somente há poucas décadas foi esclarecida sua existência como um grupo separado.

Muito pouco se sabe sobre eles, exceto que eram autores de palavras pictóricas apresentadas em monumentos reais e em alguns poucos textos, e por muito tempo referidas como hieróglifos hititas. Esses hieróglifos têm sido extremamente difíceis de se decifrar, e até hoje muitos permanecem um mistério.

Várias datas são atribuídas à entrada dos luvitas na Anatólia. Albright escreve: "Os luvitas ocuparam a maior parte da Ásia Menor antes do começo do terceiro milênio a.C." R. A. Crossland, em *Cambridge Ancient History*, sugere uma data posterior, afirmando que "a dedução de que os luvitas ocorriam no oeste da Anatólia a partir de 2300 a.C. não é improvável em si". O professor Lloyd concorda com Crossland e diz que "em torno de 2300 a.C., uma grande leva de povos indo-europeus, falando um dialeto conhecido como luvita, parece ter se espalhado pela Anatólia. (...) Sua progressão foi marcada por ampla destruição".

Alguns acadêmicos alegam que o luvita é arcaico em comparação com o hitita. O nome luvita nos chega por meio de textos hititas que se referiam à terra onde viviam essas pessoas como Luviya, e sua língua como luvili. Assim como as pessoas de Hati foram chamadas de hititas e os hurritas às vezes chamados de horitas, esse povo pode ter sido chamado de luwitas ou luvitas. Arqueólogos franceses se referem a eles como louvitas. Os alemães os chamam de Luvischen. O nome verdadeiro pode ser um fator significativo, como explicarei no próximo capítulo.

Os experts em linguística descrevem luvili como uma língua indo-europeia, estreitamente relacionada à hitita. Somente à medida que os hieróglifos daquelas pessoas vão sendo gradualmente traduzidos é que passamos a aprender um pouco sobre elas. Hans Güterbock, professor de Hititologia, escreveu em 1961: "Precisamos presumir que também os luvitas suplantaram uma população que falava outra língua, mas esse substrato ainda permanece desconhecido e não nomeado. A língua escrita com os chamados hieróglifos hititas nada mais é do que um dialeto luvita."

Devido aos problemas de se decifrar os hieróglifos, o mau estado do que já foi encontrado até o momento e as limitações de material em si, pouco ainda se sabe da religião luvita. Sabemos que a principal deidade era o deus da tempestade, chamado de um nome bem parecido com o do deus hitita Taru. Em luvita, ele era conhecido como Tarhund, Tarhunta ou Tarhuis. Güterbock conta que ainda não foi encontrado nenhum material mitológico nos hieróglifos, e que eles têm na maioria um caráter votivo. A estes ele se refere como do "tipo mágico", "encantamentos e feitiços inseridos em textos rituais". Essa prevalência de material religioso em seus próprios hieróglifos arcaicos, enquanto havia outros tipos de escrita prontamente à mão, sugere que os luvitas, talvez muito similares aos brâmanes na Índia ou aos escribas sacerdotais de Rá em Annu, no Egito, também podem ter sido uma casta sacerdotal. Outras indicações que podem afirmar essa possibilidade incluem o fato de que as escolas de escribas que produziam mitos na língua hurrita, hitita e acádia devem ter se localizado no território luvita de Quizuatena.

Güterbock observa que "Quizuatena, a região no sudeste da Anatólia, incluindo a planície da Cilícia, era a província hitita onde as escolas hurritas de escribas devem ter florescido da forma mais proeminente". Ele faz essa indicação baseado no fato de que há muitas palavras tomadas da língua luvita em textos escritos na língua hitita, mas que tratam de mitos hurritas. Contudo, é igualmente possível que os próprios luvitas fizessem essas traduções.

Pouco se pode afirmar sobre os luvitas enquanto não surgirem interpretações adicionais dos hieróglifos ou não descobrirem mais materiais. Mas o papel deles na história da religião deve ter sido extraordinário, como explicarei no próximo capítulo, que prossegue com nossa análise das culturas patriarcais que acabaram por destruir a religião da Deusa.

CAPÍTULO 5

*Um da mesma
raça deles*

Por mais improvável que pareça, o próximo grupo que possui conexões com os indo-europeus que veremos aqui é o dos hebreus. Como diz George Mendenhall: "Israel Antigo não pode mais ser tratado como um objeto de estudo isolado e independente; sua história está inseparavelmente ligada à história antiga oriental, seja nossa abordagem de caráter religioso, político ou cultural."

Mendenhall comenta também que "hipóteses são básicas para pesquisas sólidas e eminentemente práticas; são construídas, não como substitutas de fatos, mas para sugerir possibilidades e guiar futuras observações". É no espírito dessa atitude que espero que entendam o que vou dizer agora.

Abraão, pai das tribos hebraicas, primeiro profeta do deus hebreu Iavé, pode ter sido relacionado, ou profundamente influenciado pelo conclave dos indo-europeus que viviam na cidade de seus parentes, Harã. É possível que o nome do Deus judaico-cristão, conhecido no Velho Testamento como Iavé, embora mais familiar a nós como Jeová, seja originalmente derivado da palavra sânscrita *yahveh*, que significa transbordante. O próprio nome Abraão pode estar relacionado com o nome da casta sacerdotal ariana na Índia, os brâmanes, e as atitudes patriarcais dos hebreus podem ter sido formadas, não em um vácuo cultural, como se supõe, mas por suas conexões com os invasores do norte, de orientação masculina.

Sem dúvidas, nunca se pensou no povo hebreu como indo-europeu, e na época em que se instalaram em Canaã, após a temporada no Egito, a maioria deles deve ter sido semítica. Contudo, há um grupo que se mantém afastado dos hebreus, mas é considerado como uma de suas tribos: os levitas sacerdotais. Essa é de fato a hipótese mais controversa já sugerida, mas, mesmo correndo o risco de sofrer avassaladoras reações religiosas, emocionais e acadêmicas, sugiro que os levitas possam estar relacionados de algum modo com os indo-europeus, principalmente os luwianos, luvianos, luwitas ou luvitas, de acordo com as várias traduções. Apesar da aceitação quase universal da crença de que os hebreus foram sempre um povo totalmente semítico, há estranhas peças de evidência sugerindo que suas conexões com os indo-europeus deveriam pelo menos ser consideradas nesse contexto.

Antes de nos aprofundarmos, é importante notar que os mais antigos textos existentes do Velho Testamento em hebreu foram encontrados recentemente em Qumran, que datam de dois ou três séculos antes de Cristo. Antes dessas descobertas, a versão mais antiga era uma tradução grega da mesma época. O mais antigo texto hebreu disponível antes das descobertas em Qumran é de cerca do século X d.C. A julgar pelo vocabulário, a estrutura de linguagem e os nomes de lugares e pessoas, acredita-se que parte do Velho Testamento, conhecida como fonte javista, foi escrita em cerca de 1000 a.C., enquanto outras seções, conhecidas como sacerdotais, foram escritas em cerca de 600 a.C.

Devemos também levar em conta que a Bíblia, tal como a conhecemos, é o resultado de muitas mudanças através dos séculos, um fator que põe em evidência suas passagens contraditórias. O professor Edward Chiera observa:

> No caso da Bíblia, além do processo de expansão que abrange todos os produtos literários da antiguidade, havia outra tendência, e contrária, ou seja, a invejosa censura por parte do sacerdote que não queria que o livro contivesse episódios ou explanações que pudessem discordar de sua própria concepção, ou do deus, ou do que serviria para ser incorporado na história dos fundadores da raça, e que piedosamente, mas mesmo assim implacavelmente, eliminou tudo o que não aprovava.

George Widengren, professor de línguas orientais na Universidade de Uppsala, na Suécia, também escreve que não "devemos perder de vista o fato de que o Velho Testamento, como nos foi transmitido no Cânon Judaico, é apenas uma parte – e sequer sabemos se é a maior delas – da literatura nacional de Israel. Além disso, essa parte preservada tinha muitas passagens obviamente expostas a censura e, portanto, removidas".

Indo-europeus no livro do Gênesis

Em geral, os estudiosos da Bíblia situam Abraão entre 1800 e 1700 a.C. aproximadamente. Mas muitos dos mesmos estudiosos colocam Moisés em torno de 1300 ou 1250 a.C. Entretanto, se traçarmos cuidadosamente as gerações que constam na Bíblia, veremos que há apenas sete gerações no intervalo, incluindo as duas figuras patriarcais. Quinhentos ou quatrocentos anos parecem muito tempo para sete gerações. Como as datas de Moisés são baseadas em evidências mais históricas e conduzem mais diretamente aos relatos mais históricos de Saul, Davi e Salomão, eu situaria Abraão em torno de 1550 a.C. Mesmo colocando Moisés em 1300 a.C., ainda assim seriam mais de 40 anos entre cada geração, o que é mais provável do que os 60 ou 70 anos que outras datas sugerem. Usando essa mesma listagem bíblica de gerações, sem supor omissão de nomes e considerando 35 a 40 anos para cada geração, vemos que até a figura primeva de Noé, de apenas dez gerações antes de Abraão, seria datada em cerca de 2000-1900 a.C., bem na época da chegada dos indo-europeus ao Oriente Próximo.

O Velho Testamento nos diz que Abraão tinha vivido em Ur, dos Caldeus. É geralmente aceito que seria a cidade de Ur, na Suméria, cerca de oito quilômetros de Eridu. Todavia, depois da primeira menção a Ur, Harã é continuamente referida como a terra de Abraão, a terra de seus parentes e da casa de seus pais. A Bíblia diz que, depois de deixar Ur, "quando chegaram a Harã, se instalaram lá" (Gênesis 11:32). Mas uma vez em Harã, "O Senhor disse a Abraão: deixe seu país, seus parentes e a casa de seu pai..." (Gênesis 12:1). Alguns estudiosos da Bíblia sugeriram que, já que nesse tempo havia cidades com nomes como Urkish, Uruque, Ura, Urfa e outros ("ur" significa velha ou grande), uma dessas poderia ser a Ur da Bíblia. Embora Harã não pareça ser sua verdadeira terra natal e a cidade de seus parentes, essa conexão traz tantas evidências nas histórias de Isaac e Jacó que podemos conjeturar se Abraão ou sua família tinham se mudado de Harã para Ur algum tempo antes. Sabemos que havia hurritas em Nipur em 2300 a.C. Em todo caso, a Bíblia diz que Abraão se mudou de Ur para Harã com sua esposa e família.

As informações sobre as invasões indo-europeias deixam evidente que mesmo em 1800 a.C. muitos hurritas haviam se mudado para a área que veio a ser conhecida como Mitani. Harã estava localizada bem no centro daquele reino. O nome da cidade resulta provavelmente de sua posição nos territórios hurritas. Não é longe dos primeiros assentamentos de Urkish, o que é datado de cerca de 2400 a.C. As relações de Abraão com essa cidade podem ser indicadas também pelos nomes de seus parentes. Seu avô e um irmão se chamavam Na Hor. Seu outro irmão se chamava Harã.

Em toda a Bíblia, mas principalmente em Gênesis, há referências aos povos hititas e horitas, alguns intimamente associados à família de Abraão. Lemos em Gênesis 23:6 que mais tarde, quando Abraão estava em Canaã, ele precisava de um lugar para enterrar sua esposa, Sara. Para enterrar os mortos, as pessoas tentavam encontrar um terreno consagrado, ou pelo menos familiar. Portanto, é talvez curioso que Abraão tenha requerido ao hitita Efron o uso da terra para o enterro de Sara. Mais surpreendente ainda foi a resposta de Efron quando Abraão se ofereceu para pagar pela terra. "Você é um príncipe poderoso entre nós", disse o hitita. "Enterre seus mortos em nossa melhor sepultura." Esse mesmo enredo sobre terra no território hitita foi repetido quando Abraão morreu. Até seu neto Jacó, antes de morrer no Egito, pediu que seus filhos levassem seu corpo de volta a Canaã para ser enterrado na terra que Abraão comprara de Efron, o hitita.

O filho de Abraão era Isaac. Isaac teve dois filhos, Jacó e Esaú. Quando chegou a hora de escolher uma esposa para Isaac, Abraão enviou seu servo de volta a Harã para encontrar a filha de Na Hor, irmão de Abraão. E mais uma vez, quando Jacó se casou, foi a neta de Na Hor a escolhida, também de Harã. Esaú teve duas esposas, uma era filha do hitita Elon, e a outra do horita Zibeão. Esaú depois se mudou com a família para uma área em Canaã conhecida na Bíblia como "monte Seir, a terra dos horitas". Nas listas de gerações (genealogias), que abundam nos escritos bíblicos, temos a lista dos descendentes de Esaú, mas estranhamente eles nos brindam também com uma lista dos descendentes de Seir, o horita, avô da esposa de Esaú.

A maioria das conexões com os hititas e horitas ocorre em Gênesis, o primeiro livro da Bíblia. Mais tarde, no Livro de Ezequiel, lemos duas vezes uma reprimenda ao povo de Israel quando Ezequiel diz: "Seu pai era amorita, sua mãe era hitita." Isso pode sugerir que era Sara, que era indo--europeia, ou a própria mãe de Abraão, notável por sua ausência no Livro dos Gênesis. Não há provas conclusivas das conexões exatas, mas é preciso levar em conta a repetida associação da família de Abraão com povos e lugares que sabemos ser ligados aos reinos indo-europeus, no tempo exato de sua existência.

Algumas conexões

Outra similaridade interessante é o costume hebreu do casamento levirato, isto é, a lei pela qual a viúva de um homem é destinada ao irmão do falecido ou, se ele não tiver irmãos, ela se casará com o sogro. O professor Gordon escreve que este "dado é comprovado na Índia antiga e surge no Oriente Próximo apenas na esteira das invasões indo-europeias, e ao que parece foi introduzido, ou pelo menos popularizado, pelos indo-europeus". O professor Gurney também discute esse costume do casamento levirato entre os hititas, e comenta: "A lei é notavelmente similar à lei hebraica do casamento levirato." Algo tão próximo de casa, como o conceito de casamento levirato, não devia ser um costume adotado superficialmente, e é provável que tivesse origens profundas nas sociedades em que era praticado.

O professor Gordon destacou há muito tempo a íntima relação entre os indo-europeus e os povos hebreus em termos de literatura, linguística e costumes. Embora não apresente uma relação tão íntima como a que estou sugerindo, ele diz: "Agora podemos depreender por que foram os hebreus e os gregos que primeiro surgiram como historiadores no ocidente. Ambos começaram a carreira historiográfica a partir do substrato hitita." Robert Graves também sugere uma estreita relação entre os conceitos e a literatura dos hebreus e dos gregos indo-europeus, mesmo defendendo sua posição ao comentar que ele não é um "israelita britânico".

Como já mencionei, os hebreus também mantiveram a lembrança do mito de uma batalha entre Iavé e a serpente Leviatã, embora a maior parte possa ter sido removida, possivelmente na época da adição da lenda de Adão e Eva. Em Jó 26:13 e no Salmo 104 ainda podemos ler que Iavé destruiu a serpente primeva. Em Salmos 74 encontramos também "Tu dividiste o mar pelo teu poder; quebraste as cabeças das serpentes das águas [exatamente como Marduque fez]. Esmagaste as cabeças do Leviatã". Essa serpente Leviatã também era conhecida nos textos de Ugarit, no norte de Canaã, como inimigo do deus da tempestade, Baal. Embora ainda não saibamos se eram indo-europeus, os governantes de Ugarit, que ficava a poucos quilômetros ao sul dos territórios hitita e luvita, viviam em termos muito amigáveis com os reis hititas. Sabemos que muitos hurritas estavam em Ugarit quando os textos foram escritos, em torno do século XIV a.C. O pai de Baal em Ugarit era Dagon. *Dag* ainda é a palavra usada na Turquia para montanha. Textos de Ugarit descrevem a conquista do dragão Lotan, Lawtan ou Leviatã, por Baal. Como já mencionei, Lat ou Elat em cananeu significa deusa. O nome ressurgiu no mito grego indo-europeu com Hércules matando a serpente Ladão que, dizia-se, guardava a sagrada árvore frutífera da Deusa.

As descrições bíblicas da conquista da serpente primeva por Iavé bem podem ser outra versão do conto, agora nosso conhecido, da deidade masculina indo-europeia derrotando a serpente da escuridão, a Deusa. Desde o tempo de Moisés até a queda dos dois estados hebreus, este povo desprezou o nome de Baal, pois o nome do deus da tempestade parece ter sido assimilado pela religião da Deusa como Tamuz, seu filho/amante. Em acadiano, Baal passou simplesmente a significar Senhor, e Baalat passou a significar Senhora. Em torno de 1000 a.C. o nome Baal era intimamente associado a Astarote como consorte Dela. Mas nos tempos da primeira introdução do nome Baal em Ugarit (possivelmente originado do sânscrito *bala*, que quer dizer poderoso), antes que Baal tivesse um templo próprio, ele e Iavé podem ter sido a mesma deidade. Em textos de Ugarit, lemos: "Contemplai teus inimigos, Oh Baal; contemplai teus inimigos que irás esmagar." Em Salmos 92 da Bíblia, lemos: "Os meus olhos contemplaram a derrota dos meus inimigos." Em Ugarit, Baal era chamado de Cavaleiro das Nuvens. Salmos 104:3 descreve Iavé usando as nuvens como sua carruagem.

Outra passagem enigmática da Bíblia pode se revelar uma referência às primeiras conexões indo-europeias. Uma vez sabendo que os arianos se viam como uma raça superior ao povo que conquistavam e governavam, essa passagem pode ser entendida como um reflexo dessa atitude. Na primeira parte da Bíblia (Gênesis 6:1,4) está escrito: "Quando os homens começaram a multiplicar-se na terra e lhes nasceram filhas, os filhos de Deus viram que as filhas dos homens eram bonitas, e escolheram para si aquelas que lhes agradaram. (...) Naqueles dias, havia nefilins [gigantes] na terra, e também posteriormente, quando os filhos de Deus possuíram as filhas dos homens e elas lhes deram filhos. Eles foram os heróis do passado, homens famosos."

Essa passagem, que tanto figura na onda atual de livros sugerindo que alienígenas tenham sido responsáveis pelo desenvolvimento da cultura humana, pode, na verdade, se referir à imagem que os arianos tinham de si mesmos, fisicamente maiores e, na época, os únicos adoradores do deus da luz no topo da montanha, em comparação com os povos mediterrâneos, menores fisicamente e que adoravam a Deusa. A miscigenação que, como sabemos, foi tão desprezada pelos sacerdotes arianos, parece ser a razão subjacente para o dilúvio em que apenas Noé e seus parentes na arca sobreviveram.

A literatura iraniana ocorre quatro séculos após o período geralmente atribuído a fontes javistas no Velho Testamento, apesar de trechos sacerdotais simultâneos. Semelhanças entre mitos hebreus e iranianos podem resultar de conexões nesse período (cerca de 600 a.C.) e não seria difícil decidir qual cultura era a originária. Mas ainda há a possibilidade de que ambas eram derivadas do mesmo pensamento religioso indo-europeu. Nos textos Pahlavi de 400 a.C., baseados na Avestá de 600 a.C., a criação do universo é descrita em sete atos, que têm uma correlação extraordinária com o relato hebreu. Primeiro o céu, segundo a água, terceiro a terra, quarto as plantas, quinto os animais, sexto o homem, e no sétimo dia foi o próprio Ohrmazd (também conhecido como Ahura Mazda). O relato é decerto semelhante, porém, tendo em vista as diferenças que apresentam, pode-se supor que nenhum dos dois foi emprestado de modo direto, mas provavelmente resultam de duas linhas de desenvolvimento, brotando da mesma fonte.

Outro texto nos livros Pahlavi lida com a visão indo-iraniana da primeira mulher. Era conhecida como Jeh, "rainha de todas as prostitutas demoníacas". A história toma as características da lenda de Adão e Eva na medida em que relata Jeh chegando à Criação em companhia do demônio (Ariman). Nessa história, ela não conversa com ele, e sim se relaciona sexualmente. Depois é dito que ela se juntou ao demônio, de modo que poderia corromper todas as mulheres que, por sua vez, corromperiam todos os homens. E prossegue: "Já que as mulheres são subservientes ao demônio, elas são a causa da corrupção dos homens." Claro que não é a mesma história, mas decerto o pensamento e a atitude subjacentes são os mesmos. Além disso, podemos perguntar por que as histórias dos hebreus estavam tão alinhadas com as iranianas indo-europeias.

Outra história com uma contraparte bíblica é iraniana; de um homem chamado Yima. Ahura avisou a ele que o mundo seria destruído por enchentes porque o povo havia pecado. Ele instruiu Yima a construir um *vara*, geralmente traduzido como fortaleza. Nesse *vara* ele deveria levar fogo, comida, animais e humanos – em pares. A lenda arcaica de uma grande inundação não ocorre somente na literatura iraniana e hebraica, mas também como uma lenda antiga na Suméria. É frequente a suposição de que os hebreus tomaram emprestada a lenda dos sumérios. Mas a história do dilúvio pode ter sido conhecida pela "raça da montanha", que chegou à Suméria pouco antes do período Jemdet Nasr, talvez contada como lembrança mítica da chegada de seus ancestrais nas terras montanhosas de Arata. Mais tarde pode ter sido associada à própria chegada deles na Suméria, talvez descrevendo uma extensa tempestade em toda a área naquela época, levando à frase "A Inundação de Enlil chegou, a terra está restaurada". Juntamente com seu aparecimento no mito sumério, a inundação pode ter permanecido na memória daqueles que ficaram para trás em Arata (Ararat?), vindo a ser conectados com o ancestral de Abraão, Noé, e com o iraniano Yima.

Isso parece ainda mais provável quando notamos que a Suméria não tem terrenos muito elevados, nenhuma montanha para a arca aportar (e os sumérios também afirmam que aportou). O relato hebreu descreve a chegada da arca em Ararat, ou no próprio monte Ararate. O monte Ararate é conhecido por esse nome até hoje. É mais alto que todas as montanhas na região, chegando a mais de cinco mil metros de altura. Está localizado na ponta mais oriental da Turquia, perto das fronteiras do Irã e da Rússia, na terra então conhecida como Urartu, que é o mesmo nome de Ararat. De fato, está ao longo do rio Arax, que se junta ao mar Cáspio. Podemos também achar interessante que o estado hebreu iniciado por Noé, ancestral primevo dos hebreus, começou depois da inundação na mesma área em que, segundo evidências históricas atestadas, os indo-europeus entraram na Anatólia.

Outra similaridade entre as lendas da Bíblia e as da Suméria concerne aos canais de irrigação. A Bíblia registra que, após Iavé criar o mundo, ainda não havia vegetação porque não havia água. Gênesis 2:6 diz: "Houve uma inundação para emergir da terra e regar toda a superfície do solo." Na lenda do Paraíso da Suméria, Dilmum, também faltava água e não crescia vegetação. Enki, deus do templo de Eridu, ordenou que a água brotasse da terra para regar o solo. No mito de Enki estabelecendo a ordem no mundo, vemos também atividades de construção de canais. Todas essas histórias descrevem uma terra onde há pouca ou nenhuma chuva. A água deve vir do solo. Essa era a situação no período Ubaid de Eridu, quando se desenvolveram os primeiros canais de irrigação. Relatos desse período ainda existiam dois mil anos depois na Suméria, no começo do segundo milênio. Mais uma vez, podemos deduzir que eles encontraram o caminho de volta para Arata, considerando o incessante contato entre os dois lugares.

As conexões de Moisés, José e mesmo Abraão com a realeza egípcia também devem ser consideradas como um fator nas relações entre os hebreus e os indo-europeus. Como já mencionei, em toda a Oitava Dinastia (cerca de 1570-1300 a.C.) houve registros de princesas hititas e hurritas sendo enviadas como esposas para os reis do Egito, decerto uma quebra dos padrões de descendência matrilinear. É durante esse período que não encontramos sacerdotisas nos templos egípcios e a palavra Par-O (faraó) se aplicava somente ao rei, e não à casa real. E foi também nesse período que teve lugar a revolução religiosa de Aquenáton, permitindo que os exércitos hitita e hurrita obtivessem maior controle de Canaã. Um terço da correspondência encontrada nos arquivos do palácio de Aquenáton vinha de príncipes com nomes indo-arianos.

Assim sendo, podemos achar significativo que, segundo a Bíblia, Moisés fosse o "filho adotivo" da filha do faraó, e que teria sido encontrado quando bebê. Em Êxodo 2:5-10 ele foi encontrado pela filha do faraó, que o deu a uma mulher, supostamente sua mãe verdadeira, para ser criado enquanto bebê. Mas depois lemos que, "quando a criança tinha idade suficiente, ela o trouxe para a filha do faraó, que o adotou e o chamou de Moisés". Muitos faraós da Décima Sétima, Décima Oitava e Décima Nona Dinastias tinham nomes como Kamosis, Amosis, Tutmosis e Ramses. É um tanto curioso que a filha do faraó desse a uma criança "enjeitada" um nome da realeza.

Mas mesmo antes de Moisés, José, outro filho de Jacó, também era intimamente ligado à realeza egípcia. Diziam que ele havia conquistado essa posição devido à sua capacidade de interpretar sonhos. Em Gênesis 41:41, lemos que "o faraó prosseguiu: 'Entrego a você agora o comando de toda a terra do Egito'".

Até Abraão, muito antes deles, parece que teve estreito contato com a realeza egípcia. Em Gênesis 12:10-20, Abraão e Sara também se viram no Egito, supostamente por causa da fome que assolava Canaã. Dessa vez, ficamos sabendo que Abraão disse a Sara para fingir ser sua irmã. Possivelmente por sua grande beleza, Sara é levada para a casa do faraó – como esposa dele.

Novamente, não temos evidências conclusivas, pois a Bíblia não menciona os nomes desses faraós. Mas tanto o período de Abraão como o de José devem ter sido no tempo da Décima Oitava Dinastia, enquanto o de Moisés deve ter ocorrido pouco tempo depois. Mais uma vez, podemos nos perguntar se houve alguma conexão possível entre as princesas indo-europeias e aqueles que provavelmente as acompanharam e os relatos bíblicos sobre Abraão, José e Moisés, estando cada um deles tão fortemente relacionados com os faraós do Egito naquele período em particular.

Deuses e montanhas refulgentes

Outro enigma, talvez a conexão mais significativa e reveladora entre os indo-europeus e os hebreus, é o simbolismo da montanha, mais especialmente a grande luz brilhante em seu cume. Os arianos da Índia adoravam os pais ancestrais, "que ascenderam aos reinos da luz eterna". Indra era o Senhor das Montanhas, suas posses eram de ouro. Diziam que a morada do indo-iraniano Ahura era luminosa e brilhante, no topo do monte Harã. Como dito antes, no iraniano indo-europeu, *hara* de fato significava montanha.

Nos textos hebreus, a história de Moisés é frequentemente associada ao Monte Sinai, situado no extremo sul da Península de Sinai. Mas, em muitas referências bíblicas à montanha onde Moisés falou com Iavé, essa montanha é chamada de monte *Horebe*. Muito antes de Moisés conduzir os hebreus para fora do Egito, ele havia encontrado essa montanha. Em Êxodo 3:1 Moisés estava sozinho no deserto, antes do Êxodo, "e chegou a Horebe, o monte de Deus". Depois do Êxodo e da mais conhecida ascensão de Moisés ao Monte Sinai, afirma novamente: "Lembrem-se do dia em que vocês estiveram diante do Senhor, o seu Deus, em Horebe..." (Deuteronômio 4:10). E em Deuteronômio 4:15: "No dia em que o Senhor falou a vocês do meio do fogo em Horebe..."

A associação de Iavé com, ou como, uma montanha é evidente em todo o Livro dos Salmos, uma das partes mais antigas da Bíblia. Em Salmos 31, 62, 71 e 94, Iavé é chamado de "rocha de refúgio". Em Salmos 62, ele é a "rocha que me salva". Em Salmos 18, é "meu rochedo, em que me refugio". Em Salmos 19, "minha rocha e meu resgatador". Em Salmos 28, "Senhor, minha rocha" e em Salmos 42, "Deus, minha rocha". Em Salmos 78 está escrito "os trouxe à fronteira da sua terra santa, aos montes....". Em Salmos 48 sabemos que Iavé está "em seu monte sagrado". Em Salmos 99, "prostem-se, voltados para seu santo monte". Em Salmos 92 foi escrito simplesmente "Ele é a minha rocha". Se não houvesse tantas alusões à montanha ou monte, poderíamos entender isso como um simples símbolo de estabilidade, mas lemos também sobre as íntimas conexões e a importância da montanha em si.

Em Êxodo 24:17, o aparecimento de Iavé é descrito não somente no topo de uma montanha, mas em um pico ardendo em fogo. "Aos olhos dos israelitas, a glória do Senhor parecia um fogo consumidor no topo do monte." E em Deuteronômio 5:4, "O Senhor falou com você face a face, do meio do fogo, no monte". Em Salmos 144 Iavé é solicitado a enviar "relâmpagos". Em Salmos 104 Iavé é descrito como "envolto em luz como numa veste".

O indo-europeu Zeus, com seus relâmpagos e raios fulminantes, se encontrava no Monte Olimpo. Baal, com o mesmo símbolo do raio, residia no Monte Hérmon. Os deuses da tempestade dos hititas e dos hurritas são retratados com relâmpagos na mão, elevando-se sobre uma ou duas montanhas. Indra, reluzente em ouro, também segurando seu raio chamado *vajra*, era conhecido como Senhor das Montanhas. Ahura habitava sua casa reluzente no alto do monte Harã. O Iavé hebreu que falou por entre o fogo no monte Horebe deve ser considerado uma imagem e um conceito muito diferentes dos deuses indo-europeus? Ou ele também pode ser visto como o indo-ariano "pai que reside na luz brilhante" como é retratado no Rigueveda? Estranhamente, a palavra hebraica que quer dizer montanha é *har*.

Louvitas e levitas

Não obstante termos observado as conexões que os hebreus tinham com os grupos indo-europeus em geral, os luvitas podem ter sido os mais intimamente ligados ao surgimento da religião hebraica. Evidências sugerem que os luvitas (ou luvianos) podem ter sido a origem dos sacerdotes levitas dos hebreus.

Textos luvitas ainda estão sendo decifrados. Como já mencionei, esse povo era intimamente relacionado com os hurrita e hitita, e há muito tempo os arqueólogos os consideram hititas. A julgar pela prevalência de textos rituais, votivos e de encantações até o momento atribuídos a eles, os luvitas podem ter sido uma casta sacerdotal separada dentre os indo-europeus, parecida com a dos brâmanes na Índia. Podemos questionar por que eles continuaram a usar os pouco flexíveis hieróglifos quando outros escritos estavam tão disponíveis e sendo usados por outros indo-europeus, e por que os hieróglifos eram aplicados exclusivamente para rituais votivos e inscrições em monumentos reais. Muitas escolas de escribas parecem ter sido situadas em seus territórios, sugerindo que os luvitas é que usaram as linguagens hurrita, hitita e acadiana para disseminar suas ideias, e ao mesmo tempo mantiveram os antigos hieróglifos como sua própria maneira, talvez mais sagrada, de escrever (como os judeus fizeram posteriormente com o hebreu).

Entre os indo-arianos, a casta sacerdotal conhecida como brâmane fazia dos sacrifícios com fogo um dos aspectos mais importantes de sua religião. O professor Norman Brown escreve sobre os brâmanes no século IV a.C.: "(...) o poder primordial do elaborado sacrifício Veda realizado pelos brâmanes de acordo com um antigo ritual de máxima complexidade e carregado de inigualável autoridade." Ele nos conta que os "brâmanes se arrogavam, como guardiões e únicos oficiantes competentes desse importantíssimo ritual, uma posição de superioridade moral e social sobre os militares seculares e a aristocracia governante".

Giuseppi Sormani escreve que no antigo Ayurveda em sânscrito, uma coleção de fórmulas bramânicas de orações rituais e sacrificiais, é datada de pouco depois do Rigueveda: "Os sacerdotes comandavam a sociedade; eles eram senhores até mesmo dos deuses, que faziam curvar à sua vontade por meio dos rituais. O poder sacerdotal dos brâmanes já era evidente nesse Veda."

Essas descrições poderiam ser tanto dos hebreus levitas como dos brâmanes. Se os luvitas eram uma casta sacerdotal similar e um grupo deles ficaria mais tarde conhecido como a casta sacerdotal levita dos hebreus, essa conexão talvez possa explicar a posição extraordinária que os levitas ocupavam entre as outras tribos de hebreus.

Segundo os Livros da Bíblia conhecidos como Êxodo, Levítico, Números e Deuteronômio, isto é, os últimos quatro dos primeiros cinco livros do

UM DA MESMA RAÇA DELES

Velho Testamento, os levitas permaneceram como um grupo muito exclusivo. Moisés é descrito como filho de mãe e pai levíticos, assim como seu irmão Aarão. Em Números 8:14 Iavé afirma: "Dessa maneira você separará os levitas do meio dos israelitas, e os levitas serão meus." Em Números 18:1, Iavé diz a Aarão: "Você e seus filhos serão responsáveis pelas ofensas cometidas no exercício do sacerdócio."

Apenas os levitas eram aceitos como membros do sacerdócio de Iavé. Moisés, Aarão e os filhos de Aarão eram os mais altos sacerdotes. Um alto sacerdote levita era proibido de se casar com qualquer mulher que fosse estrangeira ou pertencente a outra tribo dos hebreus. E mesmo em sua própria tribo, não podia se casar com uma viúva, uma divorciada, ou qualquer uma que tivera relações sexuais com outro homem.

Ninguém, a não ser um levita, tinha permissão para entrar na Tenda da Presença, onde Iavé era adorado. Estava implícito que, quem o fizesse, corria risco de vida. Quando os israelitas marcharam atravessando o deserto do Sinai, os levitas os lideravam, mantendo "um dia de viagem à frente deles" para decidir onde seria o acampamento seguinte. É dito que, a princípio, Moisés era o único juiz em todas as disputas, mas depois escolheu delegados para as diversas unidades. Essas unidades eram formadas por um número de dez, cinquenta, cem ou mil, bem parecidas com um exército, cada uma sob a vigilância de um delegado. Os levitas eram os juízes da lei da comunidade. "O Senhor, seu Deus, os escolheu para ministrarem e para pronunciarem bênçãos em nome do Senhor e resolverem todos os casos de letígio e de violência." (Deuteronômio 21:5).

Somente os levitas tinham a posse e o uso de duas trombetas de prata para reunir a comunidade e levantar acampamento. O soar de uma trombeta era uma convocação para os chefes das outras tribos virem para a frente da Tenda da Presença, exibindo a autoridade até mesmo entre eles. O soar de duas trombetas era para convocar toda a comunidade israelita. Apenas os sacerdotes aaronitas tinham permissão para usar as duas trombetas, que também eram tocadas durante a batalha para estimular os israelitas, e possivelmente para comandar todas as estratégias militares, como sugerem os manuscritos de Qumran.

Quando estavam no deserto, provavelmente se preparando para a batalha ao entrarem em Canaã, era ordenada a contagem das tribos. A princípio, apenas as outras onze tribos eram contadas. Todo homem a partir

135

QUANDO DEUS ERA MULHER

de 21 anos apto para o serviço militar era convocado. Mais tarde, quando os levitas passaram a ser contados, todos os meninos com mais de um mês eram alistados. Em Números 13:1,5, foi montada uma equipe de espiões para verificar a situação na abordagem a Canaã. Embora todas as outras tribos fossem representadas por um homem, nenhum levita foi chamado.

Às vezes havia aviso de rebelião entre as outras tribos, que reclamavam da falta de comida e da perda do conforto que tinham no Egito, apesar de se supor que tivessem sido maltratados como escravos. Mas as punições por quebra das leis levitas eram severas. Em Levítico 24:16, lemos que um homem foi apedrejado até a morte por ter blasfemado contra Iavé. Números 15:32-36 traz o relato de um homem que estava catando gravetos no Sabat dos levitas: "Assim, toda a comunidade o levou para fora do acampamento e o apedrejou até a morte, conforme o Senhor tinha ordenado a Moisés." Quando Josué substituiu Moisés no comando, dizem que os homens juraram: "Assim como obedecemos totalmente a Moisés, também obedeceremos a você. (...) Todo aquele que se rebelar contra as suas instruções e não obedecer às suas ordens, seja o que for que você lhe ordenar, será morto." (Josué 1:17-18)

Sacrifícios com fogo eram um aspecto extremamente importante e imponente dos rituais dos levitas, muito semelhantes aos dos brâmanes na Índia. As primeiras dez seções do Levítico são totalmente dedicadas a sacrifícios com fogo. Nesses livros, bem como em todo o Números e o Deuteronômio, que também descrevem leis e rituais dos levitas, vemos que os sacrifícios com fogo deveriam ser feitos duas vezes por dia, e também no Sabat, em mudanças de estação, por sujeira, por culpa e por pecado.

Apenas aos levitas cabia o direito de comer as oferendas de alimentos que eram trazidas à Tenda da Presença para os sacrifícios listados acima. Assim, outros israelitas lhes traziam bois, carneiros, ovelhas, pombos, milho, farinha, pão, azeite e vinho. Esse direito dos levitas e de suas famílias (embora, muito frequentemente, só coubesse aos homens) foi mencionado tão repetidamente que hesito em incluir essas leis aqui. Talvez uma passagem a respeito dessas regras seja suficiente para explicar a situação.

Para todos esses sacrifícios, chamados de "ofertas queimadas", as comidas listadas acima eram trazidas para os sacerdotes na Tenda. A lei estabelecia que:

UM DA MESMA RAÇA DELES

Os sacerdotes levitas e todo o restante da tribo de Levi não terão posse nem herança em Israel. Viverão das ofertas sacrificadas para o Senhor, preparadas no fogo, pois esta é a sua herança. Não terão herança alguma no meio dos seus compatriotas; o Senhor é a sua herança, conforme lhes prometeu. Quando o povo sacrificar um novilho ou uma ovelha, os sacerdotes receberão a porção devida: a espádua, a queixada e o estômago. Vocês terão que dar-lhes as primícias do trigo, do vinho e do azeite, e a primeira lã da tosquia das ovelhas, pois, de todas as tribos, o Senhor, o seu Deus, escolheu os levitas e os descendentes para estarem na presença do Senhor e para ministrarem sempre em seu nome. (Deuteronômio 18:1-5)

Presentes de prata, ouro e propriedades para os levitas eram também repetidamente comandados por Iavé. Todo homem acima de vinte anos tinha que dar meio shekel como garantia de sua vida. Em outro sistema de garantia de vida, há relatos de precisarem dar 1.365 shekels de prata aos levitas. "Entregue a Arão e aos seus filhos a prata para o resgate do número excedente de israelistas." (Números 3:48)

Levitas que vendiam suas casas sempre tinham direito a resgatá-la, e se não pagassem o resgate, a casa seria devolvida automaticamente no jubileu de sete anos. Se um homem de outra tribo quisesse vender sua casa a um levita, somente o levita tinha o direito de decidir o preço. Se o homem quisesse comprar a casa de volta, tinha que pagar um adicional de vinte por cento do valor.

Outra ordem de ofertas incluía seis carroções cobertos e doze bois: "Entregue-as aos levitas." (Números 7:5). Em outra seção, vemos que vasos de prata valendo 2.400 shekels, ouro a 120 shekels, 36 touros, 72 carneiros adultos, 72 bodes e 72 carneirinhos eram as ofertas consagradas para a Tenda (Números 7:84-88). Ainda em Números 18:8 está escrito "O Senhor Deus disse a Aarão: 'Agora estou lhe dando todas as ofertas especiais que forem trazidas a mim e que não foram queimadas como sacrifício. Eu dou essas ofertas a você e aos seus descendentes como aquela parte a que vocês têm direito para sempre.'" Números 18:21 declara: "Dou aos levitas todos os dízimos em Israel."

Como lemos acima, os levitas não deveriam ter qualquer patrimônio, que frequentemente era dado como o motivo para receberam um tanto a mais. Mas em Números 35:2-6, lemos: "Ordene aos israelitas que, da herança que possuem, deem cidades para os levitas morarem. E deem-lhes também pastagens ao redor das cidades." Ao todo foram dadas 48 cidades.

Em Êxodo 28 são dadas instruções muito específicas para os trajes dos levitas, feitas com tecidos violeta e escarlate em linho fino, ouro e pedras preciosas. Além das roupas, os filhos de Aarão deveriam ter adornos de cabeça que lhes dessem "dignidade e grandiosidade", talvez remanescentes dos chapéus altos dos hititas. Até perfumes deveriam ser providenciados para Aarão e seus filhos. Se alguém mais tivesse a audácia de usá-los, seria "cortado da família de seu pai".

As outras tribos israelitas eram advertidas: "E nunca se esqueçam dos levitas que vivem em suas cidades" (Deuteronômio 14:27) e "Lembrem de cuidar dos levitas durante todo o tempo em que vocês viverem naquela terra." (Deuteronômio 12:19).

Em Deuteronômio 31:24, lemos: "Depois que Moisés terminou de escrever num livro as palavras desta lei do início ao fim, deu esta ordem aos levitas (...) 'Coloquem este Livro da Lei ao lado da arca da aliança do Senhor, do seu Deus, onde ficará como testemunha contra vocês.'" Assim foi que essas leis, inicialmente escritas pelos levitas, foram colocadas na posse única dos levitas, que eram os únicos a terem acesso a elas para interpretar, censurar ou modificar da maneira que achassem melhor.

O panorama geral não é de prelados monásticos ou de gurus ascetas, e sim de homens bem-vestidos, bem alimentados, com boa moradia, bons transportes, uma aristocracia perfumada com autoridade suprema sobre os outros povos hebreus.

Nas entrelinhas das leis relativas aos levitas, podemos achar extraordinária a posição deles comparada à dos outros israelitas. De acordo com a Bíblia tal como a conhecemos, lemos que os levitas eram descendentes de Levi, um dos doze filhos de Jacó. Mais uma vez, traçando as genealogias, Moisés deve ter sido bisneto de Levi, o que não bate com a contagem de homens pouco depois saída do Egito. Embora os números possam ser exagerados, os levitas alegavam que havia 22 mil homens entre eles, uma família e tanto em três gerações.

Sua posição de classe governante do povo hebreu, certamente um padrão indo-europeu, sugere que eles podem ter assumido essa herança para justificar suas relações com as outras tribos. Entretanto, as histórias de Abraão, Isaac, Jacó e Esaú são as que se relacionam mais de perto com os hititas e horitas, sugerindo ainda mais que Jacó e Abraão possam na verdade ter sido os ancestrais de Moisés e seu irmão Aarão, que eram líderes dos levitas, ao passo que até outros levitas, assim como os membros das outras onze tribos, entendiam que essa ancestralidade era simbólica e não biológica. A julgar por seus números, as outras tribos podem ter se reunido sob o mesmo simbolismo, o que explicaria por que Jacó, supostamente o pai dos dozes filhos que geraram as dozes tribos dos hebreus, foi de fato chamado de Israel, e não de Abraão, geralmente considerado o primeiro pai do povo hebreu.

A sugestão de que os hebreus originais não eram todos de uma só raça é trazida também em Salmos 107, onde encontramos: "Assim o digam os que o Senhor resgatou, os que livrou das mãos do adversário e reuniu de outras terras, do oriente e do ocidente, do norte e do sul." Lemos também em Salmos 87 que Sião, que é outro nome da nação dos israelitas: "Em Sião estão as nossas origens!" Isso sugere que, na época em que esses salmos foram escritos, Israel se via como um grupo de raças, cada uma reunida sob o emblema de Israel, talvez incluindo povos semíticos do deserto, egípcios, canaanitas e outros, e possivelmente sob a direção dos levitas.

Outra passagem curiosa em nossa discussão dos levitas como grupo indo-europeu ocorre em Deuteronômio 18:18, no qual encontramos um relato de Iavé falando com Moisés no alto da montanha. Moisés desce da montanha e conta aos israelitas o que Iavé lhe disse: "Levantarei do meio dos seus irmãos um profeta como você."

Lewi e Levi, o nome hebreu de seus sacerdotes, são a mesma palavra, como fica evidente nas traduções para inglês, alemão e francês. Sugiro que tanto esse nome como o dos luvitas possam derivar do material de erupções vulcânicas, a massa fundida e incandescente jorrando do pico da montanha.

Em latim, *lavo* significa lavar em água corrente, enquanto *lavit* significa jorrar. Em hitita, *lahhu* também significa jorrar. Encontramos essa palavra sobrevivendo na França como *laver*, lavar. Isso sugere que a palavra era primariamente associada a líquidos. Mas também vemos que *lawine*, alemã, significa avalanche, e a palavra *lavish*, inglesa, significa transbordamento, abundância. Portanto, essas palavras parecem estar relacionadas a uma massa que se move ou flui.

Uma série muito similar de palavras ocorre em conexão com luz flamejante. *Levo* em latim significa levantar e é associada principalmente ao nascer do sol. Em sânscrito, *lauha* é definida como vermelho brilhante, e relâmpago é chamado de *lohla*. Em alemão encontramos a palavra *löhe*, chama ou flama, enquanto em dinamarquês *lue* quer dizer arder em chamas. Mas talvez seja no inglês *lava*, no alemão *lava* e no francês *lave*, cada palavra querendo dizer uma massa derretida flamejante jorrando de uma montanha vulcânica, que podemos encontrar a chave desses dois conceitos, que são a luz e a flama ao mesmo tempo jorrando quase líquidas.

A imagem do deus na montanha refulgente, a imagem indo-europeia da deidade masculina que aparece também no imaginário hebreu dos relatos do monte Horebe, talvez aponte para a antiga conexão de tempos idos, com a adoração às montanhas vulcânicas. No relato do Êxodo da "montanha de Deus", lemos essas descrições: "Ao amanhecer do terceiro dia houve trovões e raios, uma densa nuvem cobriu o monte, e uma trombeta ressoou fortemente. Todos no acampamento tremeram de medo." (Êxodo 19:16) E em Êxodo 20:18-21: "Vendo-se o povo diante dos trovões e dos relâmpagos, e do som da trombeta e do monte fumegante, todos tremeram assustados. Ficaram a distância e disseram a Moisés: 'Fala tu mesmo conosco, e ouviremos. Mas que Deus não fale conosco, para que não morramos.' Moisés disse ao povo: 'Não tenham medo! Deus veio prová-los, para que o temor de Deus esteja em vocês e os livre de pecar.' Mas o povo permaneceu a distância, ao passo que Moisés aproximou-se da nuvem escura em que Deus se encontrava." Depois, no Deuteronômio, quando Moisés estava contando os incidentes que tiveram lugar em "Horebe, no monte de Deus", ele relembrou aos hebreus: "Vocês se aproximaram e ficaram ao pé do monte. O monte ardia em chamas que subiam até o céu, e estava envolvido por uma nuvem escura e densa. Então o Senhor falou a vocês do meio do fogo. Vocês ouviram as palavras, mas não viram forma alguma; apenas se ouvia a voz." (Deuteronômio 4:11-12) Recordando a eles o bezerro "pagão" que tinham construído durante sua ausência, ele diz: "Então peguei o bezerro, o bezerro do pecado de vocês, e o queimei no fogo; depois o esmigalhei e o moí até virar pó e o joguei no *riacho que desce do monte*." (Deuteronômio 9:21) (Grifos meus.)

Novamente procurando nos Salmos hebreus, encontramos: "Sobre os ímpios ele fará chover brasas ardentes" (Salmos 11); "À sua frente vai um fogo devorador, e, ao seu redor, uma violenta tempestade" (Salmos 50); "Até quando a tua ira queimará como fogo?" (Salmos 89); "Os montes se derretem como cera diante do Senhor" (Salmos 97); "Enquanto eu meditava, o fogo aumentava" (Salmos 39). É claro que a descrição mais vívida de Iavé como montanha vulcânica ocorre em Salmos 18: "A terra tremeu e agitou-se, as fundações da montanha sacudiam; arfavam porque Ele estava zangado. De suas narinas saía fumaça, fogo devorador saía de sua boca, brasas vivas e calor escaldante. (...) Com o fulgor da sua presença, as nuvens se desfizeram em granizo e raios. (...) Atirou suas flechas e dispersou meus inimigos, com seus raios os derrotou." É uma imagem difícil de ignorar.

Podemos também achar significativo que a montanha ao norte do lago Van, na terra antes conhecida como Urartu, e chamada até hoje de monte Süphan, é uma montanha vulcânica. Em Cilícia, no território Quizuatena dos luvitas, há duas montanhas vulcânicas.[1] Na região do Cáucaso e logo ao sul, mais uma vez na terra de Urartu, há nada menos que treze montanhas vulcânicas, e três delas estão ativas ainda hoje. Uma está situada perto de Baku, no mar Cáspio, perto da foz do rio Arax. Pode também ser pertinente que na lenda grega da batalha entre Zeus e a serpente Tifão, a serpente nasceu na caverna de uma montanha na Cilícia, onde foi atacada por Zeus pela primeira vez, e mais tarde lutou contra ele no monte Cásio, e foi finalmente morta no vulcânico monte Etna, na Sicília. Mas pode ser ainda mais significativo que logo a leste do Sinai, na Arábia, encontramos uma fileira de montanhas vulcânicas, agora extintas, correndo por toda a costa ocidental de frente para o Egito, e que o próprio monte Ararate é vulcânico.

Para se ter uma ideia mais exata dos tempos, é importante notar que as montanhas vulcânicas entram em erupção muitas vezes durante um período relativamente curto. O monte Kilauea, no Havaí, entrou em erupção mais de

---

1   Uma dessas, hoje conhecida como monte Haçane, tem dois picos vulcânicos, o que talvez explique por que o deus da tempestade e o rei hitita são frequentemente representados de pé sobre uma montanha de dois picos, com um pé em cada pico.

24 vezes nos últimos vinte anos. (A propósito, esse vulcão é adorado como a Deusa Pele.) Até hoje, no Irã, os zoroastrianos sobreviventes rezam para o fogo, enquanto nos territórios curdos, parcialmente na terra que foi Urartu, acendem fogo no cume das montanhas nas comemorações de Ano-Novo.

A adoração dos deuses indo-europeus e hebreus com montanhas vulcânicas pode explicar a grande importância dos rituais do fogo entre os brâmanes e os levitas. Pode também explicar o nome de Iavé, um enigma cujo significado há muito tempo os estudiosos da Bíblia vêm buscando em textos e culturas semitas, pois a palavra *yahveh* em sânscrito significa transbordante, tão sugestiva da lava em erupções vulcânica que pode estar relacionada à própria lava. Pode também ser importante que outro grupo que falava a linguagem luvita deve ter vivido na área de outra montanha vulcânica, na Turquia. Curiosamente, esse povo era chamado de *ahhiyawa*.

As conexões entre os indo-europeus e os hebreus são numerosas demais para serem descartadas levianamente, mas somente com um entendimento maior dos textos luvitas, ou quando for descoberto um material em melhores condições, poderemos ser capazes de afirmar ou rejeitar uma relação mais direta dos luvitas com os levitas.

Os levitas e os Filhos da Luz

A associação entre o povo hebreu e os indo-europeus, ambos adoradores de um deus da luz, é ainda mais indicada pelas recentes descobertas de antigos textos hebreus, popularmente chamados de Manuscritos do Mar Morto. Esses manuscritos, descobertos em Qumran, na Palestina, são os mais antigos remanescentes de textos hebreus dos livros do Velho Testamento, datando de cerca do século III a.C. Em geral, têm muito a ver com a versão grega e até com a versão posterior hebraica, com algumas variações. Mas há um texto adicional novo para os estudiosos da Bíblia. É um relato chamado "O Livro da Guerra dos Filhos da Luz Contra os Filhos da Escuridão". Consiste em planos para uma batalha que estava a ponto de acontecer. O inimigo era coletivamente chamado de Filhos da Escuridão; os hebreus, ainda liderados pelos sacerdotes levitas, eram os Filhos da Luz. Começa afirmando que o "primeiro compromisso dos Filhos da Luz será atacar o grupo dos Filhos da Escuridão. (...) Os Filhos da Luz são o grupo de Deus."

Mais uma vez, muitos especialistas atribuíram esse achado surpreendente à influência do Irã, onde ainda prevalecia a adoração a Ahura. Mas quando consideramos que tantos outros textos descobertos em Qumran remontam ao Velho Testamento, podemos questionar por que esse relato em particular deveria ter sido incluído entre eles. Além disso, não há menção específica a Ahura. Como vimos, o conceito de deus da luz não era novidade para os hebreus. A dualidade indo-europeia de luz e escuridão pode ser vista subjacente à descrição anterior da criação do mundo por Iavé. Pois em Gênesis 1:3-4, lemos: "Disse Deus: 'Haja luz', e houve luz. Deus viu que era *boa*, e separou a luz das trevas."

Outro fator significativo nos Manuscritos do Mar Morto é a revelação de que os sacerdotes levitas ainda estavam no controle. O povo de Qumran era descendente das tribos de Judá e Benjamin, sobreviventes no sul após as outras tribos de Israel, no norte, terem sido conquistadas e dispersadas em 722 a.C. Embora o estado sul de Judá tivesse sido conquistado em 586 a.C., muitas pessoas retornaram à região para viver sob um governo estrangeiro. É dessas duas tribos que o povo hebreu de hoje descende; os outros provavelmente se dispersaram entre populações da Síria, do Líbano, da Turquia e do Iraque, apesar de tentativas esporádicas de apresentar traços deles na Irlanda ou nas várias culturas indígenas da América do Norte.

Nos textos de Qumran, assim como nos livros do Velho Testamento, as roupas, as bandeiras, os deveres e a posição dos levitas eram descritas em separado e cuidadosamente. As bandeiras deveriam ser decoradas com os nomes de Aarão e seus filhos. Mais interessante ainda é o fato de que os levitas estavam novamente, ou ainda, encarregados das trombetas de guerra. Os toques são explicados tão minuciosamente nos textos do Mar Morto quanto num manual de guerra. Vários tipos deles comandavam "preparar para a batalha", "avançar", "aproximar", "começar a lutar" e "recuar". O relato da liderança dos levitas, escrito uns dez séculos depois dos levitas do tempo de Moisés, nos dá uma ideia de como deve ter sido rígida, através de tantos séculos, a aderência destes à mesma posição daquele tempo.

O aspecto guerreiro dos hebreus, descrito dos tempos de Moisés em diante, será discutido em capítulos referentes à supressão da adoração à Deusa por parte desse povo. Por enquanto, pode explicar o nome dos hebreus como Yehudi (Judá): a palavra sânscrita para guerreiro é *Yuddha*.

Resumo

Torna-se necessário fazer um comentário antes de concluir este capítulo. Se essa hipótese se sustentar após investigações mais profundas, devemos ver os eventos da Segunda Guerra Mundial e as atrocidades cometidas contra o povo hebreu no século XX por autodenominados arianos na Alemanha Nazista não só como trágicos, mas também irônicos. Ao longo de todo o século XX, as pesquisas e escavações da cultura hitita foram primariamente realizadas por arqueólogos alemães. Foi algum tempo antes e diretamente depois da Primeira Guerra Mundial que o *nasili* começou lentamente a ser aceito como o verdadeiro nome da linguagem hitita, e Nesa, ou Nasa, sua primeira capital. O nome original dos invasores hititas pode ter sido nesianos ou nasianos. Nuzi tornou-se a capital da nação indo-europeia de Mitani. Só podemos imaginar quanto Adolf Hitler foi afetado pelos relatos desses achados, divulgados pela mídia popular da época. Terá sido isso que causou a mudança de seu nome Schickelgrüber para Hitler, que em alemão quer dizer algo como "Professor de Golpe"? Por mais estranho que pareça, outra conexão entre hititas e hebreus é o uso destes da palavra *nasi* significando príncipe.

Nos últimos dois séculos, estudiosos de religião, arqueologia, história, e até cientistas, tiveram que rever muitas ideias tidas como fatos antes do advento de cada descoberta arqueológica. Podemos achar ainda outra revisão que explica as origens do deus Iavé, o deus do fogo no topo do monte Horebe, à medida em que a cultura luvita for melhor compreendida. Isso poderia ajudar a explicar muitas das leis e atitudes patriarcais dos sacerdotes levitas dos hebreus no Velho Testamento, e sua insistência na destruição da religião da Deusa.

Sabendo-se que a adoração da Deusa foi afetada pelos invasores indo-europeus desde pelo menos 2400 a.C. em diante, possivelmente, embora de modo menos extenso, no Egito a partir de 3000 a.C., e na Suméria talvez nos mais arcaicos períodos de sua cultura, 4000-3000 a.C., podemos entender melhor as transições que ocorrem nos mitos, rituais e costumes da religião da Deusa ao longo dos períodos históricos. Por outro lado, começamos a entender os confrontos que ocorreram quando o patriarcado do norte começou a suprimir a adoração antiga e tudo o que ela representava.

Um dos temas mais controversos parece ter sido o conceito de direito divino aos privilégios reais e a instituição da hereditariedade ao trono. Essas leis e mitos antigos sugerem que os povos da religião da Deusa tinham uma orientação comunitária, embora se organizassem por meio de santuários centralizados Nela. Podemos então perguntar como aconteceu a transição da religião da Deusa para o direito divino de hereditariedade, trazido por uma deidade masculina – ou seja, a hereditariedade como ainda é vista nos dias atuais.

CAPÍTULO 6

*Se o rei
não chorou*

Em muitas cidades e assentamentos no Neolítico e nos primeiros períodos históricos, uma pessoa podia ocupar o trono por direito divino, tal como as monarquias remanescentes mantêm até hoje. A principal diferença era que o direito divino originalmente não devia ser ditado por um deus masculino, mas por uma Deusa. Evidências documentais e mitológicas sugerem que esse direito, em vez de ser concedido a um homem, era concedido a uma mulher, a alta sacerdotisa da Deusa, que pode ter conquistado tal posição pelo costume da descendência matrilinear. Nessa função, a mulher pode ser vista também como rainha ou governante tribal. Certamente esse era o caso em Khyrim, onde, segundo Frazer, a alta sacerdotisa se tornava automaticamente chefe de Estado.

A justaposição dessas duas funções, de alta sacerdotisa e rainha, é repetidamente atestada nos primeiros tempos históricos, em placas e textos do Oriente Próximo. Muitos escritores, talvez usando como padrão nossa própria sociedade de orientação masculina, revertem causa e efeito, sugerindo que quando uma mulher se tornava rainha, também ganhava o título de alta sacerdotisa, uma posição supostamente resultante de seu casamento com o rei. Mas, como explicarei, as evidências sugerem que era o contrário – a mais alta e mais sagrada atendente da deidade feminina nos tempos mais antigos era provavelmente a origem do conceito de realeza.

Como já mencionei, os templos da Deusa nos períodos Neolítico e Calcolítico parecem ter sido o cerne da comunidade, prováveis possuidores da terra, dos rebanhos e de muitos bens materiais. Essa era a situação nos primeiros tempos históricos em E Anna, a Casa do Céu, o templo da Deusa Inanna em Uruque.

A. Moortgat escreve: "Em torno de 3000 a.C. em Uruque, o lugar sagrado de Inanna, a Senhora do Céu suméria, foi erguido um complexo de construções que até hoje seriam vistas como algumas das obras mais esplêndidas de arquitetura, se estivessem em melhor estado de conservação."

O professor Albright prossegue, dizendo que "as descobertas em Uruque, na Babilônia, provam que o complexo de templos em Eanna já era, antes de 3000 a.C., o centro de uma elaborada organização econômica". Segundo Sydney Smith, professor de Arqueologia do Oriente Próximo na Suméria, "o templo dirigia todas as atividades essenciais, não só questões que poderiam ser consideradas religiosas, mas também as atividades urbanas de artesãos, mercadores, e o emprego rural de fazendeiros, pastores, granjeiros, pescadores e plantadores de frutas".

No Neolítico e nos primeiros tempos históricos, a *Entu*, nome da alta sacerdotisa na Suméria, a *Tawawannas*, nome da alta sacerdotisa na Anatólia e suas contrapartes em outras áreas, provavelmente eram as líderes titulares daquelas comunidades dos templos. O ofício sacerdotal de "Divina Senhora", um dos dons que Enki lamentava ter sido levado por Inanna de Eridu para Uruque, pode se referir justamente a essa posição.

Mas líder titular não significa monarquia. De fato, vários documentos e mitos sugerem que, no Neolítico e nas primeiras comunidades históricas, a adoração à Deusa era governada por assembleias, provavelmente compostas por anciãos da comunidade. Uma placa da Mesopotâmia diz: "Guiados por Inanna em Agade, suas mulheres velhas e seus homens velhos deram sábios conselhos." Um "presbitério" de anciãos foi outro dom de civilização que Inanna deu a Uruque. Gurney escreve que, antes da chegada dos hititas, os hatianos eram "originalmente mal organizados em várias cidadezinhas independentes, cada uma governada por um grupo de anciãos". Mesmo nos tempos dos hititas, textos falam de um grupo conhecido como as Mulheres Anciãs, que tinha posições proféticas e de aconselhamento, e era também associado à cura mental e física.

O professor Thorkild Jacobsen, da Universidade de Chicago, influenciou muitos arqueólogos e historiadores nesse sentido. Sua teoria, baseada no fato de que os primeiros mitos sumérios incluíam deidades tanto femininas quanto masculinas nas decisões de assembleias do céu, sugere que essa participação de mulheres na liderança era muito provavelmente um reflexo das sociedades que escreviam as lendas, com mulheres e homens participando do governo da comunidade. Podemos até ver o conceito de monoteísmo, frequentemente apresentado como um tipo mais civilizado ou sofisticado de religião, como reflexo da ideologia política que concentra todo o poder em uma única pessoa dominante, enquanto o politeísmo, em especial quando representado pela imagem de assembleias divinas, talvez simbolizasse uma atitude mais comunitária nas sociedades que desenvolveram e seguiram esse pensamento teológico.

Não há evidência definitiva da relação entre a função das altas sacerdotisas e esses grupos de anciãos, embora "sob a orientação de Inanna" possa se referir ao papel desempenhado pela alta sacerdotisa Dela. A julgar pelos relatos mitológicos da Deusa (as altas sacerdotisas sendo encarnações Dela na terra), a imagem que se apresenta não é de uma mulher celibatária, nem de uma que tem um marido permanente, como as rainhas dos períodos históricos, mas de uma mulher que escolhia amantes ou consortes anuais, mantendo para si mesma a posição permanente no nível mais alto.

O simbolismo dos consortes anuais, jovens, o filho/amante moribundo da Deusa, é recorrente nas lendas de Sua religião, registrando provavelmente o Neolítico e os primeiros períodos históricos. É encontrado nas mais antigas lendas, tanto na Suméria quanto no Egito, e sobrevive em todos os períodos históricos no Oriente Próximo até os primeiros séculos do cristianismo, no qual pode ter permanecido como o luto anual pela morte de Jesus.

Sir James Frazer, autor de *O Ramo de Ouro*, explorou esse tema em maior extensão e profundidade do que qualquer outro estudioso de religião comparada. Apesar de algumas de suas conclusões e teorias terem sido questionadas por autores posteriores, o corpo principal do conteúdo dos doze grandes volumes ainda hoje guarda muitas informações valiosas – e talvez mais pertinentes – e levanta pontos interessantes. O tema da morte anual do filho/amante da Deusa nos interessa aqui porque parece ser fruto direto dos rituais e costumes originais da antiga religião feminina. Simboliza uma das mais arcaicas práticas registradas – o ritual do sacrifício anual do "rei" consorte da alta sacerdotisa.

Diversos relatos de tribos na África descrevem rainhas que permaneceram solteiras, mas tinham amantes de posição inferior. Registros da Nigéria relatam que um homem era consorte da rainha até ela ficar grávida, quando então ele era estrangulado por um grupo de mulheres, pois tinha cumprido sua função na Terra.

Numerosos relatos, lendas e fragmentos de textos e orações sugerem que havia práticas similares na maioria das culturas de adoração à Deusa em todo o Oriente Próximo, com ligeiras adaptações, dependendo do lugar e das transições graduais que se sucediam no correr dos anos. Não há motivo para fazer qualquer generalização sobre o que era feito ou por quê, dado que a informação em cada cultura específica não apoia uma afirmação global. Contudo, em todo lugar, algumas peças de evidência sugerem que no Neolítico, e talvez mesmo nos primeiros períodos históricos, o consorte da alta sacerdotisa tinha morte violenta e ela permanecia, em luto.

O material dispõe de três linhas de evidências. A primeira inclui os relatos das cerimônias em si, descrevendo o casamento do consorte com a sacerdotisa, dando a ele uma posição mais tarde definida como reinado. A segunda contém os documentos dos rituais, que nos tempos históricos vieram a ser usados como alternativas ao sacrifício original: substitutos humanos, agressão, efígies e sacrifício de animais. A terceira traz as descrições mais detalhadas, fornecidas por lendas que provavelmente acompanhavam os rituais substitutivos. Estes, no momento do ritual propriamente dito, oferecem a explicação teológica da ação simbólica realizada.

O material também sugere que a alta sacerdotisa, como encarnação da Deusa, escolhia um amante muito mais jovem do que ela, dado que é frequentemente citado como filho Dela. Vários relatos falam da união sexual entre eles, muitas vezes chamada de *hieros gamos*, o casamento sagrado. Esse casamento sagrado, ou união sexual, é atestado nos períodos históricos da Suméria, do Egito, da Babilônia, e até na Grécia clássica. Depois da cerimônia sexual, o jovem assumia o papel de consorte da sacerdotisa. Ele era o "rei".

"A dedução que parece indiscutível", escreve o professor S. Smith, "é que o rito do casamento sagrado remonta à antiguidade, e por esta razão foi incluído em cultos de deuses bem distintos. (...) Sua natureza anual parece estar ligada à renomeação anual do rei". Ao descrever o status do homem que se relacionava com a alta sacerdotisa no Egeu, Butterworth diz: "O acesso ao divino era através da rainha."

A união sexual sagrada com a alta sacerdotisa dava ao consorte uma posição privilegiada. Segundo o professor Saggs, no tempo histórico da Suméria e da Babilônia, após o casamento sagrado, a Deusa "fixava o destino" do rei para o ano seguinte. Mas em dias mais arcaicos essa posição de reinado estava longe de ser permanente. O escolhido tinha seus direitos reais durante um tempo específico. Ao fim desse período (talvez um ano a partir da cerimônia anual, mas outros registros parecem sugerir um período mais longo em certos lugares), o jovem era sacrificado em um ritual.

Em 1914, Stephen Langdon escreveu: "As figuras divinas de Tamuz, Adônis e Osíris representam um princípio teológico, a encarnação de ideias religiosas que já foram ilustradas de uma forma mais tangível. Não o filho divino que pereceu nas ondas, mas um rei humano que foi assassinado."

Em 1952, Charles Seltman, da Universidade de Cambridge, descreveu a situação:

> A Grande Deusa sempre foi suprema e os muitos nomes pelos quais era chamada não eram senão uma variedade de títulos dados a ela em diferentes lugares. Ela não tinha um "marido" constante, mas seu companheiro, seu jovem amante, morria ou era morto a cada outono e era glorificado em ressurreição a cada primavera, voltando para a deusa, mesmo que a cada ano um novo galã fosse favorecido para ser companheiro de uma rainha terrena.

Em 1957, Robert Graves escreveu sobre o ritual regicida como se apresentava na Grécia pré-indo-europeia, explicando: "A Ninfa Tribal, ao que parece, escolhia um amante anual dentre sua corte de jovens, um rei para ser sacrificado quando acabava o ano (...) o rei sagrado continuava a manter sua posição somente por direito de casamento com a Ninfa Tribal." Na introdução a *Os mitos gregos*, ele explica suas teorias de como o reinado no Egeu se tornou uma instituição permanente, com a extensão gradual do "ano" para um "ano mais longo" introduzida pelos invasores indo-europeus aqueus do século XIII a.C., e mais tarde o reinado permanente foi instituído pelos indo-europeus dórios por volta de 1100 a.C.

Tanto Frazer quanto James indicam os grupos shilluk do Alto Nilo como uma analogia possível. O professor James escreveu em 1937: "Até recentemente, era costume nessa tribo condenar o rei à morte se ele desse mostras de enfraquecimento da saúde ou da virilidade. Portanto, tão logo ele se tornava incapaz de satisfazer as paixões sexuais de suas esposas, era dever delas comunicar o fato aos anciãos, que tomavam providências imediatas para seu falecimento e a escolha de um sucessor vigoroso para reinar em seu lugar."

Frazer cita Canaã, Chipre e Cartago como lugares onde nos primeiros tempos históricos havia as mais certas evidências do assassinato do rei. Frazer, Langdon, James, Seltman, Graves e muitos outros concordam que a lenda era de fato performada e que o homem assassinado era o rei temporário da cidade, o jovem que desempenhava a função de filho/amante na união sexual sagrada.

Muitos autores que discutem o sacrifício do "rei" o descrevem primariamente como um rito de fertilidade, sugerindo que seus despojos podem até ter sido espalhados pelos campos recém-semeados. Embora talvez tenha se tornado um costume em períodos posteriores, uma das mais antigas lendas registradas (da Deusa suméria Inanna, pouco depois de 2000 a.C.), provavelmente um registro escrito de mitos e ideias religiosas ainda mais antigas, apresentava um motivo diferente. Nessa lenda, o sacrifício do consorte ocorria quando ele não queria mais ceder aos desejos, ordens e poder da Deusa. O relato mais antigo talvez revele as primeiras origens e razões da morte do consorte masculino. Ideias posteriores, de fertilidade e expiação de pecados, podem ter adornado o costume para garantir ou explicar sua continuação.

A explicação em geral aceita do sacrifício do rei como rito de fertilidade talvez tenha resultado do fato de que todas as lendas disponíveis até recentemente falavam apenas da tristeza da Deusa pela morte do filho/amante. Somente depois que descobriram e decifraram os últimos fragmentos da lenda suméria, com a informação adicional de que Inanna se entristeceu com a morte, mas que o ato foi consequência do ódio Dela pela arrogância do jovem, é que estamos em posição de questionar o verdadeiro significado e as razões desse antigo ritual e rever as explicações até então aceitas.

Pode ser útil examinar os numerosos relatos do casamento sagrado, ou do filho/amante como rei e a posição da alta sacerdotisa em várias culturas do Oriente Próximo. Para uma maior compreensão do costume tal como deve ter sido originalmente, será interessante conhecer suas várias adaptações nos períodos históricos, posteriores às invasões indo-europeias.

Suméria – "os amados maridos de Inanna"

Nos relatos sumérios de Inanna e Damuzi (definido como o verdadeiro filho), vemos que após ele "se provar" na cama Dela, Ela arrumou o futuro dele, tornando-o "pastor da terra". Apesar de parecer simbolicamente um posto muito importante, devemos lembrar que havia enormes rebanhos pertencentes e mantidos pelo pessoal dos templos, e o título poderia ser originalmente uma descrição de sua verdadeira função. O filho/amante aparece como pastor em diversas versões dessa história, em diversas regiões e épocas, e mais uma vez sugere a relação do filho/amante original com a posterior adoração a Jesus.

Mas, fosse qual fosse a verdadeira natureza da posição, a lenda suméria conta que, quando Inanna estava procurando uma substituição para Si Mesma na Terra dos Mortos, Ela ignorou Seu próprio servo porque ele havia sido muito leal e A servira bem. Ignorou um deus menor porque ele tinha se curvado a Ela como Ela lhe pedira, mas acabou escolhendo Seu próprio filho, Seu amante, Damuzi, que havia ousado subir no trono Dela durante Sua ausência e se comportado de modo muito arrogante no retorno Dela. A morte do mais antigo sumério, Damuzi, não foi por acidente. Ele morreu por ordem de Inanna.

Documentos sumérios revelam que a origem do reinado na Suméria começou com a posição de *En*, definido como sacerdote e consorte da Deusa. O *En*-reinado, foi mais tarde substituído pelo *Ensi*-reinado, que parece ter concedido mais e maiores poderes seculares. O lugar do *Ensi* foi então suplantado pelo título e a posição conhecidos como *Lugal*, que significa literalmente "homem importante", mas é comumente traduzido por rei. Outra palavra muito antiga, *Mukarrib*, é também muito traduzida por rei, embora signifique literalmente "o que traz oferendas". Saggs explica que o Ensi era originalmente eleito, provavelmente em tempos de guerra, mas chegando ao fim do terceiro milênio essa posição se tornou hereditária. O professor Sidney Smith comenta que documentos descrevendo o extenso uso de profecia e adivinhação oracular revelam que, mesmo após a função do rei se tornar mais permanente, "nenhum rei agia de acordo apenas com seu próprio julgamento".

A posição do rei como líder parece ter sido instituída em um período relembrado na ocasião em que aparecem os registros escritos. A lenda de Etana, do começo do segundo milênio, diz que "Na época, não se usava nenhuma tiara (...) no começo não havia direção real do povo da Deusa, o reinado então vinha do céu". Mas esse reinado, como sugeriam os relatos

QUANDO DEUS ERA MULHER

da chegada dos povos Ubaid e Shemsu-Hor da Suméria e do Egito, vinha mais provavelmente por barcos do que por naves espaciais.

O professor S. N. Kramer, eminente sumeriólogo, nos diz que nos períodos históricos da Suméria

> O rito mais significativo do Ano-Novo era o *hieros gamos*, o casamento do rei, que representava o deus Damuzi, e uma das sacerdotisas, que representava a deusa Inanna (...) surgiu a ideia de que o rei da Suméria, não importava quem fosse ou de qual cidade viesse, deveria se tornar marido da deusa provedora da vida e do amor, isto é, Inanna de Uruque (...) os reis da Suméria são conhecidos como os "maridos amados" de Inanna em todos os documentos sumérios, desde o tempo de Enmerkar (cerca de 2600 a.C.) até os dias pós-sumérios, pois parecem ter sido misticamente identificados com Damuzi.

O professor Kramer descreve o papel de uma sacerdotisa de Inanna como a "parceira dominante", explicando que Ela faz dele o rei, e não o contrário; Ela traz o amante para a casa Dela; e cabe a Ela como Rainha do Céu permitir que ele goze de longos dias em Seu colo sagrado. O professor Henri Frankfort diz também que, no "casamento sagrado, a dependência que o deus tem da deusa é fortemente enfatizada. Textos de Isin não deixam dúvidas de que a iniciativa é atribuída a ela". Todos os reis de Isin, uma cidade da Suméria que floresceu entre 2000 e 1800 a.C., falavam de si como "o amado consorte de Nana".

Placas do reino de Shu Sin, por volta de 1980 a.C., também sugerem um papel mais ativo de Inanna no casamento sagrado. Um trecho delas diz: "Noivo, deixa-me te acariciar. Minha carícia preciosa é mais saborosa que o mel; na alcova, deixa-*nos* gozar da *tua* beleza divina." (Grifos meus.)

Enmerkar (um En em Uruque) combateu o rei de Arata e venceu. Então o rei de Arata lhe disse: "Você é o amado de Inanna, só você é exaltado. Inanna verdadeiramente escolheu você para seu colo sagrado." Outra placa diz: "Para Eannatum, o ensi de Lagash [cerca de 2200 a.C.], Inanna, porque o amava, lhe deu o reinado de Quis, além do reinado Ensi de Lagash."

Textos de Shulgi, um rei da terceira dinastia de Ur (cerca de 2040 a.C.), diz: "Deusa, farei para você os ritos que constituem a minha realeza. Realizarei para você o modelo divino." Nas mesmas placas, que parecem ser diálogos escritos para os papéis performados no *hieros gamos*, o drama cerimonial sagrado, a alta sacerdotisa de Inanna fala sobre Shulgi: "Quando ele tiver feito amor comigo na cama, eu também mostrarei meu amor pelo senhor, farei para ele um bom destino, farei dele o pastor da terra."

Dois outros nomes da Deusa na Suméria, cada um (em lugares diferentes) descrevendo a Deusa como mãe de Inanna, também são mencionados em conexão com esse costume. Uma inscrição fala da Deusa Ninmah (Senhora Mãe) "elevando" Rim Sin ao reinado por volta de 1800 a.C. em Larsa. Os relatos de quatro reis da Suméria registram que a Deusa conhecida como Ninlil trouxe um novo jovem rei ao pavilhão Dela a cada vez – talvez querendo dizer que acontecia uma união sexual sagrada entre o rei em potencial e a alta sacerdotisa da Deusa. O professor Sidney Smith escreve: "Os registros dos festivais de Ninlil mostram que, sempre que um rei da Suméria e de Akkad era levado ao pavilhão, estava marcada a instauração de novas dinastias."

No começo do reinado de Lipit-Ishtar, por volta de 1930 a.C., a "irmã" dele era alta sacerdotisa em Ur. Mas, quando outro grupo de pessoas conquistou a cidade, o nome dela passou a ser associado ao rei deles. Fica evidente que nessa época, e até mesmo desde o tempo de Enmerkar, os costumes antigos serviam para justificar os resultados das batalhas e conquistas militares. Aos olhos do povo, o casamento da alta sacerdotisa era usado para que se adquirisse legitimidade para ocupar o trono. Sidney Smith escreve sobre "a excepcional posição política das sacerdotisas". Ele descreve a situação de Lipit-Ishtar e a mulher conhecida como sua irmã, dizendo que "todo o incidente ilustra a significação política desses compromissos. (...) O compromisso esporádico de princesas em Ur, quando essa cidade foi compelida a reconhecer as normas de homens de origem não sulista, foi obviamente devido a motivos políticos".

Como expliquei no capítulo anterior, à medida que os seguidores de Enki e Enlil se tornavam mais poderosos, a alta sacerdotisa representante da Deusa perdia muitas de suas prerrogativas anteriores, mas provavelmente a deixavam com o papel de outorgante do título de rei, pois o costume matrilinear ainda era honrado. A verdadeira posição da alta sacerdotisa nesse período está aberta a questionamentos. A partir dos registros, sabemos que muitas eram filhas, irmãs ou mães dos reis que estavam no poder. Os registros do tempo de Hamurabi mostram que sua irmã era uma sacerdotisa *naditu*, sugerindo que a alta sacerdotisa devia estar ligada a esse grupo que parece ter gerenciado os negócios dos templos e da terra da comunidade.

Babilônia – "aquela que segura as rédeas dos reis"

Na Babilônia do século XVIII até o VI a.C., que suplantou a Suméria como o maior poder na Mesopotâmia, a Deusa era conhecida como Ishtar. Ela era a versão acadiana de Inanna, e reverenciada como Ishtar até no templo de Uruque. Seu filho/amante morto, chamado de Damuzi na Suméria, era chamado de Tamuz. O professor James comenta o relacionamento de Ishtar e Tamuz, dizendo: "Nessa aliança ela era a parceira dominante, como foi demonstrado, pois quando ele foi trazido para uma conexão íntima com Ishtar, no mito de Tamuz, ele era filho dela bem como seu marido e irmão, e sempre subordinado a ela como o Deus-jovem."

Os atributos e as lendas de Inanna e Ishtar são tão semelhantes que muitos autores falam da Deusa como Inanna/Ishtar. Mas há certas variações nas lendas, transições que talvez reflitam a mudança de atitudes no correr dos séculos em resultado das invasões dos indo-europeus, mais contínuas e bem-sucedidas. Na literatura babilônica, dificilmente lemos que Ishtar causou a morte de Tamuz, que é relatada numa variedade de acidentes. As lendas em geral contam que Tamuz morreu e Ishtar ficou de luto.

Mas, no épico babilônico de Gilgamés, baseado numa saga suméria conhecida apenas por breves fragmentos, o nome de Tamuz estava incluído numa longa lista de amantes a quem Ishtar infligira graves ferimentos. Gilgamés, historicamente listado como um antigo En de Uruque, recusou de forma enfática a honra de se tornar marido de Ishtar e por isso passou a fazer parte da lista. A história provavelmente representa uma das primeiras recusas de um consorte/rei a seguir o antigo costume, e a tentativa de instituir um reinado mais permanente e poderoso. Na mesma lenda, a busca dele por imortalidade pode também revelar essa mensagem implícita.

SE O REI NÃO CHOROU

A história de Gilgamés acontece na Suméria. Mais uma vez, porém, podemos suspeitar da influência ou presença da patrilinearidade dos nortistas, talvez vinda de Arata. O nome Gilgamés pode ser associado à cidade hurrita posterior de Carchemish, cujo nome antigo era Kar Gamish. A história de Gilgamés é encontrada não somente na literatura suméria e babilônica, mas também em textos hurritas e hititas.

Gilgamés está listado como um En de Uruque – portanto, com a função de "rei" enquanto consorte da alta sacerdotisa. Seu pai é classificado como Lugal Banda que, embora anteriormente fosse um En de Uruque, é também descrito como pastor e nômade. Logo no começo da história, vemos que Gilgamés está oprimindo Uruque, "tirando o filho do pai, tirando a donzela do amante". Em seguida, ele vai a um festival onde irá "fertilizar a mulher de destino", sugerindo seu papel no casamento sagrado. Outra figura aparece nesse momento. É conhecida como Enkidu, um homem selvagem da floresta. Enkidu recebe roupas extravagantes, bebidas e comidas esplêndidas e a companhia de uma *qadishtu*, uma mulher sagrada do templo, com quem ele tem seus primeiros encontros sexuais.

Pouco depois, Ishtar propõe casamento a Gilgamés, dizendo-lhe que há tempos o olhar Dela anseia pela beleza dele. Mas Gilgamés, agindo em desacordo com o que se esperava dele, rejeita a proposta da Deusa. Ao recusar, ele cita todos os amantes Dela que tiveram um fim trágico, terminando com "Você me amaria também, e depois faria meu destino igual ao deles". Dentre esses amantes anteriores, Tamuz é citado sendo um deles nos dias de juventude de Ishtar. O nome de Damuzi aparece duas vezes na lista de reis sumérios, uma vez diretamente entre Lugal Banda e Gilgamés, e outra vez num período ainda anterior, poucos nomes depois de Alalu, primeiro rei da Suméria em Eridu. O segundo Damuzi, e o próprio Gilgamés, parecem ser de cerca de 2500 a.C.

Depois da rejeição do casamento, segue-se uma luta entre Ishtar, Enkidu e Gilgamés, em que os dois homens insultam a Deusa, matam o touro celestial Dela e atiram o osso da coxa do touro, ou os genitais (depende da tradução), no rosto da Deusa, e Gilgamés clama: "Se su pudesse faria a mesma coisa com você." Em consequência desse incidente, Enkidu, que provavelmente simboliza um sacrifício substitutivo, é condenado à morte. Gilgamés é poupado e a essa altura sai em busca da imortalidade, o que leva ao relato sumério do dilúvio e seus sobreviventes.

157

Afora as possíveis conexões do nome Gilgamés com a posterior cidade hurrita de Kar Gamish, os indícios, logo no começo, de que Gilgamés está oprimindo Uruque, o enredo geral da história e a existência de versões hurritas e hititas do mesmo épico, vários outros fatores sugerem que tal relato mais uma vez pode refletir atitudes dos povos do norte. Podemos aqui estar testemunhando um confronto entre as duas culturas. Na lista de reis sumérios, Enmerkar precede diretamente Lugal Banda, o pai de Gilgamés. Diversas placas cuneiformes revelam que tanto Enmerkar como Lugal Banda estiveram em estreito contato com a terra de Arata (possivelmente Urartu). Um mito fala de Lugal Banda acompanhando Enmerkar a essa área, em um viagem interrompida por um evento muito místico em um lugar chamado monte Hurum. Enmerkar tinha também fortes conexões com o templo de Enki em Eridu, e exigia que o povo de Arata enviasse tributos para lá. Ao que parece, o rei que precedeu Enmerkar fundou a Primeira Dinastia de Uruque. As listas de reis dizem que ele "adentrou os mares e subiu nas montanhas", talvez se referindo a suas viagens antes de chegar a Uruque, possivelmente desde as terras montanhosas de Arata. O relato da rebelião contra Ishtar (provavelmente representada pela alta sacerdotisa) pode ter de fato ocorrido na época da instituição do reinado em Uruque, e mais tarde a história se acrescentou aos relatos babilônicos de Gilgamés, que parece ter se tornado uma espécie de herói lendário em muitos outros contos, em consequência de suas incursões militares.

Tenha ou não acontecido, esse relato pode simbolizar um incidente muito parecido com a narrativa de Diodoro Sículo sobre os núbios e o Alto Nilo. Ele escreveu que um rei, rebelando-se para não ser sacrificado, assassinou todo o clero que presidia ali, e se autoproclamou rei permanente.

Nos tempos babilônicos, o rei já não era mais condenado à morte. No entanto, Ishtar ainda era descrita como aquela que escolhia o rei, "Ela que o investiu de prestígio". Uma inscrição a intitula "Conselheira de Todos os Dirigentes, Aquela Que Segura as Rédeas dos Reis". Em outra, ela é conhecida como "Aquela que dá o cetro, o trono, o ano de reinado a todos os reis". Sargão da Acádia, um dos primeiros reis da Mesopotâmia Central (cerca de 2300 a.C.), escreveu que sua mãe era uma alta sacerdotisa, e seu pai, desconhecido. Mais tarde, diz ele, Ishtar veio a amá-lo "e então durante anos eu exerci o reinado".

Em *The Childhood of Man*, L. Frobenius, discutindo o ritual do sacrifício do rei, explica: "Já na antiga Babilônia ele havia enfraquecido, dado que no Festival do Ano-Novo, no templo, o rei era somente despido, humilhado e espancado, enquanto no mercado um substituto, instalado cerimonialmente com todas as glórias, era enviado à morte por enforcamento."

Vários relatos das cerimônias que aconteciam nos períodos babilônicos falam do rei indo ao templo para ser golpeado no rosto, e suas roupas e insígnias reais eram tiradas temporariamente. Outros textos dizem que seus cabelos eram raspados, seu cinturão retirado, e nesse estado ele era jogado no rio. Quando emergia, era obrigado a andar vestido em trapos por muitos dias, como símbolo de luto. Saggs observa: "Há alguma evidência, mesmo do primeiro milênio, de que o rei, em sua morte, pode ter sido assimilado ao (supostamente) morto deus Tamuz."

Esses eram lembretes simbólicos dos dias em que o consorte/rei teria encontrado a morte. Mas assim como Gilgamés continuou a viver e Enkidu morreu, o substituto perdia a vida porque o reinado se tornara uma instituição permanente e hereditária na Suméria e na Babilônia. Há indícios de expiação de pecados e redenção nesses rituais – o rei é punido. Mas por quê? Parece que afinal o castigo vinha por causa dos pecados do povo, mas isso não se originava das antigas punições por recusa a ceder à sacerdotisa/rainha? O fato de que as lágrimas que viessem aos olhos dele durante a surra seriam sinal de boa sorte talvez revele essas origens. Segundo placas babilônicas, "Se o rei não chorar quando golpeado, é mau augúrio para o ano".

Egito – Ísis chora a morte de Osíris

Saggs, escrevendo sobre o ritual regicida, afirma: "Essa última prática certamente ocorreu no Egito em tempos pré-históricos, enquanto algumas autoridades dizem que sobreviveu em tempos históricos." Nos primeiros registros do Egito, pouco depois de 3000 a.C., homens eram sacrificados "na tumba de Osíris", irmão/marido da Deusa Ísis. Os registros nos dizem que os sacrificados tinham cabelos ruivos, talvez, como já mencionei, um resultado da invasão dos Shemsu-Hor.

Na teogonia egípcia, Hórus era filho de Ísis. Quando morreu, tornou-se *Osíris*. Embora a morte de Osíris seja comemorada, na verdade foi Hórus, o filho, quem morreu. Com a morte de Osíris, o novo Hórus foi então instalado no trono. Assim, nos mitos cumulativos do Egito, em que cada nova ideia parece ter sido acrescentada, e pouco ou nada de qualquer coisa retirada, tanto Osíris como Hórus travam uma batalha contra Set, mas é Osíris quem é morto por ele. As histórias da morte de Osíris não apenas eram lembradas e reencenadas cerimonialmente no Egito, como também muito conectadas com Canaã, principalmente no antiquíssimo porto de Biblos. Um pouco ao norte de Beirute, no Líbano, a cidade de Biblos era uma colônia egípcia e porto marítimo comercial, tão antiga quanto a Segunda Dinastia do Egito, que ocorreu por volta de 2850-2600 a.C. Mas até cerca de 150 d.C. Luciano fala da morte do amante da Deusa, então conhecido como Adônis, ocorrido em Afaca, perto de Biblos. Luciano revela que os ritos secretos de Adônis são na verdade ritos de Osíris. Alguns relatos dizem que o corpo de Adônis foi enterrado em Afaca, a poucos quilômetros de Biblos, enquanto os mitos egípcios nos dizem que Ísis trouxe o corpo de volta para ser enterrado no Egito, descrevendo em detalhes todos os vários problemas que Ela encontrou nessa jornada.

Creta – "o deus (que geralmente morre logo após o casamento)"

Hawkes, descrevendo a Deusa e o jovem que morre na ilha de Creta, onde a adoração à deidade feminina floresceu desde antes de 3000 a.C. até a chegada dos indo-europeus dórios, por volta de 1100 a.C., afirma: "Ela é acompanhada por uma deidade masculina jovem, um Espírito do Ano, que é seu consorte e filho, que morre e nasce de novo – a visão cretense de Adônis. Na Creta Minoica, esse jovem deus sempre foi súdito da deusa – era o instrumento da fertilidade dela e é representado em atitudes humildes e de adoração."

O arqueólogo Stylianos Alexiou sugere que em Creta "o casamento sagrado, a união da deusa e do deus (que geralmente morre logo após o casamento) simboliza a fertilidade da terra".

Mesmo nos tempos clássicos, o indo-europeu Zeus era adorado pelo povo de Creta como infante e reverenciado primariamente como filho de sua mãe, Reia. A teogonia grega nos diz que a Deusa Reia escondeu o bebê Zeus do pai em uma caverna em Creta. Uma lenda diz que Ela foi "atacada "sexualmente" por Seu filho Zeus, possivelmente uma reminiscência de um relato anterior sobre a união sexual sagrada que houve entre eles. Em Creta, Zeus era visto como o filho morto, conceito do qual muitos indo-europeus gregos do continente se ressentiam, pois insistiam que este era imortal.

Norte de Canaã – "amante do reinado"

Nos textos de Ugarit do século XIV a.C., muitos relatos parecem resultar da assimilação da religião da Deusa com os novos conceitos indo-europeus, possivelmente derivados de um número maior de hurritas vivendo por lá naquela época. Os textos contam a história da morte de Baal, Senhor do monte Hérmon. Relatam que sua morte foi consequência de uma batalha com Mot, um nome quase desconhecido, mas lendas revelam que Mot era um inimigo muito temido por Baal. Depois da morte deste, a Deusa Anate carregou o corpo dele em Seus ombros para encontrar um lugar onde enterrá-lo. Tão logo conseguiu, Ela vingou a morte de Baal matando Mot, em um evento descrito em detalhes horripilantes. Mas a vingança mortal parece ter sido a razão pela qual Baal teve permissão para retornar ao mundo dos vivos. Segundo a lenda, ele acompanhou Anate a um campo e se prostrou diante Dela em gratidão, "admirando Seus cornos de força". Assim, ela tomou a forma de uma vaca sagrada e ele de um touro, e se juntaram numa união sexual sagrada. Mesmo nesse período, Anate ainda era conhecida como a "Senhora dos Céus, Senhora do Reinado".

Anatólia – "aquela que controla o reinado"

Nos textos hititas da Anatólia, não há registros indicando que o rei fosse condenado à morte, possivelmente porque o mais antigo material escrito encontrado até o momento pode ter sido produzido pelos próprios hititas indo-europeus. No entanto, a Deusa do Sol de Arina, a deidade hatita que parece ter sido adotada pelos invasores hititas, ainda estava presente nas orações como "Aquela que controla o reinado no céu e na terra". Textos hititas descrevem um ritual conduzido pela rainha diante de oito estátuas da Deusa do Sol, cada uma com o nome da alta sacerdotisa-rainha anterior.

Gurney escreve que "a grande deidade nacional dos hititas era a rainha-sol de Arina, 'que governa o reinado do rei e da rainha', e, portanto, não é surpresa ver que seus 'constantes festivais' estavam entre os que contavam com a presença essencial do rei". Embora a evidência seja escassa, parece ser um forte indício da mesma relação entre a sacerdotisa da Deusa e o rei dos dias pré-hititas. Possivelmente adotados pelo costume hitita para garantir a legitimidade real, os primeiros líderes indo-europeus podem ter participado do casamento sagrado com as sacerdotisas hatitas.

Após cerca de 1000 a.C., histórias da Deusa então conhecida como Cibele e o jovem conhecido como o pastor Átis predominam na Anatólia, em lendas provavelmente sobreviventes da antiga religião dos povos da Deusa. Diversas versões da morte de Átis, às vezes associadas à castração, recontam a história do filho/amante morto. Um fator interessante nos relatos sobre Cibele e Átis é que essa versão da religião da Deusa acabou sendo trazida da Anatólia para Roma. Foi celebrada em grandes procissões e festivais até 268 d.C. e adotada por imperadores como Cláudio e Augusto. Podemos apenas imaginar que influência isso teve sobre a religião cristã, que se desenvolvia na época. Relatos romanos dos rituais de Cibele dizem que seu filho, a essa época uma efígie, primeiro foi atado a uma árvore e depois enterrado. Dizem que passados três dias uma luz apareceu na tumba onde Átis jazia e de lá ele ressurgiu dos mortos, trazendo a salvação com seu renascimento. Cibele sempre foi muito identificada com a Deusa Reia, mãe de Zeus, e é bem possível que, na Roma pré-cristã, a mãe do deus morto fosse conhecida como Ma Rhea.

Chipre e Grécia – os ritos para o pastor morto

Na ilha de Chipre, a morte de Adônis era relembrada na adoração de Afrodite. Contos gregos narram que a Deusa havia tomado um jovem pastor como amante, e tinha se apaixonado por esse jovem desde a primeira vez em que o viu, quando ainda era menino. Segundo a lenda, depois de morar com ele durante um ano nas florestas das colinas de Chipre, Ela foi a Corinto, um dos maiores centros de adoração a Afrodite na Grécia clássica. Na ausência Dela, Adônis foi morto por um javali, e a descrição dessa morte também aparece em algumas lendas de Osíris e Átis. Na vigência da adoração a Afrodite, que na ilha de Chipre era fortemente associada à canaanita Astarte, os ritos da morte do jovem Adônis sobreviveram na Grécia clássica, apesar da desaprovação dos governantes indo-europeus.

Israel – um deus morto chamado Tamuz

Nos relatos bíblicos os rituais da morte do filho/amante foram citados de novo, dessa vez acontecendo entre as mulheres hebreias que rezavam no templo de Jerusalém por volta de 620 a.C. O Livro de Ezequiel diz que "Então ele me levou para a entrada norte da casa do Senhor. Lá eu vi as mulheres sentadas, chorando por Tamuz" (Ezequiel 8:14). Elas estavam no muro do templo ainda cumprindo cerimônias fúnebres, chorando por Tamuz.

Em 1933, o professor T. H. Robinson escreveu sobre a morte cerimonial de Tamuz ocorrida em Israel, declarando: "Esse assunto tem sido estudado atentamente em anos recentes, e é geralmente (embora não universalmente) aceito que um ritual envolvendo um deus morto, um casamento divino e uma procissão cerimonial acontecia em Israel."

Em 1958, o professor Widengren afirmou: "Estamos, portanto, habilitados a declarar que havia em Israel um ritual funerário como o da Mesopotâmia depois da morte de Tamuz, e que esse festival de lamentação era celebrado em conexão com a Festa dos Tabernáculos, após as cerimônias de júbilo do casamento sagrado."

Deuses castrados e sacerdotes eunucos

É possível que, em certas regiões, um dos rituais que inicialmente substituíram a morte do rei temporário tenha sido o ato da castração, talvez a origem da fantasia freudiana sobre o medo da mesma. A amputação dos genitais masculinos apareceu em várias lendas que anunciavam a deposição do governante masculino. Esses relatos ocorrem nas mesmas regiões que também registram a morte do consorte masculino. Em algumas dessas lendas, como a de Osíris e Átis, castração e morte estão muito interligadas.

Na história de Kumarbi, que tomou a posição de poder do deus reinante, Anu, a mitologia hitita indo-europeia relata que Kumarbi, quando ascendeu ao nível superior, castrou Anu. A mitologia grega, provavelmente tomando emprestadas essas histórias antigas dos hititas, fala de Cronos castrando seu pai, Urano, e usurpando sua posição aconselhado por sua mãe, a Deusa Gaia. Cronos, temendo que seu filho pudesse lhe fazer o mesmo, desencadeou uma série de eventos mitológicos gregos em que Zeus acabou por derrubar o pai. Tanto as histórias gregas como as hititas são indo-europeias. A castração pode ter sido, portanto, a solução original indo-europeia para o ritual regicida.

O mito anatólio da Deusa Inara revela que, quando um homem dormia com a Deusa (presumivelmente a alta sacerdotisa), ele não deveria jamais dormir com outra mulher, por medo de transmitir a esta os poderes sagrados da Deusa. Uma lenda de Átis fala de sua castração voluntária por medo de ser infiel à Deusa. Se o consorte não tinha permissão para ter relações sexuais com qualquer outra pessoa depois de ter estado com a alta sacerdotisa, a castração podia ser a solução para ao menos se manter vivo.

Quando o corpo de Osíris foi cortado em catorze pedaços por Set, às vezes representado por um javali, ou porco selvagem, Ísis o reconstituiu, juntando pacientemente todas as partes mutiladas. Mas, segundo o mito egípcio, os genitais foram irremediavelmente perdidos, comidos pelos peixes do rio Nilo. A propósito, os genitais de Urano também foram "atirados nas águas". O anatólio Átis parece ter castrado a si mesmo num fervoroso arroubo de amor, religiosidade, medo da infidelidade, vergonha ou autopunição, dependendo da versão da história. Os leais servidores e atendentes nas lendas de Ishtar e Inanna eram descritos como eunucos.

O elemento da castração aparece em diversos relatos antigos da religião da Deusa. São feitas várias referências à presença de sacerdotes eunucos na antiga Suméria, Babilônia, Canaã e muito particularmente na Anatólia, onde textos clássicos registram que, na época, o número desses homens servindo à religião da Deusa chegava a cinco mil em algumas cidades. Os sacerdotes eunucos na Anatólia dos tempos clássicos se denominavam Átis.

Houve sugestões para explicar a decisão evidente desses homens de se castrarem, um costume que hoje podemos achar espantoso. Essas explicações encontram apoio no aparecimento em todo o Oriente Próximo de representações de sacerdotes em trajes femininos, que dizem ter sido usados pelos sacerdotes eunucos.

Stylianos Alexiou escreve: "Os sacerdotes e músicos usando longas vestes femininas pertencem a uma categoria especial. Essa prática levou a conjeturar que, talvez por influência síria, existiam companhias de sacerdotes eunucos nos palácios cretenses. Em um período posterior, os sacerdotes eunucos de Cibele e Átis, na Ásia Menor, formaram uma classe similar."

É bem possível que os homens, à medida que começaram a adquirir poder, tenham substituído as sacerdotisas mesmo ainda na religião da Deusa. Inicialmente, os homens podem ter obtido esse direito por identificação e imitação do estado de castração do filho/amante. Ou, na tentativa de imitar o clero feminino que originalmente detinha o poder, eles podem ter tentado se livrar da masculinidade, adotando o ritual da castração e o uso de trajes femininos.

Na Anatólia, e mesmo em Roma, logo depois de um jovem devotado à Deusa enfiar a faca sagrada no próprio corpo, ele saía pelas ruas segurando as partes seccionadas. Então, entrava correndo numa casa qualquer no caminho, e o costume determinava que os habitantes da casa lhe dessem roupas de mulher, que ele usava daí por diante.

G. R. Taylor, em seu resumo de *The Mothers*, de Briffault, comentou esse costume: "O primeiro passo na limitação do status das mulheres foi tirar delas o monopólio da função religiosa." Graves destacou que o rei era privilegiado para substituir a rainha, mas somente se usasse as roupas dela. Ele sugeriu que esse era o sistema na Lagash suméria.

Em algumas áreas da Anatólia nos tempos clássicos, os sacerdotes eunucos parecem ter conquistado todo o controle da religião da Deusa. Um grande grupo deles acompanhava a imagem e os ritos de Cibele quando foram trazidos para Roma. Podemos apenas especular sobre o efeito e a influência que isso pode ter tido na recém-formada religião cristã e o costume do celibato entre os sacerdotes, ainda existente nos cânones da Igreja Católica.

As leis dos antigos hebreus ditavam que um homem sem pênis não podia ser considerado membro da congregação. "Qualquer um que tenha os testículos esmagados ou tenha amputado o membro viril não poderá entrar na assembleia do Senhor." (Deuteronômio 23:1) É significativo, talvez, que a Bíblia afirme que a primeira aliança que Iavé fez com Abraão seja tão explícita a respeito da prática da circuncisão. Exigia que se fizesse em todos os hebreus, logo após o nascimento. Embora seja explicada por autores na sociedade contemporânea como uma medida preventiva contra doenças venéreas, não poderia de fato ser um meio de enfatizar a "masculinidade" dos hebreus adoradores do homem contra a "feminilidade" daqueles que adoravam a Deusa?

Resumo

O jovem consorte castrado e/ou morto, um vestígio dos tempos em que a alta sacerdotisa detinha o direito divino ao trono, é muitas vezes ignorado ou mal entendido por autores que se concentram em uma área geográfica ou em determinado período cronológico, e não se detêm a examinar a gradual transição da supremacia da deidade feminina e Suas sacerdotisas para a supressão e obliteração dessas crenças.

Às vezes, o mal-entendido parece ter uma impressionante desconexão das evidências documentais. Em 1964, A. Leo Oppenheim, que em menos de duas linhas passou por cima da primeira Deusa adorada na Suméria como deidade padroeira da linguagem escrita, dedicou-se a escrever cinco páginas discutindo a teoria de que a palavra *istaru* era um simples conceito que implicava em sina ou destino de vida, mais tarde personificado por *homens* como a Deusa Ishtar. Ele afirmou que isso, por sua vez, explicava por que a Deusa era continuamente descrita como "a portadora, a fonte do poder e prestígio do rei". Mas a quantidade de evidências deixa óbvio que Ishtar, bem como as outras versões da Deusa por todo o Oriente Próximo e Médio, era descrita como "a fonte do poder e prestígio do rei" porque era de fato exigido que o rei se tornasse o consorte sexual da alta sacerdotisa, a encarnação da Deusa na terra, que provavelmente detinha o direito ao trono por meio da matrilinearidade.

O costume do ritual regicida desapareceu quando as tribos patrilineares passaram a dominar. As numerosas publicações da lenda de Gilgamés, em várias línguas, podem ter servido para reforçar esse propósito. O reinado hereditário permanente tornou-se a regra e, quando a deidade masculina ganhou supremacia, o papel do portador do direito divino ao trono passou a ser dele, da deidade masculina, um conceito de direitos de realeza que sobrevive até hoje.

Restam poucas dúvidas de que os costumes originais de regicídio ritual e da posição política da alta sacerdotisa apresentavam um grande obstáculo aos conquistadores vindos do norte para obterem reinado permanente e controle total do governo. Mas um segundo ponto de confronto, igualmente vital, nos leva ao próximo capítulo e a uma explanação mais completa das atitudes e dos padrões culturais acerca de sexo e reprodução na religião da Deusa, permitindo, e até encorajando, a continuação de um sistema de reinado feminino.

CAPÍTULO 7

Os costumes da sexualidade sagrada

Os canaanitas são conhecidos em todo o Velho Testamento como o principal elemento da população da Palestina desalojada por Israel em sua ocupação da "terra onde flui leite e mel'". Com grande indignação e ampla generalização, "a abominação dos canaanitas" foi estigmatizada pelos profetas hebreus, reformistas e editores do Velho Testamento. Eles condenam veementemente aquele povo pela "depravação de Baalim" e Astarote, as manifestações locais das deidades do culto de fertilidade canaanita, caricaturadas quando eles se referem a um só elemento, a libertinagem sexual...

O comentário acima é do professor John Gray em *The Canaanites*, escrito em 1964. Essa "libertinagem sexual" descrita entre os canaanitas é referida aos sagrados costumes sexuais da antiga religião, costumes encontrados também em muitas outras áreas do Oriente Próximo e Médio.

Nos tempos bíblicos esses costumes ainda eram habituais, como haviam sido por milhares de anos na Suméria, Babilônia e Canaã, por muitas mulheres que viviam no complexo dos templos, que em tempos arcaicos eram o próprio cerne da comunidade. Como vimos, os templos eram donos de muitas terras aráveis e rebanhos de animais domesticados, mantinham registros culturais e econômicos e, em geral, parecem ter funcionado como postos de controle central da sociedade. Mulheres que residiam nos recintos sagrados da Divina Ancestral tomavam amantes dentre os homens da comunidade, fazendo amor com aqueles que vinham prestar honra à Deusa. Para aquelas pessoas o ato sexual era considerado sagrado, tão santificado e precioso que era efetuado dentro da casa da Criadora do céu, da terra e de toda a vida. Um dos muitos aspectos da Deusa, e pelo qual era reverenciada, era ser a deidade padroeira do amor sexual.

Alguns arqueólogos supõem que esses costumes sexuais dos templos, tão repetidamente atestados na religião da deidade feminina em todos os primórdios do Oriente Próximo e Médio, devem ter sido vistos como uma espécie de símbolos mágicos primitivos para invocar a fertilidade do gado e da vegetação, assim como dos seres humanos. Em minha opinião, devem ter se desenvolvido em virtude da primeira compreensão e tomada de consciência da relação entre sexo e reprodução. Já que essa conexão foi provavelmente observada de início pelas mulheres, pode ter sido integrada na estrutura religiosa como um meio de assegurar a procriação entre as mulheres que escolhiam viver e criar seus filhos dentro do complexo do santuário, e também, possivelmente, como um método de controlar a gravidez.

O conceito de reprodução aparece explicado pictoricamente em um placa de pedra neolítica descoberta no santuário da Deusa, em Çatal Hüyük, entalhada há cerca de oito mil anos. Um lado do relevo apresenta os corpos de dois amantes abraçados e, do outro lado, uma mulher segurando um bebê.

Hoje as pessoas criadas e programadas na "moralidade" da religião masculina contemporânea podem achar tais atitudes e costumes sexuais desconcertantes, chocantes, ou até sacrílegos. No entanto, devemos considerar a probabilidade de que esses julgamentos ou reações sejam resultado dos ensinamentos e condicionamentos das atitudes religiosas presentes em nossa sociedade, por sua vez baseadas em ideologias daqueles que inicialmente, repetidamente, condenaram os costumes sexuais da Deusa.

Na adoração à deidade feminina, o sexo era o presente Dela para a humanidade. Era sagrado e santificado. Ela era a Deusa do Amor Sexual e da Procriação. Mas na religião de hoje encontramos uma atitude quase totalmente inversa. O sexo, principalmente o sexo não conjugal, é considerado mau, sujo, pecaminoso. Contudo, em vez de chamar de "cultos da fertilidade" as práticas das religiões antigas, que tinham tamanha aceitação de toda a sexualidade humana, podemos chamar as religiões atuais de esquisitas, na medida em que associam a vergonha e o pecado ao próprio processo de concepção da vida humana. Talvez, daqui a séculos, outros estudiosos e historiadores venham a chamá-las de "culto da esterilidade".

Evidências documentais da Suméria, Babilônia, Canaã, Anatólia, Chipre, Grécia, e até mesmo da Bíblia, revelam que, apesar do conceito de

OS COSTUMES DA SEXUALIDADE SAGRADA

casamento ser conhecido desde os registros escritos mais antigos, tanto as mulheres casadas quanto as solteiras continuavam a viver por muitos períodos de tempo nos complexos do templo, seguindo os antigos costumes da Deusa. A própria Bíblia revela que eram livres para ir e vir como lhes aprouvesse. Mulheres de famílias ricas e reais, assim como mulheres da comunidade, participavam dos costumes sexuais da Deusa. Essas mulheres eram livres para se casar a qualquer momento, e Estrabão conta que, até o século I d.C., eram consideradas esposas excepcionalmente boas. Nos primeiros tempos históricos, nunca se levantou a questão, ou mesmo o conceito, de respeitabilidade ou propriedade das mulheres – isso foi inventado depois, com a nova *moralidade*.

As Religiões Mediterrâneas do Velho Mundo, à exceção da hebraica, viam os processos da propagação da vida como divinos, ou pelo menos como algo não estranho e repugnante à divindade. Mas os primeiros propagandistas cristãos, trabalhando na linha hebraica, intensificaram o isolamento de Deus do simples fenômeno do nascimento, passando a engendrar então uma tendenciosidade antissexual, e preparando uma discórdia entre qualquer visão biológica e o dogma religioso vigente, e, desse modo, o pensamento da ética moderna não obteve sucesso.

Esse foi o comentário do historiador L. R. Farnell, em Oxford, em 1896. Farnell foi um dos poucos autores dessa época, e um dos muitos desde então, que conseguiram lidar de modo objetivo com a atitude das religiões antigas com relação ao sexo, em vez de seu texto fazer *corar até a raiz dos cabelos de vergonha* ou gerar *comentários* frementes de indignação.

Neste capítulo, pretendo abordar e tentar explicar as razões subjacentes a essa postura "antissexual" dos hebreus, e mais tarde das religiões cristãs, e os confrontos que se seguiram. Essa atitude antissexual não era resultado de uma pureza mais inerente ou de um menor impulso sexual entre os adeptos das crenças judaico-cristãs. Como veremos, foi desenvolvida e difundida provavelmente por motivos puramente políticos, com o objetivo de permitir aos invasores hebreus patrilineares um maior acesso ao controle da terra e do governo, destruindo o sistema matrilinear.

Desde as primeiras conquistas pelos indo-europeus, as leis concernentes às mulheres sagradas dos templos, as *qadishtu* – leis de direitos de herança, de propriedades, de negócios e suas relações legais e econômicas com os filhos – aparecem continuamente nos códigos. Entretanto, os indo--europeus, tal como os conhecemos, aparentemente não fizeram oposição frontal aos costumes sexuais em si. Ao menos é o que sugere a literatura descoberta e traduzida até o momento, embora possa ter sido essa a meta das leis cada vez mais severas quanto à infidelidade de mulheres casadas.

Mas entre os hebreus ligados aos levitas podemos observar conexões. Desde o tempo de Moisés, as leis levitas dos israelitas exigiam virgindade de todas as mulheres até o casamento, sob pena de serem mortas, apedrejadas ou queimadas e, uma vez casadas, era exigida total fidelidade apenas por parte da esposa, também sob risco de morte caso a descumprisse. Talvez a pena de morte para uma mulher casada ou noiva que tivesse sido estuprada seja uma clara mostra da insistência levita sobre o conhecimento da paternidade. Tomar parte nos costumes sexuais sagrados do templo decerto infringiria essas leis. Em paralelo com essas maiores restrições sexuais para as mulheres, vemos que os sacerdotes e profetas levitas condenavam também os costumes sexuais dos templos. Sugiro que o motivo desse confronto tenha sido o que se segue.

Se, enquanto *qadishtu*, as mulheres sagradas da Deusa fizessem amor com vários homens em vez de serem fiéis a um marido, a paternidade dos filhos delas seria questionável. Documentos sumérios e babilônios revelam que essas mulheres, devido a sua filiação ao complexo do templo, possuíam terras e outras propriedades, e se dedicavam a amplas atividades de negócios. Vários relatos atestam que muitas eram de famílias ricas, bem aceitas na sociedade. Seguindo os costumes originais de parentesco na religião da Deusa, as crianças nascidas das *qadishtu* seriam prováveis herdeiras do nome, títulos e propriedades da mãe. A descendência matrilinear teria continuado a existir como uma estrutura social inerente à comunidade. As filhas também poderiam ser *qadishtu*. Uma inscrição de Trales, no oeste da Anatólia, esculpida por volta de 200 d.C. por uma mulher chamada Aurelia Aemilias, anuncia orgulhosamente que ela tomou parte nos costumes sexuais enquanto servia no templo, tal como haviam feito sua mãe e todas as suas ancestrais.

OS COSTUMES DA SEXUALIDADE SAGRADA

Os costumes sexuais sagrados da religião feminina nos oferecem mais uma das ligações aparentes entre a adoração da Divina Ancestral na Suméria, Babilônia, Anatólia, Grécia, Cartago, Sicília, Chipre e até em Canaã. As mulheres que faziam amor nos templos eram conhecidas, em sua própria linguagem, como "mulheres sagradas", "as imaculadas". Seu nome acadiano de *qadishtu* é traduzido literalmente como "mulheres santificadas", ou "mulheres santas". No entanto, os costumes sexuais, até nos estudos mais acadêmicos dos últimos dois séculos, quase sempre são classificados de "prostituição", e as mulheres sagradas são referidas como "prostituas do templo" ou "prostitutas rituais". A palavra "prostituta" em tradução de *qadishtu* não somente nega a santidade do que era tido como sagrado, como também sugere, pelas inferências e implicações sociais do termo, uma subjetividade etnocêntrica por parte do autor. Conduz o leitor a uma má interpretação das crenças religiosas e da estrutura social do período. Parece-me que a palavra "prostituta" distorce inteiramente o sentido dos costumes antigos que o autor supõe estar esclarecendo.

O professor Albright, que admirava os nobres ideais dos israelitas, escreve:

> A prostituição sagrada parece ter sido invariavelmente concomitante ao culto da deusa fenícia e síria, fosse qual fosse o nome pessoal dela, como sabemos a partir de muitas alusões na literatura clássica, especialmente em Heródoto, Estrabão e Luciano. Enquanto prostituta sagrada, a deusa era, estranhamente para o nosso ponto de vista, chamada de "a Santificada"... a prática estava firmemente implantada entre os aborígenes canaanitas da Palestina, e foi constantemente reintroduzida a partir dos países que circundavam Israel como "um costume muito sagrado", para citar as palavras de Luciano ao discutir a mesma prática em Hierápolis, na Síria, cerca de mil anos depois de Asa.

O professor James, um pouco menos antagonista, escreve: "Isso surgiu da prática da prostituição ritual em conexão com santuários israelitas em Siló, condenada por Amos... Como Oseias deixa abundantemente claro, as sacerdotisas continuavam a exercer suas funções com igual zelo nessa época

(750-735 a.C.), apesar dos esforços de Amos e de outros reformistas como Asa para eliminá-las".

Até na terra hebraica de Judá

Mas apesar das imagens contemporâneas dos costumes sexuais, arqueólogos encontraram relatos das mulheres sagradas nos mais antigos registros da Suméria. A lenda de Inanna e Enki classificam os costumes sexuais sagrados como um dos maiores dons que Inanna trouxe para o povo civilizado de Uruque. A Rainha do Céu era muito reverenciada e estimada pelas mulheres sagradas que, por sua vez, eram especialmente protegidas por Ela. Em Uruque, as mulheres do templo eram conhecidas como *nu-gig*, as puras, ou imaculadas. Um interessante fragmento sumério traz o nome de Lilith, descrita como uma jovem donzela e "a mão de Inanna". Lemos nessa placa arcaica que Lilith foi enviada por Inanna para reunir homens na rua e levá-los ao templo. Esse mesmo nome, Lilith, aparece mais tarde na mitologia hebraica como a primeira mulher de Adão e que se recusou a ser sexualmente submissa a ele. E ainda mais tarde aparece como o nome do demônio que pairava por ali para colher o esperma derramado e com ele fazer "os filhos demônios ilegítimos" dela. Essas duas histórias podem ter sido desenvolvidas em reação à Lilith original, tão intimamente associada aos costumes sexuais da adoração à Deusa.

No século XVIII a.C., na Babilônia, o nome acadiano de Ishtar começou a substituir o nome sumério de Inanna. Uma placa faz referência a Uruque, onde a adoração a Ishtar acabou suplantando a de Inanna, como a cidade de "cortesãs e prostitutas" (uma tradução contemporânea das palavras). Essa mesma placa menciona sacerdotisas que faziam amor com estrangeiros, alegando que eles eram encarnações do espírito santo. As mulheres de Ishtar também eram conhecidas pela palavra acadiana *qadishtu*, ao passo que no importante templo da Babilônia eram conhecidas como *ishtaritu*, que significa simplesmente "mulheres de Ishtar".

Remanescentes desses costumes sexuais primitivos foram descritos por Heródoto, relatando que na época dele, cerca de 450 a.C., mulheres da Babilônia faziam sexo com estrangeiros só uma vez na vida, como

OS COSTUMES DA SEXUALIDADE SAGRADA

uma experiência sexual inicial, e mais tarde se casavam e daí por diante tinham sexo apenas com seu marido.

Estrabão, nascido na Anatólia pouco antes do nascimento de Cristo, registrou que naquele tempo os costumes sexuais eram seguidos em muitas áreas da Anatólia na adoração à Deusa, sob os nomes de Cibele ou Anaitis. Ele relata que se tratava de um aspecto integral da adoração em Comana e também na Lídia, onde esse relato tem apoio na inscrição de Trales. Estrabão escreveu que, em suas viagens, viu que as crianças nascidas dessas relações eram consideradas legítimas e respeitáveis, e recebiam simplesmente o nome e o status social da mãe. Ele acrescenta que o nome e o título eram usados com orgulho em todas as inscrições oficiais, e comenta que nesse período, na Anatólia, "a mãe não casada parece ser adorada".

No período clássico da Grécia as mulheres sagradas serviam no templo de Afrodite, em Corinto. Luciano mais tarde falou dos costumes em sua época, 150 d.C., contando que as mulheres de então somente tomavam amantes estrangeiros no dia do festival de Adônis. Mesmo quando a adoração da egípcia Ísis foi levada para Roma, as mulheres sagradas seguiram o antigo costume sexual no templo Dela.

Não há registros conhecidos hoje sugerindo que as mulheres do Egito antigo seguiam os costumes sexuais, mas no capítulo 23 do livro do sacerdote reformista Ezequiel, ele acusa, enraivecido, um grupo de mulheres hebreias de depravação e obscenidade, insistindo que elas haviam aprendido seus modos sexuais "do mal" com os egípcios. Em uma passagem, ele adverte: "Vou pôr fim a sua lascívia e meretrício trazidos da terra do Egito." (Ezequiel 23:27) Em seu conto alegórico de duas meninas que simbolizavam as nações separadas do povo hebreu de Judá e Israel, ele reclama que as meninas, por terem sido tão livres sexualmente no Egito, agora eram mulheres más e decaídas em Canaã.

A adoração da Deusa como Astarote (Astarte) era difundida em toda a área mediterrânea. Canaanitas de Tiro e Sidon (fenícios) fundaram templos de Astarote em Cartago, Erix na Sicília e em diversos lugares em Chipre. Em cada um desses lugares eram seguidos os costumes sexuais sagrados. Sozomeno relata costumes sexuais nos templos de Astarote em Afqa e Balbeque, na área onde hoje é o Líbano. Farnell esclarece muitas das conexões na área do Mediterrâneo.

QUANDO DEUS ERA MULHER

Na religião de Astarote, assim como na adoração à Deusa em toda parte do Oriente Próximo e Médio, as mulheres continuavam a seguir os costumes sexuais sagrados. A Bíblia conta que *qadishtu* em Jerusalém teciam véus ou roupas finas para a *asherim* (imagens da Deusa Asherá) no local referido por Roland de Vaux como a "casa das prostitutas sagradas". Ele afirma ainda que os costumes sexuais eram muito típicos dos templos canaanitas e que as mulheres de Israel mantinham essa prática apesar da condenação por parte dos líderes hebreus.

Mais importante para a compreensão total do antagonismo dos hebreus a esse costume é constatar que as mulheres sagradas continuaram a servir à deidade feminina de acordo com o modo sexual antigo, até na terra hebraica de Judá. Os costumes sexuais permaneceram como um aspecto da adoração religiosa no templo de Jerusalém, o templo reivindicado por Iavé, o mesmo templo em que as mulheres haviam sido vistas chorando a morte de Tamuz.

O professor James e vários outros estudiosos escreveram sobre a adoração a Astarote existindo lado a lado com a de Iavé em Jerusalém. James descreveu também os costumes sexuais em Jerusalém e no templo hebreu em Siló.

No Livro de Oseias, no Velho Testamento, ficamos sabendo que uma mulher, nesse caso Gomer (esposa de Oseias) era livre para se casar, criar filhos e continuar a fazer amor com outros homens no templo, vestida de forma luxuosa. Mesmo nesses relatos bíblicos, que eram escritos obviamente para depreciar e aviltar as ações dela, a descrição revela que Gomer tomava parte nos costumes sexuais por livre e espontânea vontade, e não os via como um dever obrigatório ou compulsório, mas como ocasiões agradáveis, festivas. Essa situação era claramente inaceitável para os homens que se casavam no sistema hebraico patrilinear, como Oseias, mas revela que, para os pertencentes a outros sistemas religiosos, era um comportamento bastante típico.

Durante milhares de anos, esses costumes sexuais foram aceitos naturalmente entre os povos do Oriente Próximo e Médio. Eles devem ter permitido, e até encorajado a continuidade do modelo da descendência matrilinear e a sobrevivência do parentesco feminino. Inerente a essa mesma prática dos costumes sexuais era a falta de preocupação com a *paternidade*

OS COSTUMES DA SEXUALIDADE SAGRADA

das crianças, e é apenas com certo conhecimento de paternidade que o sistema patrilinear pode ser mantido.

Eu sugiro que foi na tentativa de estabelecer esse certo conhecimento de paternidade, o que tornaria então possível que houvesse o reconhecimento patrilinear, que esses costumes antigos foram finalmente denunciados como perversos e depravados, e foi por esse motivo que os sacerdotes levitas desenvolveram o conceito de "moralidade" sexual: virgindade pré-nupcial das *mulheres* e fidelidade conjugal das *mulheres*. Em outras palavras: total controle sobre o conhecimento da paternidade.

É óbvio que o lugar onde você está determina o que você vê. Do ponto de vista dos que seguiam a religião da Deusa, eles estavam simplesmente procedendo conforme os modos antigos. Do ponto de vista das tribos hebreias invasoras, essa antiga religião era considerada um culto baseado na fertilidade, orgiástico, maligno, libidinoso, vergonhoso, desgraçado, pecaminoso. Mas podemos suspeitar que, subjacente a essa postura *moral* havia a manobra política do poder sobre as terras e as propriedades, acessíveis a eles apenas com a instituição do sistema patrilinear, um sistema talvez muito conhecido por eles nas terras do norte dos indo-europeus? Teria sido por essas razões que as leis levitas declararam que qualquer atividade sexual das mulheres que não se restringisse ao leito conjugal seria considerada pecaminosa, isto é, contra os decretos de Iavé? Segundo a Bíblia, essas leis foram instituídas no tempo de Moisés, pouco antes da invasão de Canaã pelas tribos dos hebreus. Os confrontos territoriais e sociais ocorreram lado a lado. Foi uma batalha longa e feroz, começando com a chegada dos hebreus a Canaã e continuando pelas eras dos romanos e dos cristãos, e muito dessa saga é registrada na Bíblia.

Para compreender bem a extensão da postura antissexual dos hebreus e a tentativa dos sacerdotes levitas de mudar o comportamento sexual e as atitudes das mulheres hebreias, precisamos examinar a que ponto a religião da Deusa afetou diretamente o povo hebreu. Seriam os costumes da religião da Deusa um desvio esporádico, realizados em ocasiões indeterminadas, ou a religião seria, a despeito das incursões dos indo-europeus e dos levitas, ainda um fator muito importante na vida daqueles que viviam em Canaã?

1. Estatueta do Paleolítico Superior (cerca de 25000 a.C.). Vênus de Willendorf, Áustria. É uma das muitas figuras similares descobertas nos sítios gravetianos-aurignacianos que atravessam a Europa e a Ásia, desde a Espanha até a Rússia. Cortesia do Departamento de Arqueologia da Universidade de Cambridge.

2. Uma das várias estatuetas pequenas, em argila, da Deusa com cabeça de réptil, descoberta na cidade de Ur, na Suméria (Iraque). Os arqueólogos datam de 4000-3500 a.C. Cortesia dos curadores do British Museum.

3. Pequena estatueta de bronze da Deusa montada em dois leões. Esse duplo simbolismo de dois leões foi associado, nos períodos grego e romano, a deusas como Artêmis, Cibele e Reia. Essa estatueta foi descoberta no sul da Itália e é datada de cerca do século V a.C. Cortesia dos curadores do British Museum.

4. Deusa sentada em trono com dois felinos. Descoberta no Nível II (5750 a.C.) de Çatal Hüyük, Anatólia (Turquia), por James Mellaart, que desencavou muitas outras estatuetas da Deusa e santuários no mesmo sítio. Cortesia do Museu de Arqueologia de Ancara.

5. Ainda conhecida em Creta como A Pequena Deusa das Serpentes, essa figura da Deusa ou de uma de suas sacerdotisas foi descoberta no Palácio de Cnossos, em Creta. É datada do Período Minoico Médio (2000-1800 a.C.). Cortesia de Stylianos Alexiou, diretor do Museu Arqueológico de Creta em Heraclião.

6 A e B. Duas serpentes de ouro se enroscam nos braços e se estendem das mãos dessa delicada estatueta em marfim e ouro da Deusa, ou de sacerdotisas, do século XVII a.C., em Creta. Cortesia do Museu de Belas Artes de Boston. Doação de Mrs. W. Scott Fitz.

7. Uma das muitas imagens da Deusa suméria sentada em seu trono. A peça foi encontrada em um nível do Período Pré-Dinástico (começo do terceiro milênio) em Ur, na Suméria (Iraque). Cortesia dos curadores do British Museum.

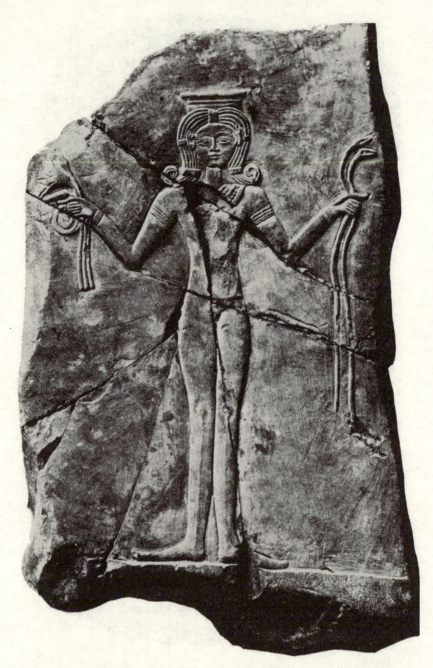

8. Serpentes e flores em Seus braços abertos, a Deusa nesta placa combina o simbolismo da Deusa egípcia Hator e da Deusa canaanita Astarote. "Placas Astarte" similares foram descobertas no Egito, Líbano, Israel, Jordânia e Iraque. Esta, do Egito, é datada de cerca de 1250 a.C. Cortesia dos curadores do British Museum.

9. Pequena escultura em argila de um casal deitado em uma cama de tecido, talvez representando os rituais sexuais sagrados da religião da Deusa. Uma dentre muitas peças similares do primeiro Período Babilônico (1900-1700 a.C.) encontradas na cidade de Ur na Suméria (Iraque). Cortesia dos curadores do British Museum.

10. Estátua em calcário da Deusa Cobra Ua Zit (chamada de Uto pelos gregos). Deidade padroeira de todo o Baixo Egito nos períodos pré-dinásticos, deidade protetora da coroa do Norte nos primeiros tempos dinásticos, com santuário central em Per Uto no Delta. Essa estátua do século XVII a.C. é de Desouk, no Egito, provável local de origem da antiga Uto. Cortesia do Museu Universitário da Universidade da Pensilvânia.

11. Um peitoral em ouro de Ísis alada usando sobre a cabeça o símbolo egípcio do trono. Descoberta em uma pirâmide na Etiópia, esta peça é datada de aproximadamente 600 a.C. Cortesia do Museu de Belas Artes de Boston.

12. Estátua da Senhora de Biblos (Baalat) do período grego, de Biblos, Canaã (Líbano). A adoração à Deusa no templo de Biblos data de pelo menos 2800 a.C. e era estreitamente associada à adoração de Ísis e Hator no Egito, bem como da Senhora da Serpente da Península do Sinai. Cortesia dos curadores do British Museum.

13. As asas da Deusa Ísis protegem a figura menor de Osíris, seu irmão e marido. Esse entalhe em pedra, do Egito, é datado de aproximadamente 600 a.C. Cortesia dos curadores do British Museum.

14. Um tubo com cobras descoberto em Bete-Seã, Israel (Canaã). Datado aproximadamente do século XIII a.C., é similar aos tubos com cobras daquele mesmo período, escavados em Kition, Chipre e em Cnossos, Creta. Cortesia do Museu Universitário da Universidade da Pensilvânia.

15. Estátua de uma sacerdotisa do templo de Afrodite em Pafos, Chipre. Segundo a lenda grega, Chipre, onde a adoração da Deusa como Astarote (Astarte) havia se espalhado desde 2000 a.C., era o local de nascimento da Deusa conhecida como Afrodite na Grécia clássica. Esta estátua é datada de aproximadamente 700 a.C. Cortesia dos curadores do British Museum.

16. Com um címbalo ritual na mão, Afrodite, como era conhecida em Tapso, Cartago, durante o período romano. Embora fosse geralmente designada como a Deusa do Amor, Afrodite era também reverenciada como uma deusa das batalhas e Mãe de Todas as Deidades. Cortesia dos curadores do British Museum.

17. Uma estátua, maior que o tamanho humano, da Deusa Deméter grega, adorada como provedora da lei e da agricultura, teve seu templo mais importante em Elêusis. Essa figura da Deusa dos Mistérios Eleusinos vem de Cnido, Turquia (antiga Cária). Cortesia dos curadores do British Museum.

18. Pedra de selo da Deusa Atena, que tinha o principal local de adoração na Acrópole de Atenas, Grécia. Como em muitas outras representações de Atena, aqui ela aparece com sua serpente sagrada. Este pequeno entalhe em cornalina foi encontrado em Cúrio, Chipre e é datado do século V a.C. Cortesia dos curadores do British Museum.

19. Busto em bronze de Atena usando seu elmo de batalha. Serpentes adornam seus ombros e o peitoral. Encontrada em Pireu, Grécia, essa figura da deidade padroeira Atena é datada do século IV a.C. Cortesia do Museu Arqueológico Nacional de Atenas.

20. Amazonas: fato ou fantasia? Em registros gregos e romanos, as amazonas adoravam a Deusa como a Mãe de Todas as Deidades. Este é um fragmento de um relevo maciço representando as amazonas na tumba de Artemísia em Halicarnasso, Turquia (Cária). O monumento é uma das numerosas representações de amazonas em batalha contra homens gregos. Cortesia dos curadores do British Museum.

21. Este relevo votivo dedicado à Deusa Ártemis mostra a apresentação à Deusa da tocha passada em uma corrida em sua honra, em Pireu, Grécia. É datada do século IV a.C. Cortesia dos curadores do British Museum.

CAPÍTULO 8

Eles ofereceram incenso
à rainha do céu

Embora profundamente enterradas nas areias do que foi Canaã, está-tuas da deidade feminina têm sido continuamente descobertas em escavações arqueológicas. Essas imagens da Deusa, algumas datadas até de 7000 a.C., oferecem um testemunho silencioso da mais antiga adoração à Rainha do Céu na terra que hoje é lembrada como local de nascimento do judaísmo e do cristianismo.

Yigael Yadin, professor de Arqueologia na Universidade Hebraica de Jerusalém e diretor do Instituto de Arqueologia, também em Jerusalém, publicou recentemente seu relato da escavação da cidade de Hazor, na Canaã bíblica. Um pouco evasivamente, ele fala da evidência da adoração à Deusa da seguinte maneira:

> Embora a religião oficial no norte de Israel fosse a de Iavé – o deus de Israel – sabemos, tanto pelos versos da Bíblia quanto pelas descobertas arqueológicas, que os cultos de Baal e Astarte exercer-ram forte influência na população local em relação ao folclore e às crenças populares. De fato, descobrimos uma boa quantidade de estatuetas de argila representando Astarte, a deusa da fertilidade, e o que se pode chamar de prostitutas sagradas ligadas aos cultos de Baal e Astarte.

Ao discutir a Alta Idade do Bronze em Canaã (cerca de 1500-1300 a.C.), o professor Albright nos diz que

> Uma das classes mais comuns de objetos religiosos encon-trados nos níveis do Alto Bronze é constituída pelas chamadas placas "de Astarte". São placas de cerâmica, geralmente de for-mato oval, em que estão impressas (em molde de cerâmica ou metal) uma figura da deusa Astarte nua *en face,* com os braços

levantados, segurando nas mãos hastes de lírios ou serpentes, ou ambos. A cabeça da deusa é adornada com duas longas espirais de cachos idênticos aos cachos da Hator egípcia. Essas placas foram tomadas emprestadas da Mesopotâmia, onde têm uma longa história na Baixa Idade do Bronze (cerca de 3200-2100 a.C.).

Kathleen Kenyon, ex-diretora da Escola Britânica de Arqueologia em Jerusalém, ao discutir a Canaã bíblica, escreve que

> (...) as placas de Astarte são os objetos de culto mais comuns em quase todos os sítios do período [Alta Idade do Bronze]. Que essas placas, em suas associações com a religião fenícia, sejam encontradas, não quer dizer, porém, que possam ser tomadas em qualquer sítio como evidências de que ainda não estavam sob controle israelita, pois o próprio Tell Beit Mersim fornece claras evidências de que a ocorrência de tais placas ou estatuetas similares remontam ao século VII a.C. As denúncias dos profetas bastam para mostrar que o iaveísmo precisava lutar continuamente com a antiga religião da terra.

Explorando a influência e a importância da adoração à Deusa em Canaã nos tempos bíblicos, nós a encontramos como Astarote, Aserá, Astarte, Attoret, Anate, ou simplesmente Elat ou Baalat (ambas definidas como Deusa). Ela era a principal deidade de cidades canaanitas tão grandes quanto Tiro, Sídon, Ascalão, Beth Anate, Afqa, Biblos e Asterote-Carnaim.

Em 1894 Robertson Smith conjeturou que, nos tempos bíblicos, Astarte já havia se tornado a esposa menos importante de Baal, mas há inscrições para a Deusa em Canaã como a Regente Celestial, Amante do Reinado, Mãe de Todas as Deidades. Ela é certamente associada a Baal, ou um Baal ou muitos Baalim, porém, após cuidadosa observação, vemos que o ritual e a forma das práticas religiosas são as da antiga religião da Deusa.

Segundo Seton Lloyd, Professor de Arqueologia Asiática Ocidental, a palavra *baal*, geralmente traduzida como senhor, implicava originalmente em uma posição temporária, ou dono temporário de uma propriedade. Pode ter sido usada à semelhança da palavra indo-europeia *pati*, também usada como senhor, dono, amo e marido e, como já mencionei, pode até estar relacionada à palavra sânscrita *bala*.

Nas lendas de Ugarit, no norte de Canaã, Baal do monte Hérmon pediu à Deusa, lá chamada de Anate, para ajudar a lhe dar um templo, porque ele não tinha nenhum. Nessas mesmas lendas do século XIV a.C., Anate matou facilmente o inimigo, que tinha poder bastante para atemorizar e depois matar Baal. Embora o nome Baal possa ter sido introduzido séculos antes como deus da tempestade do monte Hérmon pelos hurritas em Ugarit, na época em que essas lendas foram escritas o nome era também identificado com o consorte da Deusa e, em Ugarit, Baal tinha o papel dual de deus da tempestade da montanha e de consorte morto, muito semelhante a Damuzi, Tamuz, Átis, Osíris e Adônis. Diz-se que em sua morte, o sofrimento de Anate por ele foi igual ao de uma vaca pela perda do bezerro.

Há registro de que até mesmo Thor-El, uma deidade masculina mais antiga descrita por alguns autores como o cabeça das deidades de Ugarit, se escondeu no mais recôndito santuário de suas oito câmaras, tremendo de medo diante da aproximação da poderosa Anate. Nesses mesmos textos, Anate era conhecida como "Amante do Reinado, Senhora do Domínio, Amante dos Altos Céus. À luz das placas do norte de Canaã, é difícil defender a ideia de que alguma dessas deidades masculinas fosse retratada como poderosa ou onipotente, a não ser que simplesmente se insistisse em que todas as deidades masculinas sempre o são. Ainda que essa conclusão seja deixada em suspenso por muitos autores, é a Deusa Anate que emerge dessas lendas canaanitas como a deidade de maior valor e força.

Em seu *Dictionary of the Bible*, de 1900, J. Hastings afirmou que Astarote era a suprema, dizendo: "Essa Deusa era a maior divindade dos semitas em seu primitivo estágio matriarcal de organização. Ela era análoga à matriarca humana, livre em seu amor, a mãe fecunda do clã, e líder na paz ou na guerra."

Nas páginas do Velho Testamento, porém, Astarote, o nome mais usado no sul de Canaã, onde a maioria do povo hebreu havia se instalado, raramente aparece desacompanhado. Ele quase sempre vem junto com Baal, tal como muitos demônios serpentes das lendas indo-europeias eram filhos ou maridos da Deusa; às vezes a religião é até designada como baalismo. Embora seja certamente possível que a religião canaanita no sul, onde príncipes arianos já haviam feito grandes incursões, tenha elevado Baal a um status mais alto nos últimos tempos bíblicos, a adoração, os rituais, os costumes sexuais, os sacerdotes eunucos, o luto pelos consortes mortos Tamuz ou Baal, a abundância de estátuas de Astarte e as placas, os pilares e postes simbólicos (na verdade chamados de *asherah*, embora sempre em minúsculos), tudo isso revela que foram o simbolismo e os costumes da religião da Deusa os verdadeiros alvos da agressão dos hebreus. É mais que provável que os sacerdotes levitas, assim como propositalmente escreviam e pronunciavam erradamente o nome Dela (dizendo *boseth*, que significa vergonha), e se referiam a Ela sempre no gênero masculino, se recusavam sequer a reconhecer a posição da Deusa, ligando-A sempre ao Seu consorte.

Como já vimos, a Bíblia e a literatura de outras religiões podem ser parcialmente resultante de objetivos políticos intencionais, bem como o registro de uma crença ou tradição de longa data. Ao discutir o mito do Paraíso na Bíblia, Joseph Campbell fala de "mitologias ostensivamente inventadas, falsificadas". O professor Chiera escreveu que o mito de Marduque foi provavelmente difundido com a ajuda de exércitos babilônicos, e ressalta que a lenda da supremacia de Assur era simplesmente uma versão reformulada do mito de Marduque. Ele escreveu também que o mito de Adão e Eva tinha sido "evidentemente produzido em círculos acadêmicos", e acrescenta que a Bíblia foi submetida à censura de sacerdotes que tinham poder de decisão sobre "o que era adequado para ser incorporado à história dos fundadores da raça...". O professor Widengren também comentou que a Bíblia, tal como a conhecemos, "...tem muitas passagens obviamente expostas à censura e devidamente removidas".

Mesmo que muitos relatos da Bíblia possam ser baseados em eventos históricos, confirmados de várias maneiras por diversos documentos e evidências fornecidos por escavações arqueológicas, é bem provável que o registro bíblico levita sobre religião "pagã" em Canaã seja apresentado de um ponto de vista muito mais vantajoso e aceitável para a teologia levítica, em vez de configurar um registro histórico totalmente objetivo. A despeito de vários métodos usados para confundir a identidade e o gênero da Deusa como Astarote ou Aserá, mesmo na Bíblia tal como a conhecemos hoje, passagens e simbolismos traem a presença influente e prevalente da antiga adoração à deidade feminina, confirmados por artefatos canaanitas e do Oriente Próximo.

No Egito, os hebreus conheceram a Deusa adorada como Ísis ou Hator. Durante quatro gerações, esse povo viveu em uma terra em que as mulheres tinham um status muito elevado e o sistema de descendência matrilinear persistiu por um longo período. A julgar pela quantidade de hebreus que vieram do Egito em comparação com a família dos doze filhos que supostamente havia chegado lá quatro gerações antes, é possível que um grande número desses hebreus conhecidos como israelitas tenham sido, na verdade, egípcios, canaanitas, nômades semitas e outros povos adoradores da Deusa que se reuniram no Egito. A leste de Canaã, na Babilônia, estavam os templos de Ishtar. E na terra de Canaã, que os hebreus invadiram e tomaram para si depois da saída do Egito, registros e artefatos arqueológicos revelam que a religião da Deusa, como Astarote, Astarte, Aserá, Anate, Elat ou Baalat, ainda estava em vigência em muitas das grandes cidades.

"Destruirás seus altares, quebrarás suas imagens."

Os autores levitas do Velho Testamento alegavam que a deidade deles os havia presenteado com Canaã como "a terra prometida". No entanto, mesmo nos próprios relatos deles, fica claro que Canaã não era uma terra despovoada, mesmo no tempo de Abraão. Em Números 13:17-19 foi registrado que as tribos hebreias, ao se aproximarem pelo deserto do Sinai, enviaram com antecedência alguns homens às cidades de Canaã. Em seu relatório da situação, em torno de 1300-1250 a.C., consta: "'Entramos na terra à qual você nos enviou, onde há leite e mel com fartura! Aqui estão alguns frutos dela.' Mas o povo que lá vive é poderoso, e as cidades são fortificadas e muito grandes." (Números 13:27-28).

A passagem da Bíblia admite que Canaã já era habitada e que muitas pessoas viviam em grandes cidades fortificadas. Apesar disso, a intenção dos hebreus era não só continuar a adentrar a terra de Canaã, mas também destruir proposital e violentamente a religião existente e substituí-la pela deles. Essa intenção foi apresentada pelos levitas como ordem de Iavé, supostamente expressa antes da entrada dos israelitas em Canaã.

QUANDO DEUS ERA MULHER

Obedeça às ordens que hoje lhe dou. Expulsarei de diante de você os amorreus, os cananeus, os hititas, os ferezeus, os heveus e os jebuseus. Acautele-se para não fazer acordo com aqueles que vivem na terra para a qual você está indo, pois eles se tornariam uma armadilha. Ao contrário, derrube os altares deles, quebre as suas colunas sagradas e corte os seus postes sagrados. Nunca adore nenhum outro deus, porque o Senhor, cujo nome é Zeloso, é de fato Deus zeloso. (Êxodo 34:11-14).

Diante dessa ordem, a invasão de Canaã começou. Embora a entrada dos hebreus na "terra prometida" de Canaã seja imaginada como a chegada a um refúgio de paz após séculos de escravidão no Egito, diz a Bíblia que a ocupação tomou a forma de uma série de ataques sangrentos, talvez muito parecidos com as antigas invasões dos indo-europeus.

Em Deuteronômio 2:33-34 lemos que, sob a liderança de Moisés e Aarão, os israelitas encontraram um rei chamado Seom na cidade de Jahaz. O relato levita diz: "Mas o Senhor, o nosso Deus, entregou-o a nós, e o derrotamos, a ele, aos seus filhos e a todo o seu exército. Naquela ocasião conquistamos todas as suas cidades e destruímos totalmente, matando homens, mulheres e crianças, sem deixar nenhum sobrevivente." Quando encontraram Ogue, rei de Basã, Deuteronômio 3:3-7 conta: "Então o Senhor, o nosso Deus, também entregou em nossas mãos Ogue, rei de Basã, e todo o seu exército. Nós os derrotamos, sem deixar nenhum sobrevivente. (...) Foram sessenta. (...) matando também os homens, as mulheres e as crianças."

Mas Aarão e Moisés morreram no deserto. Josué assumiu o comando e os israelitas entraram em Jericó. Vemos em Josué 6:21 que: "Consagraram a cidade ao Senhor, destruindo ao fio da espada homens, mulheres, jovens, velhos, bois, ovelhas e jumentos; todo os seres vivos que nela havia." Mas nesse mesmo ataque, ele diz: "Toda a prata, todo o ouro e todos os utensílios de bronze e de ferro são sagrados e pertencem ao Senhor e deverão ser levados para o seu tesouro." (Josué 6:19). Em Josué 6:24, vemos que essas ordens foram executadas: "Depois incendiaram a cidade inteira e tudo o que nela havia, mas entregaram a prata, o ouro e os utensílios de bronze e de ferro ao tesouro do santuário do Senhor." E na batalha de Ai vemos que "doze mil homens e mulheres caíram mortos naquele dia. Era toda a população de Ai."

(Josué 8:25). Ainda em Josué 8:29, é dito que Josué "enforcou o rei de Ai numa árvore e ali o deixou até a tarde". Dado que numa passagem anterior Iavé disse a Josué para fazer com o rei de Ai o mesmo que ele tinha feito com o rei de Jericó, podemos supor que o rei de Jericó tivera a mesma sina, embora o relato do evento não seja registrado.

Em Josué 10:28-32, lemos que:

> Naquele dia Josué tomou Maquedá. Atacou a cidade e matou o seu rei à espada e exterminou todos os que nela viviam, sem deixar sobreviventes. E fez com o rei de Maquedá o que tinha feito com o rei de Jericó. Então Josué, e todo o Israel com ele, avançou de Maquedá para Libna e a atacou. O Senhor entregou também aquela cidade e seu rei nas mãos dos israelitas. Josué atacou a cidade e matou à espada todos os que nela viviam, sem deixar nenhum sobrevivente ali. E fez com o seu rei o que fizera com o rei de Jericó. Depois Josué, e todo o Israel com ele, avançou de Libna para Laquis, cercou-a e a atacou. O Senhor entregou Laquis nas mãos dos israelitas, e Josué tomou-a no dia seguinte, atacou a cidade e matou à espada todos os que nela viviam, como tinha feito com Libna.

> Nesse meio-tempo Horão, rei de Gezer, fora socorrer Laquis, mas Josué o derrotou, a ele e ao seu exército, sem deixar sobrevivente algum. Josué e todo o Israel com ele, avançou de Laquis para Eglom, cercou-a e a atacou. Eles a conquistaram naquele mesmo dia, feriram-na à espada e exterminaram os que nela viviam, como tinham feito com Laquis. Então Josué, e todo o Israel com ele, foi de Eglom para Hebrom e a atacou. Tomaram a cidade e a feriram à espada, como também o seu rei, os seus povoados e todos os que nela viviam, sem deixar sobrevivente algum. Destruíram totalmente a cidade e todos os que nela viviam, como tinham feito com Eglom. Depois Josué, e todo o Israel com ele, voltou e atacou Debir. Tomaram a cidade, seu rei e seus povoados e os mataram à espada. Exterminaram os que nela viviam, sem deixar sobrevivente algum, fizeram com Debir e seu rei o que tinham

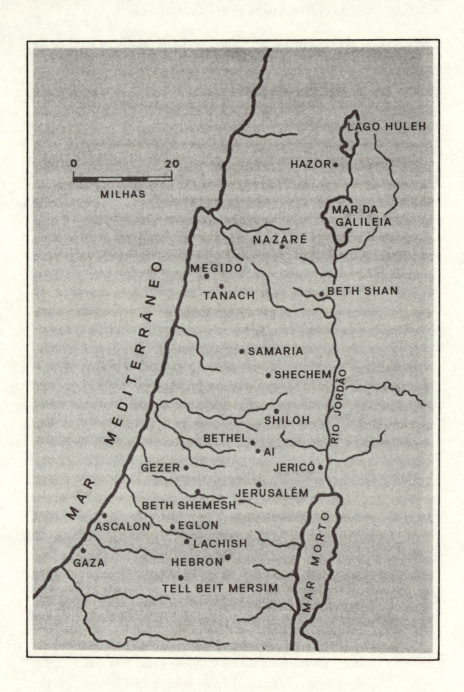

Mapa 4: Sul de Canaã – Velho Testamento.

ELES OFERECERAM INCENSO À RAINHA DO CÉU

feito com Libna e seu rei e com Hebrom. Assim Josué conquistou a região toda, incluindo a serra central, o Neguebe, a Sefelá e as vertentes, e derrotou todos os seus reis, sem deixar sobrevivente algum. Exterminou tudo o que respirava, conforme o Senhor, o Deus de Israel, tinha ordenado. (Josué 10:33-40)

Em ataques descritos de modo semelhante, Josué e os israelitas destruíram as cidades de Gibeom, Hazor e até Baal-Gad no vale do Líbano sob o monte Hérmon. Mesmo correndo o risco de ser repetitiva, relembro o comentário do professor Albright, de que "a adoração de natureza orgiástica" de Canaã "foi substituída por Israel, com sua simplicidade pastoral e pureza de vida, seu elevado monoteísmo e seu severo código de ética". Em vez da imagem dos pobres escravos injustiçados, portadores de elevados ideais, chegando à "terra prometida" para descansar seus corpos exaustos e construir uma nova vida, estamos mais propensos a lembrar do que o professor Lloyd disse sobre a incursão dos luvianos na Anatólia e do rastro deixado à medida que "seu progresso era marcado por sinais de total destruição".

Em maior refutação a essa suposta "pureza de vida" e aos "severos códigos de ética", lemos que, embora todos os relatos afirmem que os israelitas não deixavam sobreviventes, talvez não seja a verdade. Pois em Números 31:17-18, depois da batalha contra os midianitas, ainda sob a liderança de Moisés e Aarão, foi dito aos israelitas: "Agora matem todos os meninos. E matem também todas as mulheres que se deitaram com homem, mas poupem todas as meninas virgens." Em Números 31:32-35 há uma lista de saques e butins de guerra tomados pelos israelitas na mesma batalha. Nessa lista temos, pela ordem, ovelhas, gado, jumentos e "32.000 mulheres virgens".

No Livro do Deuteronômio, também precedendo o comando de Josué, encontramos:

> Quando vocês guerrearem contra os seus inimigos e o Senhor, o seu Deus, os entregar em suas mãos e vocês fizerem prisioneiros, um de vocês poderá ver entre eles uma mulher bonita, agradar-se dela e tomá-la como esposa. Leve-a para casa; ela rapará a cabeça, cortará as unhas e se desfará das roupas que

estava usando quando foi capturada. Ficará em casa e pranteará seu pai e sua mãe um mês inteiro. Depois você poderá chegar-se a ela e tornar-se o seu marido, e ela será sua mulher. Se você já não se agradar dela, deixe-a ir para onde quiser, mas não poderá vendê-la nem tratá-la como escrava, pois você a desonrou. (Deuteronômio 21:10-14)

Embora novamente aqui os números pareçam exagerados, essas passagens sugerem que muitas das mulheres mais tarde vistas como esposas dos israelitas podem ter sido as moças que assistiram à morte de toda sua família e a de seus amigos, e a destruição de sua casa e sua cidade. A combinação de medo e trauma que devem ter sentido ao serem levadas dessa maneira para as tribos dos hebreus, somada às lembranças da religião e dos costumes de sua infância, devem ter tornado muito difícil a atitude e posição delas na vida dos homens desse povo. Posto que não há listagem do número de mulheres nas tribos hebreias, essas passagens sugerem também que, quando os hebreus saíram do Egito, a porcentagem de homens deve ter sido muito maior. Cada um desses fatores pode ajudar a explicar a "aceitação" das novas leis patriarcais por parte das mulheres hebreias.

"E eles abandonaram o senhor e adoraram Baal e Astarote"

Ainda que, segundo a Bíblia, toda a população de muitas aldeias e cidades tenha sido massacrada, várias cidades grandes não foram tocadas, cidades em que Astarote ainda era adorada com grande reverência. Uma vez em Canaã, as terras capturadas foram divididas entre as tribos, e levitas viviam em cada uma delas. Desse ponto em diante, observamos o prolongado e violento ataque dos hebreus contra a Rainha do Céu e o Baal Dela. Apesar de todas as advertências, a religião da Deusa era uma grande tentação para os hebreus que invadiram Canaã. Para muitos deles, pode ter sido a religião de seus ancestrais. Referências ao povo hebreu abraçando a antiga religião aparecem repetidamente nas páginas da Bíblia, nos relatos dos sacerdotes levitas.

Juízes 2:13 – "Abandonaram o Senhor e prestaram culto a Baal e Astarote."

Juízes 3:7 – "Os israelitas fizaram o que o Senhor reprova, pois se esqueceram do Senhor, o seu Deus, e prestaram culto aos baalins e a Aserá."

1 Samuel 7:3 – "E Samuel disse à toda a nação de Israel: 'Se vocês querem voltar-se para o Senhor de todo o coração, livrem-se então dos deuses estrangeiros e das imagens de Astarote, consagrem-se ao Senhor e prestem culto somente a ele, e ele os libertará das mãos dos filisteus.'"

O período de Samuel ocorreu no tempo de Saul, o primeiro rei hebreu, em torno de 1050 a.C. O Livro de Juízes é anterior a esse tempo. Segundo a Bíblia, o rei Salomão, em cerca de 960-922 a.C., adorava Astarote e outras deidades locais. Ele chegou a ser ameaçado de perder o reino por ter abandonado Iavé e reverenciado a Rainha do Céu, Astarote dos sidônios. Em I Reis 15:13 encontramos o relato do destronamento da rainha Maaca por seu filho (ou neto) Asa, em cerca de 910 a.C. O crime? Adorar Aserá. O nome Aserá foi também usado nos textos do norte de Canaã, às vezes junto a Anate. Podem tê-la adorado como mãe e filha nessa época. Mas Aserá é também identificada com Astarote, que era muito reverenciada em Tiro e Sídon com esse nome. Um texto do norte de Canaã assim a descreve: "Ele chegou ao santuário de Aserá dos tírios, Yea, a Deusa dos sidônios." Nos textos de Ugarit, Aserá era conhecida como a "Criadora de Todas as Deidades".

Veremos que o abandono de Iavé, tal como descrito acima, continuou por todos os relatos da Bíblia. Mas uma passagem muito reveladora está no Livro de Jeremias. O incidente ocorreu numa colônia hebraica no Egito, em cerca de 600 a.C. Ali a religião da Deusa e a reverência a Ela, mesmo pelos hebreus na época, não foi descrita como uma nova religião adotada recentemente, mas uma religião que os hebreus haviam seguido antes – em Jerusalém. O texto traz também forte indicação de que era uma religião de mulheres, embora o autor levita retrate cuidadosamente os maridos como detentores da autoridade e exiba uma insistência óbvia na linhagem masculina na resposta dada até pelos adoradores à Rainha do Céu:

> Então, todos os homens que sabiam que as suas mulheres queimavam incenso a deuses, e todas as mulheres que estavam presentes, em grande número, e todo o povo que morava no Egito, e na região de Patros, disseram a Jeremias: "Nós não daremos atenção à mensagem que você nos apresenta em nome do Senhor!

É certo que faremos tudo o que dissemos que faríamos – queimaremos incenso à Rainha dos Céus e derramaremos ofertas de bebidas para ela, tal como fazíamos, nós e nossos antepassados, nossos reis e nossos líderes, nas cidades de Judá e nas ruas de Jerusalém. Naquela época, tínhamos fartura de comida, éramos prósperos e nada sofríamos. Mas, desde que paramos de queimar incenso à Rainha dos Céus e de derramar ofertas de bebidas a ela, nada temos tido e temos perecido pela espada e pela fome." E as mulheres acrescentaram: "Quando queimávamos incenso à Rainha dos Céus e derramávamos ofertas de bebidas para ela, será que era sem o consentimento de nossos maridos que fazíamos bolos na forma da imagem dela e derramávamos as ofertas de bebidas?" (Jeremias 44:15-19).

O professor Hooke pergunta: "O que podemos dizer quando vemos no registro os jardins de Adônis, câmaras de imagens de Ezequiel, mulheres declarando que desde que deixaram de fazer bolos para a Rainha do Céu nada deu certo para elas, os obeliscos, as asheras, as adivinhações [...] e tantas outras práticas?" E responde: "É impossível negar que esses são elementos estrangeiros, alguns canaanitas, alguns presumivelmente assírio-babilônios, e alguns possivelmente egípcios, e que todos estes compõem o quadro da religião de Israel como aparece no Velho Testamento."

O professor Widengren, como se desse uma resposta adicional, observou: "Agora, essa Rainha do Céu(s) não pode ser outra senão Astarote que, segundo consta ainda em 600 d.C., gozou da adoração oficial no reino de Judá."

Muitas passagens da Bíblia relatam que ídolos da deidade feminina, chamadas de *asherah* (em letra minúscula), eram encontrados em todos os montes altos, sob todas as árvores verdejantes e em altares nos templos. Eram um símbolo identificado com a adoração à Deusa como Aserá, e podia ser um poste ou árvore viçosa, escavados como uma estátua. Arthur Evans escreveu que "os registros bíblicos atestam repetidamente que o culto de Aserá se fazia ou numa árvore viçosa, ou num pilar ou poste de madeira morta, e os altares canaanitas eram colocados em frente".

Eu suspeito que os *asherim* (plural) eram figueiras, os figos do plátano, árvore que no Egito era considerada o "Corpo da Deusa na Terra". Há muitas

ELES OFERECERAM INCENSO À RAINHA DO CÉU

razões para crer que sim, evidências que examinaremos mais a fundo ao desvendar o mito de Adão e Eva – evidências que talvez expliquem o simbolismo da árvore no mito do Paraíso.

Continuando nossa exploração da presença da Deusa em Canaã, relatos bíblicos nos dizem que os *asherim*, embora sua associação com Aserá como a Deusa não seja explicada, eram encontrados em toda parte.

> Os israelitas praticaram o mal secretamente contra o Senhor, o seu Deus. Em todas as suas cidades, desde as torres das sentinelas até as cidade fortificadas, eles construíram altares idólatras. (...) Abandonaram todos os mandamentos do Senhor, o seu Deus, e fizeram para si dois ídolos de metal na forma de bezerros e um poste sagrado de Aserá. Inclinaram-se diante de todos os exércitos celestiais e prestaram culto a Baal. (II Reis 17:9,16).

Como os levitas declararam que era missão dos hebreus destruir esses símbolos da religião aos quais se referiam como "seus deuses" onde quer que os achassem, foi exatamente o que eles fizeram. Os sacerdotes levitas escreveram que a destruição havia sido comandada por Iavé:

> Destruam completamente todos os lugares nos quais as nações que vocês estão desalojando adoram os seus deuses, tanto nos altos montes como nas colinas e à sombra de toda árvore frondosa. Derrubem os seus altares, esmigalhem as suas colunas sagradas e queimem os seus postes sagrados; despedacem os ídolos dos seus deuses e eliminem os nomes deles daqueles lugares. (Deuteronômio 12:2-3).
>
> Não ergam nenhum poste sagrado além do altar que construírem em honra ao Senhor, o seu Deus. (Deuteronômio 16:21).

Não obstante as advertências dos sacerdotes levitas, os *asherim* continuavam a ser erigidos e adorados. Em I Reis 16:13, lemos que em cerca de 850 a.C. o rei hebreu Acabe, marido de Jezebel, fez um *asherah*. Isaías, em algum momento do século VIII a.C., falou de *asherim* na cidade de Damasco. Gideão, no período de Juízes, destruiu o *asherah* de um templo, e usou a madeira queimada como oferenda a Iavé.

207

Havia a ameaça de que "O Senhor irá castigar Israel porque fizeram asherim". O rei Ezequias, que reinou por volta de 715-690 a.C., "fez o que era certo aos olhos do Senhor". Ele quebrou os pilares e cortou o *asherah*. Foi esse mesmo Ezequias que destruiu uma serpente de bronze que era mantida no templo de Jerusalém desde o tempo da chegada dos hebreus a Canaã. Depois dele, seu filho Manassés, que reinou durante 55 anos, erigiu novamente o *asherim*, como fez também seu filho Amon, que o sucedeu.

Em II Reis 23:4-15, o sacerdote levita Hilquias, que serviu ao rei Josias em torno de 630 a.C., tirou os vasos feitos para Aserá e Baal daquele mesmo templo em Jerusalém. Ele retirou o *asherah*. "Ele profanou o alto lugar que Salomão havia construído para Astarote." "Ele despedaçou os pilares e cortou os asherim e encheu seus espaços com ossos de homens."

Embora, mais uma vez, a religião da Deusa não seja mencionada, mais evidências à Sua adoração em Canaã nos tempos bíblicos são reveladas pela presença de carpideiras pelo Seu filho/amante Tamuz. O Livro de Ezequiel diz que as mulheres choravam por Tamuz nesse mesmo templo em Jerusalém por volta de 620 a.C., continuando a praticar cerimônias de luto da religião da Deusa, bem conhecidas a partir dos relatos babilônicos de Ishtar. Como já citamos, o professor Widengren afirmou que um ritual de luto ocorria em Israel, comemorando a morte de Tamuz, do mesmo modo que ocorria na Mesopotâmia.

I. Epstein, em sua história do judaísmo escrita em 1959, falou do afluxo de ideias "pagãs", principalmente no tempo de Salomão, culpando as esposas de Salomão pelas idolatrias praticadas. Há uma forte possibilidade de que o hábito de Salomão, de colecionar princesas estrangeiras para seu harém (setecentas, segundo a Bíblia), tenha tido uma motivação política para assegurar o direito definitivo de governar as terras conquistadas por meio do casamento com as herdeiras. A relação entre os direitos a muitos tronos no Oriente Próximo e o padrão de descendência matrilinear dos povos adoradores da Deusa talvez explique o grande número de mulheres de famílias reais estrangeiras – todas listadas como esposas legais de Salomão – e a aceitação da presença das religiões que elas levaram consigo.

Depois do reinado de Salomão, quando as tribos de hebreus se dividiram em duas nações, a adoração à Deusa continuou. Há evidências em Samaria, a capital do reino do norte, Israel, no período de Acabe e Jezebel (cerca de 869-850 a.C.); a adoração a Astarote e ao Baal Dela parece ter florescido nessa ocasião. O casamento do hebreu Acabe com Jezebel, filha da rainha e do rei de Sídon, que foram alta sacerdotisa e sacerdote de Astarote e Baal, pode também ter lhe dado um direito legítimo ao trono. Mas mesmo antes (cerca de 922-901 a.C.), o rei Jeroboão havia feito bezerros de ouro, símbolos da religião da Deusa.

Em Judá, reino hebreu do sul, cuja capital era Jerusalém, em cerca de 922-915 a.C. dizia-se que Roboão e seu filho Abias, ambos talvez reinando como maridos da rainha Maaca, praticavam "idolatrias pagãs". Como sabemos, Maaca adorava Aserá e acabou sendo destronada por ter feito um ídolo Dela. Por volta de 842 a.C., a rainha Atália governava em Jerusalém, e em seu reinado vigorava a religião "pagã". Sendo filha de Jezebel, podemos voltar a perguntar se, aos olhos de muitos habitantes de Canaã, Atália tinha o direito de governar por ser neta da alta sacerdotisa e do sacerdote de Astarote em Sídon. Por volta de 735-727 a.C., o rei Acaz também seguia a religião antiga, cometendo "o mal aos olhos do Senhor". E por volta de 620 a.C., no tempo de Ezequiel, as mulheres foram vistas chorando a morte de Tamuz no templo de Jerusalém, enquanto no tempo de Jeremias, por volta de 600 a.C., as mulheres se rebelaram anunciando abertamente sua intenção de continuar a reverenciar a Rainha do Céu.

Resumo

Graças a evidências arqueológicas, que ajudam a explicar muitas referências obscuras, apesar das palavras evasivas e da falta de esclarecimentos na Bíblia, não há dúvida de que, nos períodos bíblicos de Canaã, os sacerdotes levitas dos hebreus mantinham contato assíduo com a religião da Deusa. Embora o comando de destruição de seus artefatos provavelmente tenha resultado em menos achados arqueológicos no sul de Canaã do que no restante do Oriente Próximo, corpos que comprovam o extenso culto à Deusa foram desenterrados em todas as outras terras em que os hebreus viveram ou tiveram estreito contato, como Egito, Babilônia, Sinai e norte de Canaã. No sul de Canaã, em terras ao redor dos hebreus, havia habitantes nativos vivendo em cidades que não tinham sido destruídas e que reverenciavam a deidade feminina desde os tempos arcaicos.

Como a própria Bíblia revela, mesmo nas capitais de Samaria e Jerusalém, e mesmo por aqueles considerados membros das tribos que seguiam a nova religião de Iavé (especialmente a realeza e os governantes, que parecem não terem sido escolhidos pela tribo levita), a adoração à Deusa deve ter sido um dos fatores de maior influência no desenvolvimento da atitude judaica e, mais tarde, do cristianismo. A possibilidade de que os levitas possam originalmente estar relacionados aos indo-europeus luvianos, ao passo que as outras tribos possam ser descendentes de povos mediterrâneos adoradores da Deusa, deve ajudar a explicar essa divisão entre os sacerdotes e profetas levitas e a contínua "obstinação e deserção" do povo israelita, que parece muitas vezes ter retornado à religião antiga.

Os sacerdotes levitas declararam: "Não deverá haver prostitutas de culto nas filhas de Israel." No entanto, como já vimos, os costumes sexuais antigos permaneceram. Parece ter sido a própria natureza dos costumes sexuais – tão inerentes e integrados à religião feminina, permitindo, e possivelmente encorajando, a continuação dos padrões de descendência matrilinear – o que despertava as mais violentas reações entre os levitas que demandavam a patrilinearidade.

Sabendo-se da contínua presença da religião da Deusa, uma leitura cuidadosa dos relatos do Velho Testamento (em que as mulheres hebreias tinham inicialmente um status secundário, de assistentes obedientes), revela passagens extensas de ameaças, às vezes veladas ou ocultas em simbolismos, contra a adoração da Deusa. Mas algumas delas eram mais abertas. Seus alvos eram aqueles que continuavam a praticar a religião antiga, constando até nos registros bíblicos os relatos de chacinas e massacres de quem ousasse rezar para "outros deuses".

Como veremos no próximo capítulo, a imagética sexual insistente e repetitiva nos permite observar as atitudes dos levitas em relação aos costumes sexuais da religião da Deusa e à autonomia sexual das mulheres em geral, autonomia essa que durante milhares de anos as ajudou a manter sua independência econômica, social e jurídica. Por isso, as leis dos levitas pregavam a destruição da adoração à Divina Ancestral e, com isso, a destruição final do sistema matrilinear.

CAPÍTULO 9

E os homens da cidade devem
apedrejá-la

Os sacerdotes levitas eram tão antagônicos à religião da Deusa em Canaã (embora todas as passagens se referissem evasivamente a "outros deuses") que redigiram leis proibindo a adoração a esses "outros deuses". As leis eram tão severas que ordenavam que os membros da religião hebraica assassinassem até mesmo os próprios filhos se não adorassem a Iavé. As leis levitas da Bíblia orientavam que se "o seu próprio irmão ou filho ou filha, ou a mulher que você ama ou o seu amigo mais chegado secretamente instigá-lo, dizendo: 'Vamos adorar outros deuses!' – deuses que nem você nem os seus antepassados conheceram (...). Você terá que matá-lo". (Deuteronômio 13:6,9)

Essa ordem foi obviamente dirigida aos homens apenas, já que o único parente que não mandava assassinar era o marido. Nem só os parentes deviam ser vigiados de perto, pois como os levitas escreveram: "Se vocês ouvirem dizer que numa das cidades que o Senhor, o seu Deus, dá a vocês para nelas morarem, surgiram homens perversos e desviaram os seus habitantes, dizendo: 'Vamos adorar outros deuses!', deuses que vocês não conhecem, (...) matem ao fio da espada todos os que viverem naquela cidade. Destruam totalmente a cidade, matando tanto os seus habitantes quanto os seus animais." (Deuteronômio 13:12-13, 15)

Conhecendo a identidade da Rainha do Céu e a extensão de Sua adoração em Canaã, mesmo entre a realeza hebreia, podemos ter uma visão mais profunda das motivações políticas dos levitas se nos familiarizarmos com as imagens das mulheres na Bíblia e as leis específicas para elas.

Os profetas e sacerdotes hebreus, os levitas, escreveram abertamente e com deboche sobre o desprezo a qualquer mulher que não fosse virgem nem casada. Eles insistiam que todas as mulheres deviam ser publicamente designadas como propriedade privada de algum homem, o pai ou o marido. Assim, desenvolveram e instituíram o conceito de *moralidade* sexual – para mulheres.

No prefácio de uma versão do Talmude hebreu, em 1935, o historiador bíblico I. Epstein sugeriu que a principal razão para os hebreus serem tão ameaçados pelas religiões circundantes era a seguinte:

> A experiência logo provou quão grande era a tentação de imitar as práticas religiosas das nações circundantes, mesmo numa época em que os israelitas habitavam sua própria terra. A dificuldade de resistir à influência estrangeira ficou muito maior em períodos de dispersão, quando judeus moravam em ambientes pagãos e os rabinos precisavam atentar seriamente para como contra-atacar as forças da assimilação, que ameaçava submergir comunidades judaicas assentadas em países onde a religião vigente era a adoração a ídolos.
>
> É importante entender que a oposição veemente à idolatria, que distingue a legislação da Bíblia e depois do Talmude, não era apenas o antagonismo entre um sistema teológico e outro. Fundamentalmente, era um conflito de padrões éticos. Povos pagãos praticavam abominações seriamente advertidas a Israel nas escrituras. A idolatria era identificada como conduta imoral, identificação quase sempre verificada por experiência.

O "conflito de padrões éticos" e a "conduta imoral" parecem ser basicamente a percepção levita dos costumes sexuais, que se sabe terem existido em todos os períodos da história bíblica. A falta de preocupação com a paternidade das crianças entre os povos hebreus que ainda reverenciavam a Rainha do Céu permitia a continuação dos padrões de descendência matrilinear resultante dos costumes sexuais, e parece ter sido crucial para os sacerdotes das tribos hebreias perseguirem as antigas crenças. Sem dúvidas, ficou evidente para os líderes levitas a grande dificuldade dos hebreus em convencer suas mulheres a aceitarem ser propriedades dos maridos enquanto, paralela à religião deles, existisse uma outra em que elas detinham propriedades em seu nome, eram dotadas de uma identidade legal e tinham liberdade para se relacionar sexualmente com vários homens. Eles precisavam ensinar às hebreias a aceitar a ideia de que uma mulher dormir com mais de um homem era ruim. Precisavam ensinar que isso traria desastre, ódio e vergonha do todo-poderoso – mas ao mesmo tempo era aceitável que os maridos tivessem relações sexuais com duas, três ou cinquenta mulheres. Desse modo, a virgindade pré-nupcial e a fidelidade conjugal feminina eram proclamadas pela lei levítica como divinamente essenciais para todas as hebreias, a antítese das atitudes em relação à sexualidade feminina assumidas na religião da Deusa.

Contudo, a influência e o prestígio da antiga religião estavam sempre presentes. Como vimos, há constantes relatos bíblicos de "paganismo" em todas as épocas – era algo que pairava como um problema constante e está descrito por todo o Velho Testamento. Os sacerdotes-profetas de Iavé ameaçavam, repreendiam. Os escritores levitas rotulavam qualquer mulher sexualmente autônoma, inclusive as mulheres sagradas do templo, como prostitutas e meretrizes, exigindo o cumprimento das atitudes patriarcais levitas com respeito à propriedade sexual sobre as mulheres. Uma vez inventado esse conceito de "moralidade", passaram a lançar acusações de "imoralidade" contra aquelas que viviam e se comportavam da maneira mais elevada e sagrada de acordo com suas próprias crenças antiquíssimas.

"Mas tu agiste como meretriz de muitos amantes"

É muito reveladora a analogia simbólica traçada entre qualquer mulher que se recusasse a obedecer às leis da nova moralidade – continuamente apontada como meretriz e adúltera – e a teimosia e abjuração de todo o povo hebreu pela constante falta de fidelidade a Iavé. O uso da infidelidade sexual feminina como pecado máximo – grave a ponto de ser análogo à traição a Iavé – nos permite alguma reflexão sobre a atitude levita em relação à mulher sexualmente autônoma. As duas partes da analogia frequentemente se entrelaçam – às vezes de modo obscuro –, mas, enquanto os profetas de Iavé insultavam os hebreus que ousassem adorar a "outros deuses", simultânea e automaticamente atacavam qualquer mulher que se recusasse a ser propriedade de um homem. Como vimos, apesar das constantes ameaças, tanto hebreus como hebreias, até da realeza, continuaram de fato a adorar a Rainha do Céu. Aos que agiam assim, os sacerdotes recorriam ao símbolo de "Filha de Sião" e, assim como a essa filha, a denunciavam como meretriz infiel.

QUANDO DEUS ERA MULHER

Jeremias, Isaías, Ezequiel, Oseias e Naum, todos usaram exaustivamente a metáfora sexual. Segundo Jeremias 3:1, sacerdote levita, "'Se um homem se divorciar de sua mulher e depois da separação ela casar-se com outro homem, poderá o primeiro marido voltar para ela? Não seria a terra totalmente contaminada? Mas você tem se prostituído com muitos amantes e, agora, quer voltar para mim?', pergunta o Senhor". Em outra passagem (3:20), ele novamente compara a abjuração de hebreus a uma mulher infiel, dizendo: "'Mas, como a mulher que trai o marido, assim você tem sido infiel comigo, ó comunidade de Israel', declara o Senhor." Em outra reprimenda (2:20), ele acusou os hebreus – "em todo monte elevado e debaixo de toda árvore verdejante, você se deitava como uma prostituta".

Irado, falou como Iavé, perguntando: "'Por que deveria eu o perdoar?' 'Seus filhos me abandonaram e juraram por aqueles que não são deuses. Embora eu tenha suprido as suas necessidades, eles cometeram adultério e frequentaram as casas de prostituição.'" (Jeremias 5:7). Novamente foi usada a analogia em Jeremias 3:6-9:

> Durante o reinado do rei Josias, o Senhor me disse: "Você viu o que fez Israel, a infiel? Subiu todo monte elevado e foi para debaixo de toda árvore verdejante para prostituir-se. Depois de ter feito tudo isso, pensei que ela voltaria para mim, mas não voltou. E a sua irmã traidora, Judá, viu essas coisas. Viu também que dei à infiel Israel uma certidão de divórcio e a mandei embora, por causa de todos os seus adultérios. Entretanto, a sua irmã Judá, a traidora, também se prostituiu, sem temor algum. E, por ter feito pouco caso da imoralidade, Judá contaminou a terra, cometendo adultério com ídolos de pedra e madeira." (As palavras de Jeremias foram ditas aproximadamente um século após a derrota do reino do norte, Israel, por Sargão II da Assíria em 722 a.C.)

O sacerdote-profeta levita Ezequiel disse a sua congregação: "Esta palavra do Senhor veio a mim: 'Filho do homem, existiam duas mulheres, filhas da mesma mãe. Elas se tornaram prostitutas no Egito, envolvendo-se na prostituição desde a juventude. Naquela terra os seus peitos foram acariciados e os seus seios virgens foram afagados. A mais velha chamava-se Oolá; sua irmã, Oolibá. Elas eram minhas e deram à luz filhos e filhas. Oolá é Samaria, e Oolibá é Jerusalém.'" (Ezequiel 23:1-4) Toda a seção de Ezequiel 23 descreve o comportamento sexual "obsceno" dessas duas irmãs, simbolizando as duas capitais hebreias, e em um trecho (23:26), Ezequiel diz: "Assim darei um basta à lascívia e à prostituição que você começou no Egito." Finalmente, ele resume dizendo: "Dessa maneira darei fim à lascívia na terra, para que todas as mulheres fiquem advertidas e não imitem vocês. Vocês sofrerão o castigo de sua cobiça e as consequências de seus pecados de idolatria. E vocês saberão que eu sou o Soberano, o Senhor." (23:48-49) Em mais outra passagem (16:41), Ezequiel adverte: "Eles destruirão a fogo as suas casas e infligirão a você castigo à vista de muitas mulheres. Porei fim à sua prostituição, e você não pagará mais nada aos seus amantes."

Naum, falando da cidade de Nínive, um centro religioso da Deusa Ishtar na Babilônia, atacou dessa forma a Deusa e sua sexualidade: "Por causa das multitudes de prostituições da meretriz bem-favorecida, a amante de feitiçarias, que vendeu nações por meio de suas prostituições e famílias por meio de suas feitiçarias; vê que estou contra ti, disse o Senhor das Hostes, e vou descobrir tuas saias até teu rosto, e vou mostrar às nações tua nudez e os reinos que envergonhas."

Mas as primeiras seções do livro de Oseias apresentam muito claramente a indignação do homem hebreu com a esposa que se recusasse a ser sua propriedade particular. Primeiro, lemos que Iavé falou a Oseias: "'Vá, tome uma mulher adúltera e filhos da infidelidade, porque a nação é culpada do mais vergonhoso adultério por afastar-se do Senhor.'" (Oseias 1:2) Oseias então falou a sua filha sobre a "prostituição" e "obscenidade" da mãe dela, Gomer, que aparentemente era uma mulher sagrada do templo. Mais tarde foi dito a Oseias que jogasse fora o meretrício e adultério dela, ao que ela respondeu, desafiadora, que iria correr "atrás dos seus amantes". Em resposta a essa rebeldia, a deidade masculina ameaçou impedir as atividades dela pelo tempo necessário até que ela, desesperada, dissesse: "Voltarei a estar com o meu marido como no início."

Não está claro se essas palavras eram atribuídas a Oseias ou a Iavé, já que são inicialmente apresentadas como a fala de Oseias à esposa, mas lemos em Oseias 2:11-13: "'Acabarei com a sua alegria: suas festas anuais, suas luas novas, seus dias de sábado e todas as suas festas fixas. Arruinarei suas videiras e suas figueiras, que, segundo ela, foram pagamento recebido de seus amantes; farei delas um matagal, e os animais selvagens as devorarão. Eu a castigarei pelos dias em que queimou incenso aos baalins; ela se enfeitou com anéis e joias e foi atrás dos seus amantes, mas de mim, ela se esqueceu', declarou o Senhor." Oseias (4:14) então prossegue dizendo: "Não castigarei suas filhas por se prostituírem, nem suas noras por adulterarem, porque os próprios homens se associam a meretrizes e participam dos oferecidos pelas prostitutas cultuais."

"E eles foram em frente e mataram na cidade"

Aquelas mulheres eram insultadas e recebiam ameaças violentas. No livro de Jeremias, este profeta ameaçou furiosamente a "filha do Egito, Tiro, Sídon e Ascalão", uma referência simbólica à Deusa, a julgar pelas cidades mencionadas. Em outra passagem, ele advertiu as mulheres que anunciavam abertamente suas intenções de continuarem a adorar a Rainha do Céu de que encontrariam fome, violência e total destruição em consequência de suas crenças religiosas.

O profeta Isaías, angustiado com a situação, gemeu: "Meu povo é oprimido por uma criança; mulheres dominam sobre ele." (Isaías 3:12) Explodindo em acusações zombeteiras à "filha da Babilônia", mais uma referência a Ishtar, ele A insultou por Sua autoconfiança e sexualidade, bem como Seus poderes mágicos e encantamentos. Considerando a provável independência das hebreias, aparentemente influenciadas pela liberdade de outras mulheres à sua volta, Isaías listou todas as suas joias e acessórios de sedução com sumo desprezo e então ameaçou: "Seus homens cairão ao fio da espada; seus guerreiros morrerão no combate." (3:25) E "naquele dia, sete mulheres agarrarão um homem e lhe dirão: 'Nós mesmas providenciaremos nossa comida e nossas roupas; apenas case-se conosco e livre-nos da vergonha de sermos solteiras!'" (Isaías 4:1)

Assim, o profeta hebreu ansiava pelo dia da glória masculina, quando todas as mulheres independentes escolheriam ser propriedades de um homem, como devem ter sido forçadas no deserto, ou quando suas cidades foram incendiadas, suas famílias mortas e as primeiras esposas israelitas então levadas como prisioneiras de guerra pelas tribos hebreias. Na luta pelo parentesco masculino, Isaías sonhava com o dia em que as mulheres diriam "case-se conosco".

Na seção oito do livro de Ezequiel novamente encontramos a religião da Deusa sob ataque, quando ele recorda o seguinte evento em 8:7-10: "Em seguida me levou para a entrada do pátio. Olhei e vi um buraco no muro. Ele me disse: 'Filho do homem, agora escave o muro.' Escavei o muro e vi ali a abertura de uma porta. Ele me disse: 'Entre e veja as coisas repugnantes e más que estão fazendo.' Eu entrei e olhei. Lá, desenhadas por todas as paredes, vi todo tipo de criaturas rastejantes e animais impuros e todos os ídolos da nação de Israel." Segundo Ezequiel, as coisas "repugnantes" que os adoradores estavam fazendo dentro do templo, virados para leste, era se curvar ao Sol e levar um ramo às narinas, provavelmente um ramo da árvore sagrada chamada de *asherah*. Ezequiel prossegue: "Então ele me levou para a entrada da porta norte da casa do Senhor. Lá eu vi mulheres sentadas, chorando por Tamuz." (8:14) Esse comentário, mais claro que qualquer outro, revela que ele estivera observando a religião de Astarote/Ishtar – ainda praticada no templo em Jerusalém.

A figura misteriosa então disse: "Você vê isso, filho do homem?" Essa denominação "filho do homem" foi usada repetidamente no livro de Ezequiel, talvez para lembrar aos leitores que os sacerdotes levitas, como o próprio Ezequiel, não se consideravam mais filhos de mulheres. Depois, virando-se para as mulheres que oravam, a figura ordenou: "'Agora, filho do homem, vire o rosto contra as filhas do seu povo que profetizam pela sua própria imaginação [diferente dos profetas de Iavé, que aparentemente tinham uma linha direta com a fonte apropriada]. Profetiza contra elas.'" (Ezequiel 13:17)

Ameaças e insultos aos habitantes nativos de Canaã e aos hebreus que adotaram seus costumes não era só o que usavam para amedrontar e desencorajar os seguidores da Rainha do Céu. Em seguida há relatos de massacres a sangue frio, verdadeiras chacinas impiedosas dos que ainda se recusassem a aceitar Iavé. A própria Bíblia registra que qualquer hebreu que ousasse adorar a Rainha do Céu e Seu Baal era vítima de violenta perseguição religiosa.

As palavras e ameaças de Ezequiel, assim como as dos demais profetas, se traduziam em assassinato e destruição, explicadas como se fossem comandos de Iavé. Nas páginas do Velho Testamento, são registradas deste modo:

> [E o Senhor] lhe disse: "Percorra a cidade de Jerusalém e ponha um sinal na testa daqueles que suspiram e gemem por causa de todas as práticas repugnantes que são feitas nela." Enquanto eu escutava, ele disse aos outros: "Sigam-no por toda a cidade e matem, sem piedade ou compaixão, velhos, rapazes e moças, mulheres e crianças. Mas não toquem em ninguém que tenha o sinal. Comecem pelo meu santuário." Então eles começaram com as autoridades que estavam na frente do templo. E ele lhes disse: "Contaminem o templo e encham de mortos os pátios. Podem ir!" Eles saíram e começaram a matança na cidade toda. (Ezequiel 9:4-7)

Um relato anterior da chacina impiedosa em nome de Iavé contra a religião da Deusa ocorreu no reinado de Acabe. Elias exibiu a mesma atitude fanática que ao longo da história vem autorizando o assassinato em massa em nome de um princípio, seja político, religioso ou uma combinação dos dois. Referindo-se a quatrocentas pessoas que adoravam na antiga religião, a passagem (I Reis 18:40) afirma: "Então Elias ordenou-lhes: 'Prendam os profetas de Baal. Não deixem nenhum escapar!' Eles os prenderam, e Elias os fez descer ao riacho de Quisom e lá os matou."

Essa passagem em particular vem da Versão Padrão Revisada do Velho Testamento. Mas na New English Bible, publicada em 1970 pelas Sociedades Bíblicas da Escócia e Inglaterra, que retraduziram muitos textos antigos do original hebraico e grego, lemos a história de uma forma ligeiramente diferente. De fato, nessa versão do Velho Testamento muitas referências a Aserá, Astarote e *asherim* são mais explicitadas. Na New English Bible, Elias confronta a antiga religião como sendo de Aserá. Em I Reis 18:19, vemos que essas quatrocentas pessoas eram "quatrocentos profetas da deusa Aserá, que são beneficiários de Jezebel".*

---

* Tradução literal do original: "four hundred prophets of the goddess Asherah, who are Jezebel's pensioners". [N. de E.]

Na história de Jezebel, há tempos apresentada como epítome e símbolo da mulher traiçoeiramente maligna, fica muito evidente que seu verdadeiro crime foi se recusar a aceitar a adoração a Iavé, escolhendo a religião de seus pais, a da Rainha do Céu e Seu Baal. Os pais dela, rainha e rei de Sídon (alguns dizem que era Tiro), tinham alta posição na antiga religião como alta sacerdotisa e sacerdote. Jezebel não só seguia a antiga religião como, segundo a Bíblia, influenciou seu marido Acabe, rei hebreu de Israel, a também adotar os modos pagãos, erigindo *asherim* no templo. O suposto crime de Jezebel, de ter começado um rumor que resultou na morte de um homem, é questionável quando constatamos que o marido dela é quem realmente desejava a propriedade do morto e que a acusação feita a ela foi baseada em cartas assinadas com o nome de Acabe.

Jezebel foi assassinada da maneira mais repugnante, descrita em mórbidos detalhes na Bíblia, certamente com a intenção de advertir todas as outras mulheres "traiçoeiras". A execução foi feita por Jeú, herói vingador hebreu. Porém, os motivos de Jeú se tornam assustadoramente óbvios quando, depois da morte da rainha "pagã", ele providenciou um massacre daqueles que "comessem na mesa real dela" e então reclamou para si o trono de Israel.

Pouco depois do assassinato de Jezebel, Jeú convocou uma assembleia solene das pessoas que prestavam homenagem a Astarote e Baal, enganando-os desse modo para que se reunissem no templo deles em um horário marcado. Na descrição, o sagrado santuário estava lotado. Depois foi relatado na Bíblia: "E eles se aproximaram para oferecer sacrifícios e holocaustos. Jeú havia posto oitenta homens do lado de fora, fazendo-lhes esta advertência: 'Se um de vocês deixar escapar um só dos homens que estou entregando a vocês, será a sua vida pela dele.'" (II Reis 10:24) E foi registrado que Jeú e seus homens assassinaram todos os membros da congregação e por fim fizeram do prédio em si uma "latrina". E quando o massacre e a profanação estavam completos, registra-se que Jeú ouviu Iavé dizer: "você executou corretamente o que eu aprovo". (II Reis 10:30)

"Então ele pode escrever a ela um termo de divórcio"

As evidências são abundantes. A religião de Astarote, Aserá ou Anate e Seu Baal – acompanhada da autonomia sexual feminina – era o inimigo.

QUANDO DEUS ERA MULHER

Nenhum método era considerado muito violento se atingisse a meta. Para elucidar ainda mais as motivações subjacentes dos levitas, além dos massacres, podemos citar as regras que os sacerdotes declararam a todas as hebreias. A leitura das leis levíticas evidencia que a autonomia sexual das mulheres na religião da Deusa era uma ameaça constante. Sabotava as grandiosas metas dos homens, talvez guiados ou influenciados pelos povos indo-europeus, que consideravam as mulheres como propriedades e almejavam uma sociedade em que o parentesco masculino fosse a regra, como já era há muito tempo nas nações indo-europeias. Por sua vez, isso exigia que cada mulher fosse propriedade de um só homem, não deixando dúvida da identidade do pai dos filhos que ela concebesse, especialmente filhos homens. Mas as linhas de parentesco masculino continuavam impossíveis enquanto as mulheres pudessem agir como pessoas sexualmente independentes, continuando a gerar filhos de paternidade desconhecida ou nem considerada importante.

Leis, discursos e até a palavra divina pareciam ter sido ineficazes contra uma liberdade há tanto tempo conhecida. Assim, foram planejadas e distribuídas punições severas para conseguir o controle sexual total das hebreias. Qualquer desvio era pecado e em muitos casos a punição era a morte em desgraça e agonia. (Embora essas leis apareçam nos livros do Levítico e Deuteronômio que, diz-se, foram escritos no tempo de Moisés, estudiosos da Bíblia geralmente os datam entre 1000 e 600 a.C.) De acordo com as leis levíticas, todas as mulheres deveriam permanecer virgens até o casamento. Já legalmente casada, uma mulher só se relacionaria sexualmente com o homem que fora designado como seu marido, que seria escolhido pelo pai dela. Esse marido poderia já ter possuído, ou poderia no futuro adquirir qualquer número de outras esposas ou concubinas, livre para acrescentar mais uma a qualquer quando bem entendesse.

Levítico 20:10 diz que se uma mulher cometesse adultério, tanto ela como o amante seriam condenados à morte. Em Deuteronômio, os levitas escreveram sobre a noiva israelita: "Se, contudo, a acusação for verdadeira e não se encontrar prova de virgindade da moça, ela será levada à porta da casa do seu pai e ali os homens da sua cidade a apedrejarão até a morte. Ela cometeu um ato vergonhoso em Israel, prostituindo-se enquanto estava na casa de seu pai. Eliminem o mal do meio de vocês." (Deuteronômio 22:20-21) Então

E OS HOMENS DA CIDADE DEVEM APEDREJÁ-LA

uma moça hebreia poderia ser arrastada de casa e brutalmente apedrejada até a morte – por ter feito amor, ou mesmo por ter perdido a virgindade por meio de outra atividade, ou acidente, enquanto suas contemporâneas canaanitas teriam sido consideradas santificadas por participar dos costumes sexuais sagrados.

Os levitas estavam tão determinados a promover o desenvolvimento de um cuidado reverente com a paternidade dos filhos que, entre eles, até um estupro violento era igualado a um casamento, igual ao que acontecia entre os assírios controlados pelos indo-europeus. Na lei levítica, o estupro de uma virgem era honrado como uma declaração de propriedade e acarretava um casamento forçado. A mulher vítima do estupro automaticamente perdia o direito de seguir a vida como solteira ou de se tornar esposa em um casamento planejado com mais reflexão e provavelmente mais desejável. Segundo a lei, "Se um homem se encontrar com uma moça sem compromisso de casamento e a violentar, e eles forem descobertos, ele pagará ao pai da moça cinquenta peças de prata e terá que casar-se com a moça, pois a violentou. Jamais poderá divorciar-se dela." (Deuteronômio 22:28,29)

Para as filhas levitas era decretado: "Se a filha de um sacerdote se corromper, tornando-se prostituta, desonra seu pai; deverá morrer queimada." (Levítico 21:9). Como foram os próprios sacerdotes levitas que escreveram as leis, essa disposição de queimar as próprias filhas até a morte talvez seja a revelação mais evidente da intensidade da atitude dos mesmos em relação à autonomia sexual das mulheres.

Pode ser espantosa também a lei sobre a vítima de estupro que, se fosse casada ou noiva, deveria ser morta – por ter sido estuprada. A lei declara que uma mulher noiva ou casada que fosse sexualmente violentada seria apedrejada até a morte, e o homem também (Deuteronômio 22:23-25). O estupro era visto como uma afronta ao homem que fosse seu proprietário. Só no campo deserto a mulher poderia ser "desculpada" por ter sido estuprada, pois talvez tivesse pedido socorro e ninguém ouvira.

Embora a Bíblia anunciasse repetidamente que a mulher que ousasse fazer amor com outro homem que não seu marido representaria uma degradação vergonhosa e profana para toda a fé, os homens hebreus podiam circular honradamente coletando tantas mulheres quantas pudessem sustentar economicamente. Os registros dos reis hebreus revelam que mantinham grandes haréns e a maioria dos hebreus parece ter tomado várias esposas. Entretanto, esperava-se que cada uma dessas mulheres fosse fiel ao fragmento de marido que lhe fora atribuído. A falta de fidelidade por parte do homem parecia ser ponto pacífico, a menos que a outra mulher já fosse casada ou noiva, o que era considerado pecaminoso porque era uma infração legal à propriedade de outro homem. Dificilmente a fidelidade romântica dos parceiros no casamento era considerada importante ou sagrada; apenas para as mulheres a virgindade pré-nupcial e a fidelidade sexual se tornaram questões "morais", atitudes refletidas até hoje.

Mas também era precária a posição da mulher casada que tivesse sido fiel. Em Deuteronômio 24:1, a lei evidencia um problema da mulher casada. "Se um homem casar-se com uma mulher e depois não a quiser mais por encontrar nela algo que ele reprova, dará certidão de divórcio à mulher e a mandará embora." Como vimos anteriormente, sob a lei levítica somente o marido poderia pedir ou exigir divórcio. De fato, ele só precisava escrever um bilhete. Uma sociedade bem diferente de Esnuna, na Suméria, na qual o homem que tomasse uma segunda mulher depois que a primeira tivesse filhos, seria posto para fora da casa sem posse alguma.

Ficam claras as vantagens do parentesco e linhas de herança masculinos, não só para a realeza ou o clero, mas até para o homem comum. A mulher que tivesse morado na casa com o marido, provavelmente tendo filhos, fazendo serviços domésticos, talvez contribuindo e aumentando o valor da casa, propriedades e terras por seus próprios esforços, não importando sua idade ou seu estado de saúde, não tinha direito legal nem apelação a nada. Ela poderia simplesmente receber um comunicado e ser colocada para fora. O marido passava a assumir a posse de todos os produtos, do tempo e dos esforços dela e, se ainda não o tivesse feito, provavelmente a substituiria logo por outra esposa, ou duas. Com a virgindade perdida, ela ficaria praticamente sem valor como material matrimonial.

Esses divórcios podem não ter acontecido com frequência, embora não tenhamos registros para julgar, mas é provável que as leis que os permitiam resultassem em uma mulher amedrontada pela possibilidade de ser dispensada, tornando-se uma serva submissa, o arquétipo da "boa esposa", obediente e sorridente ao atender aos mínimos desejos e caprichos do marido.

"Eu vim para destruir as obras das mulheres"

A supressão e perseguição à religião da deidade feminina continuou por séculos. No Avodah Zarah, um livro do Talmude hebraico compilado aproximadamente no século V d.C., são dadas diretrizes ao adorador pio para que pudesse entender como destruir os poderes de um "ídolo". Isso poderia ser feito arrancando a ponta da orelha ou do nariz (o que pode explicar a falta de nariz em tantas estátuas). O livro inteiro era cheio de regras e leis específicas descrevendo as relações que os hebreus deveriam manter com os "idólatras".

Depois de florescer por milhares de anos, trazendo em seus primórdios invenções de métodos de agricultura, medicina, arquitetura, metalurgia, veículos com rodas, cerâmicas, têxteis e linguagem escrita, as civilizações que adoravam a Deusa foram gradualmente pisoteadas. Os indo-europeus tinham iniciado inúmeras mudanças, mas passou a ser o dever de todo hebreu, em seguida de todo cristão, suprimir e destruir a adoração à deidade feminina onde quer que ainda existisse.

Se os hebreus seguiam os comandos descritos em Deuteronômio, os massacres descritos no Velho Testamento podem ter sido apenas uma porção simbólica dos assassinatos e destruições que realmente foram cometidos. A perseguição à religião da Deusa continuava na medida em que a literatura e os dogmas da religião levítico-hebraica eram incorporados à nova fé, que eventualmente se desenvolveria como o cristianismo. O poder e a influência da nova Igreja cresceram, a lei levítica foi justaposta pela imagem revisada da lenda familiar da mãe com o filho morto – e com ela veio uma supressão ainda mais extremada da religião feminina.

Em 1971, R.E. Witt escreveu *Isis in the Græco-Roman World*, indicando que a adoração à Deusa como Ísis e Artêmis, nomes amplamente usados na época de Cristo, era o alvo do apóstolo Paulo. O autor conta que

> Na Palestina e na Síria, assim como na Ásia Menor, onde tanto se concentrou o zelo apostólico de Paulo, o culto a deidades femininas estava profundamente enraizado e era muito antigo (...) o sermão atacando a idolatria mostrada pelos efésios em relação à Grande Deusa Artêmis não sobreviveu em detalhes. Não

precisamos duvidar de que Paulo tenha percebido a dimensão das deidades femininas, já que tinha longa experiência com a influência destas, especialmente Artêmis e Ísis. (...) Paulo sabia que ali estava um rival perigoso. (...) Sem dúvidas, a visão paulina do isiscismo (adoração a Ísis) era crítica e penetrante. O mundo de Paulo era um patriarcado, sua religião era cristológica e monoteísta, e Deus se encontrava na forma de um homem. Ísis era mulher. (...) O inimigo óbvio da Igreja em seus primeiros embates ecumênicos era o culto a Ísis e seus companheiros de templo. Isso fica evidente mesmo antes do golpe mortal que o paganismo recebeu de Teodósio.

Witt também cita um trecho, talvez o mais revelador na história da destruição da religião da Deusa, contando que: "Clemente de Alexandria reproduz uma fala do *The Gospel According to the Egyptians*. As palavras de Cristo são interessantes e no contexto quase certamente são direcionadas à adoração vigente a Ísis: 'Eu vim para destruir as obras das mulheres.'"

Por volta de 300 d.C., o imperador Constantino deu fim ao antigo santuário de Astarote em Afqa e promoveu uma supressão generalizada da adoração a ela em toda Canaã, alegando que era "imoral". Diz-se que ele teve uma visão de Cristo durante uma batalha e ouviu as palavras "Neste sinal, conquista". Estranhas palavras para o Príncipe da Paz.

Em 380 d.C., o imperador Teodósio fechou o templo da Deusa em Elêusis, os templos da Deusa em Roma e a "sétima maravilha do mundo", o templo da Deusa então conhecida como Artêmis ou Diana em Éfeso, no oeste da Anatólia. Disseram que ele desprezava a religião das mulheres. Esse grande imperador cristão pode ser mais lembrado por seu massacre de sete mil pessoas em Tessalônica.

Em Atenas, o Partenon da Acrópole, lugar sagrado da Deusa desde os tempos micênicos de 1300 a.C., foi convertido em igreja cristã em 450 d.C. No século V, o imperador Justiniano converteu os templos remanescentes de Ísis em igrejas cristãs.

Na Arábia do século VII, Maomé acabou com a adoração nacional à Deusa do Sol, Al Lat, e à Deusa conhecida como Al Uzza, nome que pode ter sido relacionado à antiga Ua Zit. O professor J. B. Pritchard escreve que de início Al Lat era praticamente a mesma deidade que Aserá na religião arábica. Maomé fez surgir a adoração a Alá como o deus supremo. Alá realmente significa deus, assim como Al Lat significa Deusa. Não é sempre percebido na sociedade ocidental, mas Maomé incorporou muitas lendas e atitudes do Velho e do Novo Testamento no Alcorão muçulmano, a bíblia do islã. No Alcorão, em Sura 4:31 vemos que: "Os homens têm autoridade sobre as mulheres porque Deus fez um superior ao outro e porque eles gastam sua riqueza para mantê-las. Por isso, as boas mulheres são obedientes, guardando suas partes não vistas como Deus as guardou."

Mais recentemente, no século XVI, os acadêmicos hebreus compilaram um texto conhecido como Cabala. Novamente aparece o nome de Lilith, que já fora descrito em placas sumérias como "a mão de Inanna", aquela que trazia homens para o templo, nome também encontrado na literatura hebraica como a primeira esposa de Adão, que se recusou a ficar por baixo dele e obedecer a seus comandos. Na Cabala hebraica, Lilith foi apresentada como o símbolo do mal, o mal feminino. G. Scholem escreveu que no Zohar, uma parte da Cabala, afirmou-se que "Lilith, Rainha dos demônios, ou os demônios de seu séquito, faz o que pode para provocar os homens para atos sexuais sem benefício de uma mulher, sendo seu alvo fazer para si mesma corpos com o sêmen perdido".

Era uma advertência de que Lilith pairava por ali, só esperando haver esperma disponível para ela criar demônios e filhos ilegítimos. A Cabala avisava que, com a ajuda de Lilith, os filhos ilegítimos de fato vinham. Seria isso uma remota referência às antigas *qadishtu*, sua imagem agora incorporada no vil demônio Lilith? O principal fator para se esquivar da perigosa Lilith era mais uma vez a questão da herança. Isso transparece na descrição das ações das crianças ilegítimas depois que o pai morria.

Scholem conta que:

> Desejando, junto com as outras crianças, ter no falecido um papel de pai, elas dão puxões e beliscões para que ele sinta a dor, e o próprio Deus ao ver esses rebentos perniciosos junto ao corpo se lembra dos pecados do falecido. (...) Todos os filhos ilegítimos que um homem tenha concebido com demônios no curso de sua vida aparecem depois de sua morte para tomar parte no luto e

no funeral (...) os demônios reclamam sua herança nessa ocasião, junto com os outros filhos do falecido, e tentam prejudicar os filhos legítimos.

Resumo

Vimos que as ordens para destruir a religião da Deusa foram construídas nos próprios cânones e leis das religiões masculinas que a substituíram. Fica claro que a antiga reverência à deidade feminina não cessou simplesmente, mas foi desaparecendo de modo gradual, primeiro com os invasores indo-europeus, depois com os hebreus, chegando aos cristãos, e ainda mais tarde com os maometanos. Com a aceitação definitiva das religiões masculinas em grande parte do mundo, os preceitos de "moralidade" sexual, isto é, virgindade pré-nupcial e fidelidade conjugal para as mulheres, foram incorporados às atitudes e leis das sociedades que as abraçaram.

Não há dúvida sobre o antagonismo expressado pelos patriarcas levitas em relação à religião da deidade feminina. Relatos, talvez originalmente lembrados na forma oral, extraídos de outros escritos hebraicos ou mesmo em alguma outra linguagem, tornaram-se parte dos textos bíblicos que se assume terem sido escritos, como os conhecemos, em aproximadamente 1000 a.C. A partir do tempo de Moisés, os levitas parecem ter tomado a decisão de destruir os templos e santuários da antiga adoração. Desde então até a queda das duas nações hebraicas em 722 e 586 a.C., lemos na Bíblia sobre os verdadeiros massacres e profanações executados, como alegam, por comando da deidade masculina. É inevitável observar a constante ênfase na sexualidade feminina sendo aceitável apenas quando as mulheres estavam a salvo, designadas como propriedade de um homem específico, e qualquer desvio dessa regra era denunciado como meretrício ou adultério, sujeito a punição por morte, o que tornava bem difícil seguir os costumes sexuais da antiga religião.

O mito de Adão e Eva, segundo o professor Chiera, mostra evidências de ter sido "produzido em círculos acadêmicos", portanto, não é especulação demasiada sugerir que pode ter sido intencionalmente escrito e incluído na história bíblica da criação como mais um ataque à religião da Deusa.

Na lenda da criação de toda existência e vida por Iavé, história que supostamente explica o que aconteceu no começo dos tempos, pode ter sido

E OS HOMENS DA CIDADE DEVEM APEDREJÁ-LA

inserida a imagem da mulher como tentação perigosamente sedutora, que causou a queda de toda a humanidade. Diante de tudo que sabemos sobre os costumes sexuais sagrados na religião da Deusa – a constante presença dos mesmos entre os hebreus até em Jerusalém; o uso dos mitos com dragões e serpentes pelos indo-europeus (frequentemente em conjunção com histórias da criação) e os vestígios do mito de Leviatã no Velho Testamento –, podemos ter uma percepção mais esclarecedora do simbolismo e da mensagem contidos no mito bíblico de Adão e Eva.

O exame das imagens simbólicas da religião da Deusa e da lenda do Livro de Gênesis sobre a criação, no próximo capítulo, fornece algumas informações surpreendentes. Podemos começar a compreender o que significa quando a Bíblia diz que Eva desafiou a deidade masculina e, em vez disso, aceitou a palavra e o conselho da serpente. Podemos de fato descobrir que o mito aparentemente inocente do Paraíso e de como o mundo começou foi, na verdade, cuidadosamente construído e propagado para "manter as mulheres no lugar delas", o lugar designado a elas pela tribo levita da Canaã bíblica.

CAPÍTULO 10

Desvendando o mito
de Adão e Eva

Quando comecei minha investigação da adoração à deidade feminina, uma grande motivação foi a imagem da mulher apresentada pelo judaísmo e pelo cristianismo – aquela conhecida como Eva. Quanto mais eu explorava os ritos e simbolismos dos que reverenciavam a Divina Ancestral, mais me convencia de que o mito de Adão e Eva, um conto, sem dúvidas, expressando um ponto de vista e com um desfecho muito tendencioso, fora destinado à utilização na batalha constante dos levitas para suprimir a religião feminina. Talvez fosse uma versão adaptada do mito do dragão e da serpente, que deixaram vestígios nos livros bíblicos dos Salmos e de Jó.

A fé feminina tinha uma estrutura teológica muito complexa, afetando muitos aspectos da vida dos que rendiam homenagens a Ela. Foram milhares de anos de desenvolvimento, e seu simbolismo era rico e intricado. Símbolos tais como serpentes, árvores frutíferas sagradas e mulheres sexualmente tentadoras seguindo conselhos de serpentes podem ter sido entendidos nos tempos bíblicos como símbolos da presença já familiar da deidade feminina. No mito do Paraíso, essas imagens podem ter explicado alegoricamente que dar ouvidos às mulheres que reverenciavam a Deusa já tinha causado a expulsão de toda a humanidade de seu lar original na graça no Éden.

Cobras sagradas e visão profética

Comecemos com a serpente. Em algumas terras, toda existência parece ter começado com uma serpente. Apesar da suposição insistente, talvez esperançosa, de que era vista como símbolo fálico, ela parece ter sido originalmente reverenciada como mulher no Oriente Próximo e Médio, geralmente relacionada à sabedoria e aos conselhos proféticos em vez de fertilidade e crescimento, como se sugere com frequência.

A Deusa Nidaba, escriba do céu sumério, a Instruída das Câmaras Sagradas, adorada como a primeira deidade patrona da escrita, às vezes era representada por uma serpente. Na cidade suméria de Dir se referiam à Deusa como a Divina Senhora Serpente. Dizia-se que a Deusa sob o nome Ninlil, às vezes mencionada como provedora da agricultura e subsequente civilização para Seu povo, tinha uma cauda de serpente. Em várias placas sumérias, a Deusa era simplesmente chamada de Grande Mãe Serpente do Céu.

Stephen Langdon, o arqueólogo que conduziu uma das primeiras escavações na Suméria e depois lecionou em Oxford, afirmou que Inanna, então conhecida como Ininni, era estreitamente relacionada à adoração à serpente. Ele também A descreve como a Divina Mãe que Revela as Leis. Ele escreve que a Deusa conhecida como Nina, outra forma talvez mais antiga do nome Inanna, era uma deusa serpente que remontava aos mais antigos períodos sumérios. E explica que, como Nina, era prezada como deidade oracular e intérprete de sonhos, e cita uma oração em uma placa suméria: "Oh Nina de ritos sacerdotais, Senhora de preciosos decretos, Profetisa de Deidades és tu." Também comenta: "As evidências indicam uma deusa serpente original como a intérprete de sonhos do futuro desconhecido." Várias esculturas descobertas na Suméria, datando de aproximadamente 4000 a.C., mostram uma figura feminina com cabeça de cobra.

Escrevendo sobre Elão, logo ao leste da Suméria, onde nos primeiros tempos a Deusa reinava suprema, o dr. Walther Hinz conta: "parte dessa individualidade [em Elão] consiste em respeito e reverência incomuns pela eternidade da condição de mulheres e em adoração a cobras, que têm raízes na magia... Até as cerâmicas dos terceiro e quarto milênios mostram uma profusão de cobras".

Ishtar da Babilônia, sucessora de Inanna, foi identificada com o planeta Vênus. Em alguns textos babilônicos, esse planeta era chamado Masat, literalmente significando "profetisa". Ishtar foi representada sentada no trono real do céu, segurando um bastão onde se enroscavam duas cobras. Um selo da Babilônia, mostrando Ishtar segurando o cetro com cobras entrelaçadas, traz a inscrição "Senhora da Visão de Kisurru". Em outro lugar foi registrada como "Aquela que Dirige os Oráculos" e "Profetisa de Kua". As placas babilônicas oferecem numerosos relatos de sacerdotisas que davam conselhos proféticos nos templos de Ishtar, alguns deles muito significativos nos registros de eventos políticos.

DESVENDANDO O MITO DE ADÃO E EVA

Mesmo no mito babilônico-cassita, Tiamat foi registrada como o primeiro ser divino. Segundo a lenda, ela originalmente possuía as Tábuas do Destino e, ao ser assassinada, estas são reclamadas como propriedade de Marduque. Nesse mito, Tiamat era descrita como um dragão ou serpente. A associação concreta da serpente com a deidade feminina, em todos os textos e as inscrições na Suméria e na Babilônia, provavelmente foi a razão de usarem esse simbolismo nos mitos indo-europeus.

Na ilha de Creta, a cobra aparece na adoração à deidade feminina com maior frequência do que em qualquer outra parte da área mediterrânea. Em toda a ilha foram desenterrados artefatos retratando a Deusa ou Suas sacerdotisas segurando cobras nas mãos ou trazendo-as enroladas no corpo, revelando que esse animal era parte integral dos rituais religiosos. Junto às estátuas de sacerdotisas com cobras entrelaçadas, foram descobertos objetos cilíndricos em argila, também com cobras enroladas em volta. Arthur Evans, o arqueólogo que escavou o palácio cretense em Cnossos, os descreve como "tubos de cobras" e sugere que eram usados para alimentar as serpentes sagradas mantidas nos santuários da Deusa cretense. As abundantes evidências da natureza sagrada da serpente de fato apareceram tão extensamente em Creta que muitos arqueólogos se referem à deidade feminina de lá como a Deusa Serpente.

Evans oferece evidências que sustentam a afirmação de que a Senhora das Serpentes em Creta era originalmente derivada da adoração à Deusa Cobra pelos povos pré-dinásticos do Egito, e sugere que a adoração à Senhora Serpente pode ter sido levada a Creta em torno de 3000 a.C. É praticamente a mesma época da formação da Primeira Dinastia do Egito – e ele sugere também que o povo egípcio pode ter fugido para Creta devido às invasões naquele tempo.

O uso da cobra na religião da Deusa no Egito era tão antigo que o sinal que precedia o nome de qualquer Deusa era a cobra (isto é, uma figura de cobra era o hieróglifo para a palavra Deusa). No Egito pré-dinástico, a deidade feminina do Baixo Egito (ao norte) era a Deusa Cobra conhecida como Ua Zit. Não se sabe muito sobre essa antiquíssima Deusa Cobra, mas depois A vemos como a cobra do ureu usada na testa de outras deidades e da realeza egípcia. A cobra era conhecida como o Olho, *uzait*, símbolo de intuição mística e sabedoria. Derivações posteriores, como Hator e Maat, também eram conhecidas como o Olho. Esse termo, em qualquer contexto, era escrito na forma feminina. A posição do Olho e sua eventual associação com deidades masculinas foi explicada no Capítulo 4. A Deusa como Hator era também associada ao deus masculino Hórus; o nome Dela de fato significa Casa de Hor. Mas um texto preservou a história de que Hator tinha sido a serpente que existia antes que qualquer coisa tivesse sido criada. Ela então fez os céus, a terra e toda vida que existia ali. Nesse relato, embora o texto não esteja claro quanto ao motivo, Ela estava zangada e ameaçou destruir toda a criação e reassumir Sua forma original de serpente.

Um santuário para profecias ficava na cidade egípcia de Buto, que já foi o principal centro religioso da Deusa Cobra. A cidade era de fato conhecida na língua egípcia como Per Uto, mas os gregos a chamavam de Buto e usavam esse nome para a própria Deusa Cobra. Esse santuário nos tempos clássicos gregos era creditado à Deusa conhecida como Leto, mas é provável que esse mesmo local tenha sido o santuário de aconselhamento oracular da própria Deusa Ua Zit. Heródoto relatou ter visto quantidades imensas de esqueletos de cobras cobrindo uma passagem naquela cidade.

Na Grécia, conseguimos olhar mais de perto para as variações egípcia e cretense da Deusa Serpente. A natureza da religião tinha passado por grandes transformações após as invasões de aqueus e dórios, que trouxeram a adoração a Zeus, mas muitos vestígios das primeiras imagens e símbolos sobreviveram. Isso se manifestou especialmente na figura heroica de Atena. Sua serpente aparecia constantemente em lendas, desenhos e esculturas. Em algumas estátuas, aparece embaixo de Seu grande escudo de bronze ou a Seu lado. Uma edificação conhecida como Erecteion ficava na Acrópole junto ao templo Dela, o Partenon. O Erecteion era considerado a casa da cobra de Atena, mas a cobra da Deusa da Sabedoria grega, reverenciada nas alturas majestosas da Acrópole, não foi uma criação do período grego clássico. Apesar da lenda indo-europeia grega sugerindo que Atena tenha nascido da cabeça de Zeus, a adoração à Deusa chegara muito antes à Acrópole – com a Deusa cretense dos assentamentos micênicos.

As conexões começam a tomar forma. Como já lemos, os micênicos eram o povo que tinha vivido em Creta, no palácio de Cnossos, em torno de 1400 a.C. Eles haviam incorporado a antiga cultura minoica-cretense à deles, em tal extensão que a adoração é frequentemente descrita como religião minoico-micênica. Os estilos de vestimentas, anéis de sinete, murais, selos e artefatos de todo tipo revelam a grande similaridade entre as crenças religiosas micênicas e as dos cretenses. Uma vez compreendidas essas conexões, constatamos o significado do fato de que, sob as ruínas dos templos gregos clássicos de Atenas e Delfos, e de vários outros santuários onde a Deusa era muito associada à Sua serpente, jazem esses vestígios micênicos mais antigos.

O santuário que pode oferecer a visão mais profunda das conexões da deidade feminina da Grécia com a Deusa Serpente de Creta é o de Delfos. Abaixo do templo clássico e de outras construções em Delfos foram desenterrados artefatos micênicos e ruínas de antigos santuários. Nos primórdios, a Deusa era sagrada nesse local, a que fornecia as revelações divinas proferidas pelas sacerdotisas que A serviam. A mulher que enunciava os oráculos da divina sabedoria era chamada de pitonisa, termo oriundo de Píton. Embora os últimos escritos gregos usassem o gênero masculino, nos primeiros relatos a pitonisa era feminina. A serpente píton era tão importante que essa cidade já tinha sido conhecida como Pito. Segundo Pausânias, o primeiro templo naquele local foi construído por mulheres, ao passo que Ésquilo registra que nesse mais sagrado de todos os templos a Deusa era exaltada como a Profetisa Primeva. Tempos depois, os sacerdotes de Apolo tomaram o templo e a lenda grega relata que este assassinou a píton. As muitas esculturas e relevos de mulheres, geralmente descritas como "amazonas" lutando contra homens, podem de fato representar esse ataque inicial.

Relatos sobre Píton, bem como a lenda de Cassandra de Troia, revelam que as cobras eram habitantes familiares no santuário oracular de Delfos. No templo da Deusa conhecida como Hera, estreitamente associada a Gaia de Delfos, a Profetisa Primeva, também se mantinham cobras. Os locais adivinhatórios em Delfos, Olímpia e Dodona inicialmente identificados com a Deusa, posteriormente seriam confiscados pelos sacerdotes de Zeus e Apolo (ambos descritos como matadores da serpente da Deusa Gaia). Mesmo em nome das deidades masculinas, quem costumava oferecer com mais frequência os respeitáveis conselhos ainda eram as sacerdotisas.

Até o momento, observamos que a deidade feminina, como era conhecida na Babilônia, no Egito, em Creta e na Grécia, era identificada como ou associada a serpentes, animal intimamente ligado à sabedoria e profecia. Mas a Deusa Serpente não era conhecida só naquelas terras. Novamente, quando voltamos a olhar para Canaã, que beirava o mar Mediterrâneo (assim como Egito, Creta e Grécia), descobrimos evidências do louvor à Deusa como Senhora Serpente.

As conexões ocorrem de maneira complexa. Realmente mereceriam um livro inteiro em vez dos poucos parágrafos de que dispomos. A partir dos tempos neolíticos, as pessoas passaram a se movimentar bastante, comerciando e guerreando a muitos quilômetros de sua terra natal. Fundavam colônias distantes onde quer que encontrassem madeira, ouro, especiarias e outros materiais valiosos. Navios fenícios atravessavam não somente o Mediterrâneo em todos os sentidos e os rios do continente, como também podiam contornar a costa da Espanha até Cádiz, e é possível que tenham chegado às Ilhas Britânicas muitos séculos antes do nascimento de Cristo e das invasões romanas. Antes dos fenícios, que na verdade eram cananeus de Tiro e Sídon, houve grupos de pessoas que navegavam livremente pelas águas mediterrâneas e eram chamados de Povos do Mar. Ao que parece viajaram pelos oceanos, quase sempre deixando vestígios de sua passagem ou assentamento.

Um desses povos era conhecido como filisteus. Nos familiarizamos com esse nome por meio da Bíblia, que os descreve como pessoas traiçoeiras e malignas – obviamente, arqui-inimigos dos hebreus. No entanto, como escreve o professor R. K. Harrison, "escavações arqueológicas no território filisteu têm demonstrado que é um erro se referir a esse povo como sinônimos de barbárie ou deficiência cultural, como se faz com tanta frequência no discurso comum".

O povo filisteu apresenta uma das conexões mais significativas entre a adoração da Deusa Serpente de Creta e a deidade feminina reverenciada em Canaã. O Velho Testamento os registra como um povo oriundo da ilha de Caftor – que geralmente se acredita ser Creta. Os egípcios a chamavam de Keftiu. A Bíblia os coloca vindos de Caftor e do Egito. Embora suas maiores migrações para Canaã apareçam em torno de 1200 a.C., há menção aos filisteus no tempo de Abraão. Vários escritores sugerem que os filisteus eram, na verdade, um ramo dos micênios, culturalmente ativos em Creta e na Grécia naquele mesmo tempo. Alguns escritores os associam aos pelasgos, povos que viviam na Grécia antes das invasões indo-europeias. Durante as maiores migrações de filisteus para Canaã, os principais assentamentos ficavam no sudoeste. Essa área passou a ser conhecida como Filisteia, origem do nome Palestina. As evidências sugerem que juntamente com o povo filisteu veio a religião da Deusa Serpente.

Algumas das evidências mais reveladoras de conexões da adoração da Deusa Serpente de Creta com a deidade feminina de Canaã, bem como da vizinha ilha de Chipre, foi a descoberta nesses lugares de "tubos de cobras" – quase idênticos aos encontrados em Creta. Mais significativo ainda é o fato de que um tubo de cobra foi desenterrado em um templo filisteu dedicado à adoração de Astarote.

O arqueólogo R. W. Hutchinson indica algumas dessas conexões:

> Os tubos de cobras de Gúrnia (uma cidade em Creta) têm paralelos interessantes fora de Creta, e Evans faz uma compilação de uma série convincente de exemplos de tubos de argila, conectados ao culto doméstico de cobras, alguns modelados com cobras enroladas. (...) Alguns dos exemplos mais interessantes desses tubos, entretanto, não vêm de Creta, mas de sítios da Alta Idade do Bronze em Chipre e Filisteia. Um tubo encontrado em Kition, em Chipre, mostra o tubo de cobra convertido em ninho de pomba. (...) Outro tubo encontrado na Casa de Astarote no sítio filisteu de Bete-Seã (Canaã), datado do reinado de Ramsés II do Egito (1292-1225 a.C.), mostra duas cobras rastejando em volta e para dentro do tubo.

Outra peça encontrada em Bete-Seã retrata a Deusa apoiada à janela de um santuário, com uma serpente emergindo de um nível abaixo. Nesse mesmo sítio foram encontradas algumas "placas de Astarte", além da estátua de uma mulher, talvez com a intenção de representar uma sacerdotisa – com uma serpente enrolada no pescoço. Outra descoberta interessante nesse templo é de uma serpente de terracota com seios. Segundo a Bíblia, foi nessa Casa de Astarote em Bete-Seã que a armadura do rei Saul hebreu, derrotado, foi vitoriosamente exposta pelos filisteus (I Samuel 31:10).

Na ilha vizinha de Chipre, em outro templo de Astarote localizado na cidade de Kition, perto da atual Lárnaca, descobriram não só um tubo de cobra muito similar aos de Creta, mas também uma pequena imagem em argila segurando uma cobra. Escavações recentes em Kition desenterraram outra imagem de Astarote. Não nos surpreende saber que o templo Dela em Kition tenha sido construído no que se acredita serem fundações micênicas ou cretenses.

A presença em si dos filisteus poderia ser suficiente para atestar e explicar o aparecimento da Deusa Serpente em Canaã, mas Sua adoração também teve acesso à "terra prometida" por outros canais. A Deusa Ísis-Hator, cuja adoração assimilou a de Ua Zit, a Deusa Cobra do Egito, era famosa em certas áreas do Sinai e de Canaã. Acredita-se que alguns desses lugares, ainda na Segunda Dinastia, eram portos ou mesmo colônias do Egito.

Algumas conexões da Deusa em Canaã com a deidade feminina conhecida no Egito são reveladas por seus nomes. No Egito, a Astarote cananeia era chamada de Asit, novamente muito parecido com Ua Zit e Au Set. O nome Umm Attar, Mãe Attar, era conhecido em partes da Arábia, provavelmente relacionado ao nome Hator, mas também a outro nome cananeu para Astarote – Attoret.

Vários templos antigos oferecem evidência das conexões entre Ísis-Hator e a Deusa em Canaã, aparecendo como a Deusa Serpente. Em um deles, Serabit el Khadim, um santuário na Península do Sinai perto das grandes minas egípcias de turquesa, foram descobertas inscrições bilíngues, egípcias e semíticas. As inscrições chamam de Deusa Hator a deidade que foi adorada no santuário. Nessas inscrições bilíngues, Hator também é designada como Baalat, significando Senhora ou Deusa, como a palavra era então conhecida em Canaã. J. R. Harris escreve sobre o templo no Sinai e discute a relação entre os dois nomes da Deusa. E explica que: "Aqui ela [Baalat] evidentemente se identificava com a Deusa Hator egípcia, em cujo templo todas as inscrições foram encontradas." Porém, talvez mais significativo seja o fato de que, nas paredes desse templo, há duas orações entalhadas na pedra. Em ambas a Deusa é invocada – como a Senhora Serpente.

Sir Flinders Petrie escreveu sobre prováveis oráculos dentro do complexo de Serabit. Esse santuário na Península do Sinai, que fica entre o Egito e Canaã, é especialmente digno de atenção, já que muitos estudiosos sugerem que pode ter estado na rota das tribos hebreias no êxodo do Egito.

A Bíblia registra que foi durante essa época no deserto que Moisés veio a possuir a "serpente de bronze", que apareceria setecentos anos depois no templo de Jerusalém. Serpente essa que seria destruída pelo reformista hebreu Ezequias como uma "abominação pagã", mas não é inconcebível que tenha caído nas mãos de hebreus em Serabit e que tivesse sido aceita temporariamente por Moisés para aplacar o povo hebreu.

No entanto, essa serpente de bronze parece ter sido identificada com a religião da Deusa, pois a Bíblia revela que permaneceu no mesmo templo em Jerusalém onde encontramos, em 700 a.C., vasos para Astarote e Baal, a *asherah*, a casa das mulheres sagradas e as mulheres que choravam por Tamuz.

O título de Baalat como outro nome para Hator leva a mais um santuário da Deusa, no porto cananeu de Biblos, um sítio que teve seu primeiro assentamento em torno de 6000 a.C. Já no século IV a.C., escritos de Berytus (Beirute) afirmavam que a Baalat ainda era a principal deidade da cidade Biblos. Com vista para as águas mediterrâneas, na face costeira do atual Líbano, no que um dia já foi Canaã, as fundações do templo datam de pelo menos 2800 a.C. Muitos registros de Biblos contam que na maior parte do tempo a cidade esteve estreitamente alinhada com o Egito.

Nesse templo em Biblos, a Deusa era reverenciada como Baalat e como Ísis-Hator. Muitos símbolos da Deusa e Sua cobra foram encontrados em meio às ruínas. Uma faixa para a cabeça, adornada com a cobra se erguendo, foi construída de tal forma que a cobra parecia emergir da cabeça de quem a usasse, como o Olho da Sabedoria. Nesse sítio também foram desenterradas duas cobras de ouro e uma vasilha para oferenda decorada com cobras. Na lenda egípcia, foi a essa cidade de Biblos em Canaã que Ísis viajou para recuperar o corpo de seu irmão/marido Osíris já morto.

Em toda Canaã aparecem evidências de cobras acompanhando a adoração à Deusa. É provável que a maioria das esculturas e artefatos lá associados à deidade feminina e Sua serpente tenham sido destruídos na época da ocupação do local pelos hebreus, conduzida pelos levitas. Entretanto, vestígios espalhados dão o silencioso testemunho da existência Dela por algum tempo até nas cidades do sul de Canaã.

Em Tanach, foram descobertas inúmeras cabeças de cobra, bem como uma pequena imagem segurando uma serpente. Ali também encontraram uma estatueta de bronze de Astarote com uma inscrição indicando que a Deusa dava os oráculos ao apontar Seu dedo.

Em Bete-Semes, as escavações encontraram jarros com serpentes e uma imagem da Deusa com uma cobra caindo de Seu ombro para o colo. Em Tell Beit Mirsim, outra fortaleza filisteia, havia muitas "placas de Astarte", além de uma placa que Albright identifica como a Deusa, com uma serpente enrolada na metade inferior do corpo. A peça está tão mutilada que eu hesitaria em dizer quem a imagem realmente representa, mas a serpente está bastante nítida.

Hutchinson traça uma conexão entre essa imagem em particular e a Deusa Serpente da Creta minoica, escrevendo:

> Uma deusa cobra semelhante parece ter sido adorada durante a Idade do Bronze na Palestina, onde encontraram em Tell Beit Mirsim, em um depósito datado de aproximadamente 1600 a.C., uma estela entalhada com a representação de uma deusa com sua cobra enrolada no corpo. Essa estela era praticamente contemporânea da imagem em faiança da Deusa Cobra encontrada nos repositórios do templo em Cnossos.

Outra serpente de bronze foi encontrada em Shushan, e os arqueólogos em Shechem desenterraram uma estatueta com uma cobra enrolada no corpo. Na cidade de Gezer, quase trinta quilômetros a noroeste de Jerusalém, uma serpente de bronze foi encontrada perto de uma caverna outrora usada como santuário religioso. Havia também uma placa da Deusa com uma cobra e, aparentemente, com serpentes decorando suas bordas. Sugere-se que os braços abertos Dela já tinham segurado serpentes, como em tantas outras placas desse tipo combinando aspectos de Astarote e Hator, em que os relevos na argila estão marcados com a inscrição Qadesh – Sagrada. Também foi descoberta uma imagem de Astarote em bronze nesse mesmo sítio.

O arqueólogo R. A. S. Macalister assim descreve as escavações em Gezer:

> Em um compartimento perto das pedras eretas foi encontrada uma miniatura em bronze de uma cobra que pode ter sido

DESVENDANDO O MITO DE ADÃO E EVA

usada como oferenda votiva. Faz lembrar a história, em II Reis, da serpente de bronze de Moisés, cuja adoração foi encerrada por Ezequias. É possível que esse objeto tivesse aparência semelhante. Outro achado notável nos arredores do local sagrado foi a imagem singular de Astarte com dois chifres.

Gezer tinha duas grandes cavernas subterrâneas e a cobra foi encontrada em uma estrutura circular próxima. Mais uma vez, vários autores sugerem que a adivinhação oracular pode ter sido praticada nessas câmaras subterrâneas, onde foram descobertas vasilhas para libação decoradas com cobras.

E na própria Jerusalém havia a serpente de bronze, que se diz datar do tempo de Moisés, guardada como ídolo sagrado no templo até aproximadamente 700 a.C.

O símbolo da serpente enroscada, em relatos de revelação oracular, aparece em todo o Oriente Próximo e Médio. Para resumir, são traçadas conexões entre a Deusa Cobra do Egito e a Deusa Serpente de Creta. Parece que os micênios levaram com eles, de Creta para os santuários da pré-Grécia, a serpente oracular, observada com maior clareza nos sítios de Atenas e Delfos. Outro povo, os filisteus, provavelmente de Creta, levaram a Deusa Serpente para o Chipre e Canaã, e os egípcios levaram a adoração à Senhora Serpente através do mar Mediterrâneo para Biblos e através das areias do Sinai até Serabit. Tanto na Babilônia quanto na Suméria encontramos a Deusa associada a cobras e à profecia oracular. Praticamente todas as áreas no Oriente Próximo e Médio fornecem relatos da serpente e dos santuários da sabedoria divina como elementos separados. Contudo, ocorrem juntos com frequência suficiente para sugerir o reconhecimento da relação entre esses dois elementos.

Ao questionar a natureza e o objetivo dos santuários oraculares e das sacerdotisas que davam conselhos, os registros históricos, especialmente na Babilônia e na Grécia, explicam que eram utilizados em assuntos vitais políticos, governamentais e militares. Não era só a crença no poder das sacerdotisas de verem o futuro que tornou a adivinhação oracular tão popular, mas também uma compreensão de que essas mulheres estavam em comunicação direta com a deidade que possuía a sabedoria do universo.

Os relatos das pessoas que acreditavam na revelação profética deixam evidente que elas não viam o futuro como algo predestinado, determinado por sinas incontroláveis, mas sim como algo que podia ser manipulado, contanto que se soubesse qual a forma mais vantajosa de agir. As sacerdotisas oraculares não eram consultadas para dar uma previsão firme do futuro, mas para aconselhar quanto à melhor estratégia de acordo com a situação. O conselho podia ser obtido em santuários por todo o caminho da Grécia à Mesopotâmia.

Evidências da Deusa na Suméria, chamada de Nina, Ininni ou Inanna, sugerem que a revelação divina era um aspecto da religião desde seus primórdios. Já na Babilônia, registros das Rainhas Sibtu e Nakia revelavam a importância e influência das sacerdotisas oraculares nos assuntos políticos não só babilônicos, como também da cidade de Mari. As profetisas babilônias eram conhecidas como *appiltu* ou *muhhtu*. É interessante notar que a palavra hebraica *zonah* é definida às vezes como "prostituta", às vezes como "profetisa".

J. Hastings escreve que, no Egito, nos "Impérios Antigo e Médio, as mulheres de famílias importantes frequentemente levavam o título de 'profetisas'. Nesse papel, quase sempre serviam às deusas Hator e Neite".

D. S. Russell escreve sobre as profetisas que viriam a ser conhecidas como as Sibilas. Estas eram identificadas com uma profetisa na Anatólia, chamada Sybella, de quem podemos suspeitar que tivesse alguma conexão com a Deusa conhecida lá como Cibele. De fato, foram as Sibilas de Roma as responsáveis pela entrada da adoração da Cibele de Anatólia para Roma. Segundo Russell:

> Esses oráculos sibilinos foram escritos durante a segunda metade do século II a.C. em Alexandria. Eles imitam as Sibilas gregas que exerciam uma considerável influência sobre o pensamento pagão, antes e depois dessa época. A Sibila pagã era uma profetisa que, por inspiração do deus, era capaz de fornecer sabedoria aos homens e lhes revelar o desejo divino. Havia grande variedade desses oráculos em diferentes países – e, particularmente no Egito, eles passaram a ter crescente importância e significado.

No templo em Jerusalém, em torno de 620 a.C., Ezequiel falou que as mulheres que ousavam profetizar "estavam fora de si". Mesmo os cânones posteriores de São Patrício, a quem se atribui ter levado o cristianismo para a Irlanda "pagã", advertiam contra as "pitonisas". A palavra ainda é definida nos dicionários de inglês contemporâneos como profetisa ou bruxa.

"Minha mente tinha poderes extraordinários"

O constante aparecimento da serpente com a Deusa, em associação com profecia e revelação divina, levanta a questão do objetivo e do significado dessa presença repetitiva. Nunca ficou evidente o modo de utilização da serpente na adivinhação oracular, mas algumas indicações dão uma possível explicação.

Uma delas vem da história de Cassandra, um conto que pode ter sobrevivido desde os tempos dos aqueus na Guerra de Troia. Na lenda, Cassandra era ainda uma menininha quando foi deixada no santuário a noite inteira. Ao chegar lá pela manhã, a rainha troiana Hécuba encontrou a filha rodeada pelas cobras sagradas que eram mantidas no santuário. Elas lambiam as orelhas de Cassandra. Essa experiência foi a explicação para Cassandra ganhar o dom da profecia.

Um profeta grego chamado Melampo, segundo registros, também teve as orelhas lambidas por cobras até ficarem limpas, o que permitiu a ele entender a linguagem dos pássaros. Em seus escritos, Filóstrato alega que era muito comum entre os árabes entenderem as revelações divinas e especialmente os sons dos pássaros, explicando que tinham adquirido essa capacidade por comerem o coração ou o fígado de serpentes. Sons de pássaros eram associados com muita frequência aos santuários oraculares da Grécia, ao passo que em Creta e em Ascalão, Canaã, as estátuas costumavam incluir uma ou mais pombas empoleiradas na cabeça da Deusa ou sacerdotisa.

Tanto em hebraico quanto em árabe, os termos para magia são derivados das palavras que significam serpente. Para os indígenas Sioux da América do Norte, a palavra *wakan* significa tanto mago como serpente. Os indígenas do sudoeste dos Estados Unidos tinham um ritual de iniciação em que um bravo, escolhido para essa honra, executava uma dança enquanto se deixava picar várias vezes por uma cobra. Em resultado dessa experiência, se sobrevivesse, ele ganharia grande sabedoria e intuição sobre o funcionamento do universo e o significado de todas as coisas.

Além dessas conexões entre serpentes e revelação oracular, a ciência contemporânea forneceu talvez a mais profunda visão da relação entre os elementos. Normalmente, quando uma pessoa é mordida por uma cobra venenosa, o veneno entra no sistema sanguíneo e provoca várias reações, a depender da espécie de cobra, incluindo sudorese, hemorragia interna, dificuldade de respirar e paralisia. Efeitos que costumam ser fatais. Mas há registros recentes de pessoas que, em vez de morrer, ficaram imunizadas. Uma vez imunizado, especialmente pela krait malasiana e outros elapídeos, o sujeito experimenta um estado emocional e mental que foi comparado aos efeitos de drogas alucinógenas.

Em um relato guardado por sua esposa, William Haast, do Serpentário da Flórida (onde extraem venenos para diversos usos medicinais), descreve sua reação a uma mordida de krait, mesmo depois de ter sido repetidas vezes imunizado devido ao seu trabalho. O relato foi depois lembrado em *Cobras in his Garden*, de H. Kursh:

> De repente, ele começou a se sentir agradavelmente leve, estranhamente animado, quase alegre, como se estivesse um pouco intoxicado (...) desenvolveu um sentido agudo de audição, quase dolorosamente agudo. No ar em volta havia uma "quizumba" de sons, uma verdadeira selva de barulhos dissonantes. Foi como se estivesse sob a influência de algum estranho narcótico (...) Ele tinha uma sensação inexplicável. Uma reação emocional peculiar, que não conseguia controlar. Ao se deitar com os olhos involuntariamente fechados, foi capaz de "ver" coisas. Havia visões na frente dele.

Em outro relato desse mesmo incidente, Marshall Smith, da revista *Life*, citou Haast, que dizia: "Eu me vi inventando os versos mais maravilhosos. Minha mente tinha poderes extraordinários." Podem ou não ter relação, mas dizem que os oráculos dos santuários na Grécia eram dados em versos.

Semelhante à mescalina (produto do cacto peiote) ou à psilocibina (presente em certos tipos de cogumelos), ambos usados como sacramentos em algumas religiões dos indígenas norte-americanos, a combinação química de alguns tipos de venenos de cobras pode fazer com que a pessoa, especialmente se estiver em um estado mental de expectativa, sinta-se em contato com as próprias forças da existência e com a sensação de discernir eventos e significados do passado, presente e futuro com grande clareza e compreensão. Esse tipo de sensação é quase sempre relatado por pessoas quando usam mescalina, psilocibina e LSD (dietilamida do ácido lisérgico). As serpentes sagradas, aparentemente guardadas e alimentadas nos santuários oraculares da Deusa, talvez não fossem meros símbolos, mas de fato os instrumentos para alcançar as experiências de revelação divina. Isso pode explicar o título da Deusa Cobra egípcia, que às vezes era conhecida como a Senhora dos Encantamentos.

Segundo uma antiga tradição talmúdica, o veneno da serpente, que tinha corrompido Eva e toda a humanidade, perdeu sua força com a revelação do Monte Sinai, mas a recuperou quando Israel começou a adorar o bezerro de ouro.

Carne e fluido da Deusa

A serpente não é a única conexão entre a história de Adão e Eva e a adoração à Deusa. Outro símbolo importantíssimo na história é a árvore, a árvore do conhecimento do bem e do mal, de onde pendia o fruto proibido. Há lendas conhecidas desde a Grécia clássica sobre a árvore de maçãs douradas da Deusa Hera, com a serpente Ladão enrolada no tronco. Diz-se que a árvore, aliás, fora um presente para Hera da Deusa Gaia, a Profetisa Primeva do santuário de Delfos. As lendas de macieiras eram conhecidas na Grécia clássica, mas sugiro que a árvore do conhecimento do bem e do mal nos primeiros tempos não dava maçãs, e sim figos.

Um tipo particular de árvore foi considerado sagrado em diversos registros antigos, mas infelizmente com três nomes diferentes e por isso sua identidade passou despercebida. Às vezes era chamada de plátano ou sicômoro, às vezes de figueira e às vezes de amoreira. Na verdade, a árvore é a *fícus sicomorus*, a figueira-brava, geralmente indicada como amoreira-negra. Ela difere da figueira comum por ter frutos avermelhados que crescem em grandes agrupamentos semelhantes a um cacho de uvas.

Referências a essa árvore sagrada são encontradas nos escritos do Egito e há representações em murais egípcios. A Deusa Hator do Egito, reverenciada como o Olho da Sabedoria e Senhora Serpente, também tinha outro título – a Senhora do Sicômoro. Essa árvore também era conhecida como o Corpo Vivo de Hator na Terra. Comer seu fruto era o mesmo que ingerir a carne e o fluido da Deusa. Alguns murais egípcios A mostram dentro dessa árvore, passando seu fruto sagrado ao morto como o alimento da eternidade, imortalidade e vida contínua, mesmo após a morte.

O tipo de árvore presente nos anéis de sinete de Creta talvez fosse o mesmo, embora ela fosse representada de forma mais simbólica, mostrando os cachos de frutos. Evans sugere que o figo era sagrado para os cretenses e descreve uma seção de um mural em Cnossos em que a árvore ao lado do altar é uma figueira. Ele também menciona um grupo de árvores sagradas retratadas nas paredes internas de um santuário cretense e as folhagens demonstram que são figueiras. Selos e anéis cretenses repetidas vezes representam a Deusa ou Suas atendentes ao lado de pequenas árvores frutíferas, cuidando delas, quase as acariciando, como em um gesto de devoção sagrada. Na Índia, a figueira é conhecida como "figueira sagrada" até hoje.

Algumas das evidências mais elucidativas do significado simbólico dessa árvore é nosso conhecimento dos rituais memoriais celebrados na "morte anual" de Osíris, irmão/marido de Ísis, uma morte estreitamente relacionada ao sacrifício do rei a cada ano. De acordo com registros egípcios, Osíris foi primeiramente enterrado em um caixão de amoreira. Depois o caixão foi colocado dentro de um sicômoro vivo, simbolizando Ísis-Hator como sua mãe/esposa. Desse modo, ela lhe forneceria o alimento da eternidade. Esse costume tem muita ligação com a lenda em que Ísis foi a Canaã para recuperar a árvore onde Osíris fora enterrado, retirando o caixão de dentro da árvore e deixando os despojos como relíquia sagrada no templo Dela em Biblos; esse era o santuário cananeu onde Ísis-Hator e Baalat eram sinônimos.

O simbolismo sagrado dessa árvore funerária de Hator indica a probabilidade de que seja ela a árvore designada repetidas vezes na Bíblia como a *asherah*. Ezequiel falou duramente contra "idólatras" no templo de Jerusalém, passando de mão em mão o ramo sagrado de uma árvore, como se isso fosse um grande pecado. Passagens em Ezequiel ameaçam: "Não se contaminarão mais com seus ídolos e imagens detestáveis nem com nenhuma de suas transgressões" e "Israel não terá mais vizinhos maldosos agindo como roseiras bravas dolorosas e espinhos pontudos". Isaías se refere ao plantio de pequenas árvores para Adônis ao advertir que "os brotos de deuses estrangeiros" trariam uma colheita de desgosto e desesperado pesar.

Evans menciona folhas de figueira em ouro encontradas nas tumbas micênicas em conexão com um "culto funerário" no lugar. A figueira era considerada um presente da Deusa quando adorada no santuário grego de Elêusis, um templo também construído sobre fundações micênicas. Foi em uma árvore que tanto Adônis como Átis tiveram mortes lendárias e era em uma árvore que a efígie anual de Átis ficava exposta em Roma. Dionísio, personagem bem similar a Átis e Adônis, associado à adoração à Deusa em Delfos e em Elêusis, também foi simbolicamente associado à figueira.

Como mencionei anteriormente, o *asherah* ou os *asherim* da Bíblia eram plantados ou mantidos eretos ao lado do altar nos santuários da Deusa. Eram os pilares e postes desprezados que os hebreus continuamente ordenavam que fossem destruídos. Embora não tenhamos provas garantidas de que fossem figueiras, as evidências sugerem que sim. O fruto dessa árvore, descrito em textos egípcios como "a carne e o fluido de Hator", pode mesmo ter sido comido em um tipo de "comunhão" com a Deusa, talvez suscitando o costume de comunhão do "corpo e sangue" de Jesus, até hoje ingeridos na forma de hóstia e vinho. Intriga muito a passagem da Bíblia contando que, quando Adão e Eva constataram sua nudez por terem comido o fruto proibido da árvore, eles fizeram tangas para cobrir as partes sexuais – com folhas de figueira.

Serpentes, figueiras e sexualidade

É aqui que nossa compreensão dos costumes sexuais sagrados e os padrões de descendência matrilinear entram em questão, esclarecendo mais o simbolismo do fruto proibido. Em todas as áreas onde a Deusa era conhecida e reverenciada, era exaltada não só como a profetisa de grande visão, muito identificada com a serpente, mas também como a Criadora original e a padroeira de prazeres sexuais e da reprodução. A Divina Ancestral era identificada como Aquela que trouxe a vida, bem como Aquela que decretou os destinos e diretrizes dessas vidas, uma combinação natural. Era mérito de

Hator ter ensinado às pessoas a procriar. Ishtar, Astarote e Inanna eram todas respeitadas como deidades tutoras da sexualidade e da nova vida. As mulheres sagradas celebravam esse aspecto Dela fazendo amor dentro dos templos.

Considerando o ódio dos hebreus aos *asherim*, um símbolo primordial da religião feminina, não seria uma surpresa que o simbolismo da árvore do fruto proibido, que diziam oferecer o conhecimento do bem e do mal, ainda que representada no mito como provedora de consciência sexual, fosse incluído na história da criação para advertir que comer o fruto dessa árvore era o que tinha causado a queda da humanidade. Comer da árvore da Deusa, que ficava em todos os altares, era tão perigosamente "pagão" quanto Seus costumes sexuais e Suas serpentes oraculares.

Por isso, no mito da origem do mundo, na história que os levitas ofereceram como explicação da criação de toda existência, inseriram a figura da serpente conselheira e da mulher que aceitou esse conselho, comungando da árvore que lhe deu o entendimento do que "só os deuses sabiam", o segredo do sexo: *como* criar vida.

Enquanto os defensores de Iavé destruíam os santuários da deidade feminina onde quer que conseguissem, assassinando quando não eram capazes de converter, o clero levita ia escrevendo o conto da criação. Eles anunciaram que a supremacia masculina não era uma ideia nova, mas que de fato fora divinamente decretada pela deidade masculina na primeira aurora da existência. A dominação do homem sobre a mulher – quando as hebreias se viram sem os direitos de suas vizinhas, direitos que elas também devem ter tido algum dia – não foi simplesmente acrescentada como outra lei hebraica, mas escrita na Bíblia como um dos primeiros grandes atos e proclamações do criador masculino. Com flagrante desprezo pela história factual, esses líderes levitas anunciaram que a mulher devia ser regida pelo homem, declarando que isso estava de acordo com o decreto original de Iavé que, segundo essas novas lendas, fora o primeiro a criar o mundo e as pessoas. O mito de Adão e Eva, que explicava e justificava a dominação masculina, informava tanto homens quanto mulheres que a propriedade e o controle masculino sobre mulheres submissas e obedientes deviam ser vistos como o estado divino e natural da espécie humana.

Os sacerdotes da deidade masculina, para alcançar sua posição, foram forçados a convencer a si mesmos e a suas congregações de que o sexo, a própria forma de procriar vida nova, era imoral, o "pecado original". Nessa tentativa de instituir um sistema de parentesco masculino, o judaísmo, e depois o cristianismo, se desenvolveram como religiões que consideravam o processo de concepção vergonhoso ou pecaminoso. Eles elaboraram um código de ideias filosóficas e teológicas que trazia inerente desconforto ou culpa pelo fato em si de ser humano – um ser que, ao menos até o momento, concebe nova vida por meio de relação sexual –, sendo imoral ou não.

E nessa armadilha infeliz, desnaturada e desconfortável, criada por eles mesmos, caiu a religião patriarcal. Até hoje lemos no Livro de Oração Comum da Abadia de Westminster, para a Solenização do Matrimônio: "Em segundo lugar, foi ordenado como remédio contra o pecado e para evitar fornicação; que aquelas pessoas que não têm o *dom da continência* deviam se casar e se manter como membros não profanados do corpo de Cristo." (Grifos meus.)

O quadro toma forma diante de nós, cada pedacinho se encaixando no lugar. Sem virgindade para as solteiras e restrições sexuais para as casadas, não poderiam existir a propriedade masculina do nome e dos bens, nem o controle masculino do direito divino ao trono. Passeando mais um pouco pelo Jardim do Éden, onde a cobra oracular se enrolava na figueira-brava, logo descobrimos que os diversos eventos no mito do Paraíso, um a um, traem as intenções políticas dos que o inventaram.

Um relato levítico da criação – teologia ou política?

Olhemos mais de perto o conto da criação e a subsequente perda do Paraíso como foi relatado pelos líderes hebreus e depois adotado e apreciado pelos defensores do cristianismo. Quando comparamos a história levítica da criação com relatos da religião da Deusa, notamos em toda virada, em cada frase do mito bíblico, como os princípios originais da religião foram atacados.

Stephen Langdon escreve: "Assim, sem dúvida alguma, a escola nipuriana de teologia suméria considerava que o homem fora feito do barro pela grande deusa mãe." O professor Kramer conta que em "uma placa listando os deuses sumérios, a deusa Namu, escrita com o ideograma para 'mar', é descrita como 'a mãe que deu à luz o céu e a terra'". Uma oração suméria diz o seguinte: "Ouçam Oh regiões, o louvor à Rainha Nana, Magnifiquem a Criadora, exaltem a dignificada, Exaltem a Gloriosa, cheguem para perto da Poderosa Senhora." Os egípcios escreveram: "No começo havia Ísis, a Mais Antiga das Antigas. Ela foi a Deusa de quem todo o devir surgiu." Mesmo nos períodos babilônicos havia orações a Mami ou Aruru como criadora da vida humana. Porém, os adoradores de Iavé, talvez mil anos depois, afirmaram ter sido um homem que criou o mundo. Foi a primeira reivindicação do parentesco masculino – masculinidade era primordial.

Nas lendas da Suméria e da Babilônia, mulheres e homens tinham sido criados simultaneamente, em pares – pela Deusa. Mas, para a religião masculina, era de suma importância que o homem fosse criado antes, e à imagem do criador – a segunda e a terceira reivindicações dos direitos do parentesco masculino. Em seguida, nos contam que a mulher foi formada a partir de uma parte bem insignificante do homem, sua costela. Apesar de tudo que sabemos sobre os fatos biológicos do nascimento, fatos que os levitas certamente conheciam bem, fomos assegurados de que o homem não vem da mulher, mas a mulher vem do homem. Podemos relembrar a história dos indo-europeus gregos sobre Atena ter nascido da cabeça de Zeus.

Qualquer reminiscência ou lembrança desagradável de se nascer de uma mulher devia ser negada e alterada. Assim como no mito da criação por meio de um ato de masturbação do Ptá egípcio, a Divina Ancestral foi descrita fora da realidade. Somos então informados de que a mulher feita dessa maneira foi dada de presente ao homem, declarando e assegurando o status dela – entre os que aceitavam o mito – como propriedade dele. Conta-se que ela foi dada para que ele não ficasse sozinho, "uma ajudante adequada". Portanto, espera-se que entendamos que o único e divino propósito da existência da mulher é para ajudar ou servir ao homem de algum modo.

O casal assim caracterizado foi colocado no Jardim do Éden – paraíso –, onde a deidade masculina os advertiu a não comerem nenhum fruto da árvore do conhecimento do bem e do mal. Para os antigos hebreus, essa árvore provavelmente era entendida como representante da figueira sagrada da Deusa, o familiar *asherah*, que ficava ao lado dos altares dos templos da Deusa e Seu Baal. O ramo sagrado que passava por todos no templo, como descrito por Ezequiel, pode ter assumido a forma de comer o fruto em "comunhão". Nos textos egípcios, comer esse fruto era comer a carne e o fluido da Deusa, a padroeira do prazer sexual e da reprodução. Na história bíblica, o fruto proibido causou a compreensão consciente do casal sobre a sexualidade. Ao comerem o fruto, Adão e Eva constataram a natureza sexual de seus corpos e "souberam que estavam nus". Por isso, quando a deidade masculina os achou, eles tinham modestamente coberto os genitais com folhas de figueira.

Era de importância vital para a construção do mito levítico, no entanto, que os dois não decidissem juntos comer o fruto proibido, o que seria uma virada mais lógica da história, já que o fruto simbolizava a consciência sexual. Não. Os sacerdotes escribas deixaram excessivamente claro que a mulher, Eva, foi quem comeu o fruto primeiro – seguindo o conselho da serpente.

Dificilmente foi acaso ou coincidência ter sido uma serpente a oferecer o conselho a ela. As pessoas daquele tempo sabiam que a serpente era o símbolo, talvez o instrumento, do conselho divino na religião da Deusa. No mito do Paraíso, assim como nos mitos indo-europeus com serpentes e dragões, a intenção era transformar a serpente, familiar conselheira das mulheres, em fonte do mal, dando-lhe um papel tão ameaçador e vil que quem ouvisse as profetisas da deidade feminina estaria violando a religião da deidade masculina de uma maneira perigosíssima.

O relacionamento entre a mulher e a serpente se mostra um fator importante, pois o Velho Testamento relata que a deidade masculina falou diretamente com a serpente, dizendo: "Eu vou pôr inimizade entre você e a mulher e entre sua semente e a dela." Desse modo, as sacerdotisas oraculares, as profetisas cujos conselhos tinham sido identificados com o simbolismo e uso da serpente por vários milênios, passaram a ser vistas como responsáveis pela queda de toda a espécie humana. A mulher, como consultora sagaz e sábia conselheira, intérprete humana do divino desejo da Deusa, não era mais respeitada, mas odiada, temida, ou na melhor das hipóteses, contestada ou ignorada. Essa demanda pelo silêncio das mulheres, especialmente nas igrejas, se reflete mais tarde nas passagens de Paulo no Novo Testamento. Segundo a teologia judaica e cristã, o juízo da mulher tinha levado ao desastre todo o futuro do ser humano.

Nos foi dito que, sendo a primeira a comer o fruto, a mulher ganhou consciência sexual antes que o homem, e ela logo o tentou a compartilhar do fruto proibido, isto é, se juntar a ela em prazeres sexuais pecaminosos. Essa imagem de Eva sexualmente tentadora e sedutora, desafiando Deus, tinha a intenção de advertir todos os homens hebreus para ficarem longe das mulheres sagradas dos templos, pois caso sucumbissem às tentações delas, simultaneamente estariam aceitando à deidade feminina – o fruto Dela, Sua sexualidade e, talvez o mais importante, a subsequente descendência matrilinear de qualquer criança concebida dessa maneira. A advertência deve ter sido dirigida, talvez mais incisivamente, também às hebreias, prevenindo-as para não tomarem parte na antiga religião e seus costumes sexuais, como parece que continuaram a fazer, apesar das repreensões e punições infligidas pelos sacerdotes levitas.

O mito hebraico da criação culpou a fêmea da espécie pela consciência sexual inicial com o objetivo de suprimir a adoração à Rainha do Céu, a existência das mulheres sagradas e dos costumes matrilineares, e, a partir daquele tempo, atribuiu às mulheres o papel de tentadoras sexuais. A mulher foi elencada como quem desperta com astúcia e falsidade os desejos físicos do homem, a que oferece o fruto atraente, mas perigoso. Nas religiões masculinas, o impulso sexual não poderia ser visto como desejo natural biológico de mulheres e homens, que estimulava as espécies a se reproduzirem; deveria ser visto como uma falha da mulher.

Não foi apenas a culpa por ter comido o fruto da sexualidade e por tentar Adão a fazer o mesmo que recaiu pesadamente sobre as mulheres, já que a suposta prova de admissão dessa culpa tornou-se evidente na dor do parto, reservada às mulheres como eterno castigo por ensinarem aos homens tais maus hábitos. Eva deveria ser severamente punida, como decretou a deidade masculina: "Multiplicarei grandemente o seu sofrimento na gravidez; com sofrimento você dará à luz filhos. Seu desejo será para o seu marido, e ele a dominará."

Valendo-se da ocorrência natural de dores pela pressão de uma criança humana passando do ventre ao mundo externo através de um canal estreito, o escritor levita fingiu provar o poder onipotente de sua deidade. Além de carregar a culpa pela consciência sexual, segundo a deidade masculina, a dor de conceber filhos devia ser encarada como punição, de modo que todas as mulheres dando à luz seriam forçadas a se identificar com Eva.

Contudo, o mais significativo é o fato de que a história também declara ser a vontade da deidade masculina que Eva dali em diante desejaria *somente* seu marido, lembrando-nos com redundância de que essa fábula

DESVENDANDO O MITO DE ADÃO E EVA

inteira foi destinada e propagada para prover sanção "divina" à supremacia masculina e ao sistema de parentesco patrilinear, possível apenas com o conhecimento da paternidade.

Estamos talvez familiarizados demais com a parte final do decreto, que anuncia que a partir de então, devido ao pecado dela e em eterno pagamento pelo crime desafiador que cometera contra a deidade masculina, o marido deve ser recompensado com o direito divino de dominá-la, de "governar" sobre ela, para afirmar totalmente sua autoridade. Culpada pelo que supostamente fizera no começo dos tempos, como se confessasse seu mau juízo, esperava-se que ela se submetesse com obediência. Neste ponto, podemos considerar a realidade mais prática, já que a segurança econômica das mulheres fora sabotada pela instituição do parentesco masculino e elas foram forçadas à posição de aceitar aquele único provedor masculino, o que "cantava de galo".

Após a emissão de tais éditos, o casal foi expulso do Jardim do Éden, o paraíso original onde a vida tinha sido tão fácil. Dali em diante, precisariam trabalhar para viver, uma advertência gravíssima para qualquer mulher que ainda pudesse ser tentada a desafiar o Iavé levítico. Pois não tinha sido exatamente essa mulher, ouvindo conselhos da serpente, comendo o fruto proibido, sugerindo que o homem também o experimentasse e se unisse a ela na consciência sexual, quem tinha algum dia causado a queda e infelicidade de toda a humanidade?

CAPÍTULO 11

As filhas
de Eva

Até os dias de hoje, os homens hebreus devem oferecer a oração diária: "Bendito seja o Senhor nosso Deus, Rei do Universo, que não me fez mulher."

Maomé disse: "Quando Eva foi criada, Satanás regozijou."

Depois que o mito da criação foi adotado pela literatura sagrada da cristandade, junto com os escritos do Velho Testamento, os autores e líderes religiosos seguidores de Cristo assumiram a mesma postura de desdém pela figura feminina, continuando a usar a religião para encerrar ainda mais as mulheres no papel de seres passivos e inferiores, e assim controlar com maior facilidade a propriedade dos homens. No correr dos anos, enquanto a posição e o status das mulheres iam perdendo cada vez mais terreno, a Igreja persistia em seu objetivo de criar e manter uma sociedade dominada pelos homens. Pois este não havia sido um dos primeiros decretos do deus que criou o mundo e toda a vida? As mulheres deveriam ser vistas como criaturas irracionais, carnais, como era justificado e "comprovado" pelo mito do Paraíso.

Na epístola de Paulo aos efésios, lemos: "Mulheres, sujeite-se cada uma a seu marido, como ao Senhor, pois o marido é o cabeça da mulher, como também Cristo é o cabeça da igreja, que é o seu corpo, do qual ele é o Salvador. Assim como a igreja está sujeita a Cristo, também as mulheres estejam em tudo sujeitas a seus maridos." (Efésios 5:22-24).

Essa citação traz à mente a fala de Oseias, em que o marido se identifica tão completamente com a deidade masculina que suas palavras se tornaram as palavras do próprio Iavé. Na nova religião, não apenas os sacerdotes, mas todos os homens, deveriam ser considerados mensageiros diretos do Senhor, e não somente na Igreja, mas também na privacidade da casa e da mulher, na cozinha e até na cama.

Valendo-se do já difundido mito do Éden, Paulo afirma que essa é a razão para a mulher ser obediente, negando a si mesma até a faculdade de usar as cordas vocais, quanto mais a cabeça. Lemos em I Timóteo 2:11,14: "A mulher deve aprender em silêncio, com toda a sujeição. (...) E Adão não foi enganado, mas sim a mulher que, tendo sido enganada, se tornou transgressora."

E em Coríntios vem de novo a palavra da lenda da criação. A "cabeça de todo homem é Cristo, a cabeça da mulher é o homem e a cabeça de Cristo é Deus. (...) O homem não deve cobrir a cabeça, visto que ele é imagem e glória de Deus; mas a mulher é glória do homem (...) o homem não foi criado por causa da mulher, mas a mulher por causa do homem." (I Coríntios 11:3,7,9).

Afirmações cuidadosamente destinadas a suprimir a estrutura social antiga são apresentadas continuamente no mito de Adão e Eva como prova divina de que cabe ao homem manter autoridade total. O status da deidade masculina era o status do homem mortal, e decerto não é por acaso que os sacerdotes levitas de Iavé lutaram tão duramente por sua posição. A intenção de Paulo foi tão clara ao declarar que a masculinidade vem em primeiro lugar, que foi preciso fechar os olhos à verdade biológica do nascimento: "o o homem não criado por causa da mulher, mas a mulher por causa do homem". A mulher aguenta a dor, e o homem leva o crédito.

Quando o apóstolo Pedro estava na Anatólia, onde a Deusa ainda era reverenciada, condenou os "pagãos" pela "luxúria profana da paixão", muito como os profetas do Velho Testamento, ridicularizando aqueles que "se deleitam durante o dia". E se queixa dos hereges que ainda seguiam Baalim. Pedro pontifica solenemente: "Do mesmo modo, mulher, sujeite-se cada uma a seu marido, a fim de que, se ele não obedece à palavra, seja ganho sem palavras, pelo procedimento de sua mulher." (I Pedro 3:1).

São Clemente, pai da Igreja Romana, negava às mulheres – em nome do Senhor – os efeitos do prazer, da saúde e da força de esportes físicos como lutar e correr, afirmando que estava mais de acordo com a Bíblia que as atividades femininas fossem confinadas a cardar, tecer e cozinhar.

São João Crisóstomo, professor cristão do século V, advertia: "A mulher ensinou uma vez e estragou tudo. Por isso (...) não a deixem ensinar."

Santo Agostinho, na mesma época, dizia que o homem, e não a mulher, foi feito à imagem e semelhança de Deus e a mulher, portanto, não é completa sem o homem, enquanto ele já é completo.

AS FILHAS DE EVA

A partir dessas ideias bíblicas, Martinho Lutero diz em seus escritos que é muito natural para as mulheres estarem em posição secundária aos homens. Em seu "Vindication of Married Life", ele escreve que os homens devem manter seu poder sobre as mulheres, pois o homem é maior e melhor que a mulher, "pois a regência e o domínio pertencem ao homem como cabeça e chefe da casa".

O reformista suíço do século XVI, João Calvino, também falou contra a igualdade política das mulheres, declarando que seria um "desvio da ordem original e correta da natureza". Ele até falou a favor da poligamia, sugerindo que ajudaria a evitar que as mulheres ficassem solteiras e sem filhos.

Em 1527, em um tratado sobre o livre-arbítrio, o teólogo cristão Hubmaier escreveu:

> A razão pela qual a queda da alma é parcialmente reparável, porém, e não fatal, mesmo aqui na terra – apesar de a queda da carne ser até certo ponto irreparável e fatal –, é que, como Adão é uma espécie de alma (como Eva é da carne) teria preferido não comer o fruto da árvore proibida. Ele não foi enganado pela serpente, mas Eva foi (I Timóteo 2:14). Adão sabia muito bem que as palavras da serpente eram contrárias às palavras de Deus. No entanto, ele consentiu em comer o fruto contra sua própria consciência a fim de não aborrecer ou irritar sua costela, sua carne, Eva. Ele teria preferido não comer o fruto.

A dra. Margaret Murray sugere, em vários de seus livros, que a caça às bruxas no mundo ocidental era na verdade uma continuação da supressão das antigas religiões "pagãs". Já que as mulheres eram o alvo e as vítimas principais desses brutais massacres, e tantas acusações eram de algum modo ligadas a sexo, esta é certamente uma possibilidade. A Deusa Danu, a Divina Ancestral da Tuatha de Dannan da Irlanda, talvez relacionada com a Deusa Diana dos romanos, Dione dos gregos e até com Danu da Índia, pode ter sido a base da adoração rotulada como o culto das bruxas. Sabemos que a adoração a Ísis era conhecida na Inglaterra no período romano. Um templo de Ísis na margem

255

do Tâmisa, em Londres, e um altar a Ísis em Chester atestam a existência da religião Dela nas Ilhas Britânicas naquela época.

Murray cita uma afirmação do século IX a respeito das bruxas em que Diana é mencionada como líder. "Certas mulheres más, voltadas para Satanás, e reduzidas por ilusões e fantasmas de demônios, acreditam e professam que eles cavalgam à noite com Diana em certos animais, com uma multidão inumerável de mulheres, percorrendo imensas distâncias, obedecendo aos comandos dela como sua senhora e invocados por ela em certas noites."

Em *A Cauldron of Witches*, Clifford Alderman relata que a história de Eva era usada de novo, dessa vez para justificar o assassinato de muitas mulheres que desafiaram a Igreja. Em um registro da Igreja do século XVI: "A mulher é mais carnal que o homem: houve um defeito na formação da primeira mulher, que foi formada de uma costela curva. Ela é imperfeita e por isso sempre ludibria. A bruxaria vem da concupiscência carnal. As mulheres têm de ser castas e subservientes ao homem."

Durante a violenta imposição das religiões masculinas, que passaram a ter aceitação forçada, as mulheres foram finalmente manejadas para um papel muito diferente do antigo status que tinham nas terras onde reinava a Rainha do Céu. Mais alarmante era a qualidade absoluta dos decretos creditados à deidade masculina onipotente. No correr do tempo, o braço longo e poderoso da Igreja a tudo alcançou e, com ele, vieram as inquestionáveis atitudes "morais" e o papel subserviente e carregado de culpa atribuído às mulheres.

Na própria estrutura das religiões masculinas contemporâneas estão as leis e as atitudes originalmente designadas para aniquilar as religiões femininas, a autonomia sexual feminina e a descendência matrilinear. Esses são os preceitos que muitos de nossos pais e avós aceitaram como a palavra sagrada e divina de Deus, tornando-os uma parte tão inerente da vida em família que hoje afetam até aqueles de nós que vivem afastados de missas e sacramentos das religiões organizadas. É tempo de examinar e questionar quão profundamente essas atitudes foram assimiladas pelas mais seculares esferas da sociedade atual, permanecendo de modo insistente como vestígios opressivos de uma cultura outrora permeada e controlada pela palavra da Igreja.

Podemos nos perguntar até que ponto a supressão dos ritos femininos foi na verdade a supressão dos direitos das mulheres.

O corajoso desafio dos séculos XVIII e XIX

O mito e a imagem de Eva penetraram fundo naquela parte das mulheres em que os mais recônditos sentimentos e ideias ficam guardados, a presença da história da primeira mulher no mito da criação hebraica repisando o coração, a mente e o espírito de mulheres ressentidas do mando dos homens, a despeito da palavra divina da deidade masculina onipotente.

Muitas que ousaram falar que as mulheres eram oprimidas, e sobre a flagrante desigualdade de sua posição na sociedade, tiveram de combater diretamente a história bíblica da mulher que deu ouvidos à serpente e assim iniciou a proclamação da lei masculina. Nos séculos XVIII e XIX, o poder e a influência da Igreja eram um obstáculo ainda maior do que hoje na busca pela autonomia feminina. Entretanto, as pioneiras dessa batalha pela igualdade das mulheres tiveram a coragem de falar contra esse poder, desafiando a Igreja e seus ensinamentos. A reivindicação dos direitos das mulheres era, em certo sentido, uma defesa da mulher Eva.

Pensamentos e lembranças do injusto castigo de Eva ainda pairavam simbolicamente sobre mulheres que tinham a audácia de exigir direitos iguais. Nos escritos de Mary Wollstonecraft em 1792, os personagens do Jardim do Éden mais uma vez se tornaram o tema do debate. Em uma das primeiras tentativas de expor o vergonhoso tratamento dado a metade das pessoas nesse mundo, em seu *Reivindicação dos Direitos da Mulheres*, Wollstonecraft escreve:

> É provável que a opinião prevalente, de que a mulher foi criada para o homem, possa ter surgido com a história poética de Moisés. Como é de se supor que muito poucos tenham dedicado um pensamento mais sério ao tema, jamais aceitando que Eva foi – falando sério – uma costela de Adão, a dedução pode ser descartada, ou somente ser admitida se provar que o homem, desde a mais remota antiguidade, achou conveniente exercer sua força para subjugar a companheira, e sua invenção para mostrar

que ele devia pôr o pescoço dela sob a cangalha de gado, porque ela era uma criatura bruta que só existia para lhe dar prazer (...).

Arriscando-se bravamente a ser acusada de ateísmo, ou mesmo de estar sob a influência "do diabo", acusações ainda potencialmente perigosas em 1792, Wollstonecraft declara publicamente que, "embora o grito de irreligião, ou até de ateísmo, seja erguido contra mim, declaro que se viesse um anjo do céu a me dizer que a cosmogonia linda, poética, de Moisés, e a história da queda do homem fossem literalmente verdadeiras, eu não poderia acreditar no que minha razão diz ser depreciativo do caráter do Ser Supremo; e, não tendo medo do demônio diante de meus olhos, arrisco-me a chamar isso de uma sugestão da razão".

Nesse mesmo livro, há sua análise crítica de *Emílio*, ou *Da Educação*, que Jean Jacques Rousseau escreveu em 1761, propondo a educação das crianças em uma "sociedade livre". Essa tese de Rousseau, junto com seu *Contrato Social*, exerceu uma forte influência, tanto na independência norte-americana quanto na Revolução Francesa. Com muitas passagens voltadas ao masculino nos escritos de Rousseau, Wollstonecraft cita as regras prescritas por ele para a educação religiosa das mulheres na utopia com a qual ele sonhava.

Dado que a conduta das mulheres é subserviente à opinião pública, sua fé em matéria de religião deveria, por essa mesma razão, estar submetida à autoridade. Todas as filhas deveriam ter a mesma religião da mãe, e toda esposa deveria ter a mesma religião do marido: pois ainda que a religião seja falsa, essa docilidade que induz mãe e filha a se submeterem à ordem da natureza exclui, aos olhos de Deus, a criminalidade de seus erros (...) elas não têm capacidade de julgar por si mesmas, precisam obedecer a decisão do pai ou do marido com tanta confiança quanto na igreja.

Wollstonecraft comenta ainda: "Os direitos da humanidade têm sido confinados à linha masculina desde Adão."

Embora no tempo de Rousseau as revoluções americana e francesa ainda não tivessem acontecido, esse homem que defendeu tão ardentemente a liberdade e a independência, e cujas ideias afetaram revolucionários nesses dois países, propôs (presumivelmente em plena consciência) que as mulheres, mesmo em uma "sociedade livre", deveriam "estar sujeitas à autoridade" e "obedecer às decisões do pai e do marido", especialmente em matéria de religião. A filha deveria seguir a religião da mãe, e a crença religiosa da mãe deveria ser determinada pelo marido. Não sendo uma família com uma longa linha de lares sem pai, uma ocorrência muito inusitada, as mulheres, supostamente privadas da "capacidade de julgar por si mesmas", deveriam apenas seguir as doutrinas teológicas dos homens. Na primeira linha, dramática, de *Contrato Social*, Rousseau diz "O homem nasceu livre, mas está sempre encarcerado", um chamado de independência e liberdade que ainda soa em nossos ouvidos, e talvez mais em 1976 (época da primeira edição deste livro). No entanto, segundo esse mesmo autor, as instituições e crenças religiosas que insistiam que a dominação masculina sobre a mulher existia por ordem divina (sendo a religião primariamente cristã na França e no Norte da África) deveriam ser aceitas pelas mulheres sem questionamento.

Em 1838, 62 anos depois da revolução americana, outra ferrenha batalhadora pelos direitos iguais das mulheres escreveu sobre a mãe mitológica de todas as mulheres judias a cristãs, enquanto o pecado e o castigo de Eva continuavam a explicar universalmente o direito do homem a oprimir e subjugar a mulher. Sarah Grimke, como se estivesse em um tribunal de leis universais, apresentou o argumento de que, mesmo se o relato original fosse verdadeiro, as mulheres já não teriam cumprido sua pena?

> A mulher, eu sei, é acusada até os dias de hoje por ter trazido o pecado ao mundo. Não contestarei essa acusação com outras asserções contra, embora como se insinuou, a aquiescência imediata de Adão à proposta da mulher não prova muito essa superioridade de força mental da qual os homens se prevalecem. Mesmo admitindo que o maior pecado foi de Eva, parece-me que o homem deveria estar satisfeito com o domínio que reivindicou e exerceu durante seis mil anos, e que maior nobreza seria manifestada ao se empenhar em erguer os caídos e fortalecer os fracos do que manter as mulheres em sujeição. Não peço favores

por meu sexo. Não estou fazendo uma solicitação de equidade. Tudo o que peço dos nossos confrades é que não nos sufoquem.

Lucy Komisar, ex-vice-presidente da National Organization of Women (NOW) nos Estados Unidos, em seu estudo informativo *The New Feminism*, descreve esse primeiro período da luta das mulheres para se libertar, e a oposição que encontraram. Ela conta que as mulheres tomaram consciência de seus problemas com a opressão quando tentaram falar a favor da abolição da escravatura, e relata que essa tentativa feminina de participar da política despertou a ira da Igreja, representante oficial da palavra da deidade masculina:

> Quando Sarah e Angelina Grimke percorreram a Nova Inglaterra para falar contra a escravatura em 1836, o Conselho Congressional de Ministros de Massachusetts emitiu uma declaração para atacá-las, ressaltando que o "poder da mulher é sua dependência decorrente da consciência dessa fraqueza que Deus lhe deu para sua própria proteção (...) quando ela assume o lugar e o tom do homem como reformista público, ela extrapola o poder que Deus lhe deu para sua proteção, e seu caráter se torna *não natural*".

Mas Grimke não tinha medo de brigar, mesmo naquele tempo em que a Igreja mal tinha abandonado a prática de queimar mulheres na fogueira por muito menos que isso. Enraivecida, ela retrucou sobre a vantagem das religiões masculinas – para os homens – e as desvantagens para as mulheres: "Quando determinaram que Iavé colocou as mulheres em uma plataforma inferior à dos homens, é claro que desejavam mantê-las lá, e daí por diante as nobres faculdades de nossa mente foram esmagadas e nossos nobres poderes de raciocínio foram totalmente descultivados."

Várias mulheres abolicionistas planejavam comparecer a uma conferência internacional em Londres para discutir o problema, e lá chegando souberam que um grupo de clérigos americanos havia se adiantado em partir para Londres a fim de avisar aos clérigos ingleses que elas estavam vindo, e que até tinham a intenção de *falar*. Seguiu-se um longo debate entre os homens sobre a admissão de mulheres, e chegou-se à decisão de que elas poderiam estar presentes, mas apenas sentadas em silêncio em uma sala fechada por uma cortina.

Foi o impacto revoltante dessa decisão que terminou por fazer acontecer a primeira conferência dos direitos da mulher em Seneca Falls, em Nova York. Nesse encontro de 1848, foi redigida uma Declaração de Independência das Mulheres, e elas voltaram a falar contra a posição inferior em que a Igreja as havia colocado. Nessa Declaração, cerca de quinze séculos após a eliminação da adoração à Rainha do Céu e a suas sacerdotisas, foi escrito: "Ele [o homem] permite a presença dela na Igreja, bem como o Estado, mas numa posição subordinada, valendo-se da autoridade apostólica para a exclusão dela do Ministério e, com algumas exceções, de qualquer participação pública nos assuntos da Igreja. (...) Ele usurpou a prerrogativa do próprio Jeová, tomando para si o direito de designar para ela uma esfera de ação, quando esta pertence à consciência e ao deus dela."

Mas, assim como Oseias falara personificando o próprio Jeová, muitos homens em 1848, fazendo uso da autoridade dessas mesmas ideias, ainda se identificavam com a deidade masculina e, por meio dessa autoridade, proclamaram e decretaram suas decisões sobre as mulheres informando, com arrogância moral, o que elas podiam e não podiam fazer. A Bíblia foi evocada inúmeras vezes para "provar" que a posição delas estava fora de questão.

Em 1848, a feminista Emily Collins falou sobre um homem que chicoteava a esposa, mãe de seus sete filhos, que trabalhava o dia inteiro. Essa mulher não só cuidava dos filhos e do marido, mas ordenhava as vacas, fiava, tecia e costurava para toda a família, fazia a comida, limpava tudo, lavava e remendava as roupas de todos. Segundo o marido, o crime dela era "repreender", isto é, reclamar; em outras palavras, ela falava o que pensava. E isso era aceito como razão suficiente para um cristão espancar a esposa. Collins perguntou, com amargura, raiva e sarcasmo: "E diga-me, por que ele não deveria castigá-la? A lei deu a ele esse privilégio – e a Bíblia, nessa interpretação, fez disso o dever dele. É verdade, a mulher se queixava de tanta trabalheira, mas pensava-se que foi determinado por decreto divino pois 'o homem deve ter domínio sobre ti' e 'Esposas, se submetam a seus maridos como se submetem ao Senhor' levou-as a considerar seu destino como inevitável."

A dominação masculina e o controle foram mais uma vez justificados por essas palavras arcaicas. As primeiras feministas foram arrojadas a ponto de compilar seus pensamentos em um livro intitulado *The Woman's Bible*, no qual Elizabeth Cady Stanton escreve: "É de fato impressionante que dissessem aos jovens hebreus que honrassem sua mãe quando todo o conjunto dos ensinamentos até então tinha a finalidade de lançar desprezo sobre todo o sexo. De que modo poderiam demonstrar respeito pela mãe? Todas as leis e costumes os proibiam que fizessem isso."

A religião, tal como a conheciam no ocidente no século XIX, era masculina. Judaísmo, Cristianismo e Islamismo, embora diferissem sobre qual sacramento adotar, ou que dia era o verdadeiro Sabat, tinham plena concordância em um ponto – o status das mulheres. Elas precisavam ser vistas como criaturas inferiores, destinadas por ordem divina a serem vasos silenciosos e obedientes para a produção de filhos e para o prazer e conveniência dos homens. Essas atitudes não só floresceram na Igreja, mas abriram caminho pelos grandes portais para se instalarem de modo mais pessoal nos pensamentos, sentimentos e valores de cada família judaica, cristã e maometana.

Em *The Victorian Woman*, Duncan Crow relata algumas das leis da época e seus efeitos sobre as mulheres. Ele diz que, até 1857, a mulher não podia pedir o divórcio (exceto por um Ato do Parlamento, geralmente reservado para a aristocracia). Que até 1881, o direito legal do marido de usar força física para impedir a esposa de deixar a casa nunca fora questionado. E que até 1884 a esposa podia ser presa por negar ao marido seus "direitos conjugais". Ele escreve que, com essas leis: "A religião cristã também tinha uma força poderosa para proclamar e manter a posição inferior das mulheres. Nessa herança judaica erigiu-se o mito de que o lugar de subordinação da mulher era a punição pelo pecado original de Eva. Eram adoradas as palavras de Paulo, de que 'o homem não foi criado por causa da mulher, mas a mulher por causa do homem'." Crow observa que durante o período vitoriano não só era esperado que homens e mulheres fossem à igreja todos os domingos, mas que ler a Bíblia em casa, organizar encontros de oração, ouvir e ler sermões e a total observância do Sabat eram atividades muito típicas em muitas casas, e acrescenta: "a importância da religião dificilmente pode estar mais enfatizada".

Em 1876, quando Annie Besant defendeu um panfleto sobre o uso de contraceptivos, encontrou grande resistência por parte do governo e da Igreja. Seu biógrafo, Arthur Nethercot, explica a situação daquele momento: "Preventivos físicos em qualquer ocasião eram considerados uma vontade contrária a de Deus; pouca gente parecia ver alguma inconsistência em interferir no curso da natureza ao curar ou se precaver contra doenças, ou construir casas contra os elementos, mas se recusavam a interferir no processo da procriação." A corajosa Annie Besant também escreveu sobre as leis relativas a custódia de filhos, sugerindo que muitas das atitudes daqueles tempos não estavam longe das atitudes dos hebreus "quando a mulher ainda era vista como um objeto". Em sua cruzada contra o poder da Igreja Cristã, tomando a perspectiva do secularismo bem como do feminismo, ela deu muitas palestras na Inglaterra e escreveu numerosos artigos e panfletos, inclusive um intitulado "Woman's Position According to the Bible", expondo-se a muitos antagonismos e ressentimentos, às vezes expressos em ameaças de violência física.

Na coletânea de artigos e citações intitulada *Voices From Women's Liberation*, aparecem vários excertos de palestras e escritos dos primeiros movimentos a favor das mulheres, muitos dos quais são encontrados em um livro pouco conhecido chamado *The History of Woman Suffrage*, publicado em 1881. Um excerto de uma palestra dada em 1853 por uma mulher chamada Abby Foster diz que a educação e a formação da mente dos jovens na época eram profundamente influenciadas pela Igreja. Muito porque, ela afirma, isso se faz através do poder que a Igreja detém sobre a mãe, pois no fim das contas o que a criança recebe são seus ensinamentos e suas atitudes. Ela observa: "Podem me dizer que é a mulher a formadora da mente da criança, mas revido dizendo que é o ministro religioso que forma a mente da mulher. É também ele que faz da mãe o que ela é, portanto, os ensinamentos recebidos pela criança são apenas uma transmissão das instruções do púlpito em segunda mão."

Não obstante as acusações, os homens da Igreja organizada não tinham a intenção de reexaminar ou rever a posição humilde que tinham atribuído às mulheres. Os religiosos continuavam a sustentar que os homens, segundo a antiga palavra divina, eram destinados a dominar as mulheres que, por sua natureza, eram espiritualmente fracas e um pouco deficientes mentalmente. Assim foi que em 1860, passados uns setenta anos de contínuas acusações contra a posição da Igreja com relação às mulheres, Susan B. Anthony foi motivada a comentar: "Pela lei, pelo sentimento público e pela religião, desde os tempos de Moisés até os dias de hoje, a mulher nunca foi ensinada a ser outra coisa além de um objeto de propriedade, à disposição da vontade e do prazer do homem."

Olhar para o passado para olhar para o futuro – o paraíso em perspectiva

À medida que a luta pela obtenção de direitos iguais continuava a ganhar força, a Igreja seguia exercendo seu poder e sua influência com grande zelo, protegendo cuidadosamente o enaltecido e santo conceito da supremacia masculina. A despeito da arrogância dos comentários masculinos, que em geral eram pouco mais que aparentes admissões de desconforto da classe dominante com medo de ser deposta, escassamente revestidos de simples gracejo ou humor, o antagonismo às vezes eclodia em feroz violência física quando o humor não funcionava. Komisar explica que "o clero estava frequentemente na vanguarda da luta contra o sufrágio, desencavando citações da Bíblia a fim de provar que a obediência da mulher era a ordem natural das coisas".

Embora as mulheres tenham acabado por ganhar o direito de voto – na verdade, apenas uma parte do conjunto de suas metas, depois de uma vitória incrivelmente difícil –, elas ainda se encontravam em uma sociedade controlada por homens, em que tinham sido condicionadas a acreditar que o criador os havia feito mais inteligentes que as mulheres. Elas agora estavam livres para votar – em homens.

Aqueles que detinham o controle político geralmente falavam de um só fôlego as palavras Estado e Deus. A voz da Igreja ainda era poderosa, e séculos de violência em nome da religião, de cruzadas fanáticas e terríveis, inquisições e caça às bruxas, pairavam em ameaçadoras lembranças de quem ousasse desafiar a autoridade da Igreja.

Medo e terror haviam inoculado os preceitos da religião masculina em todos os aspectos da sociedade. E a instituição, que havia com tanta persistência aniquilado a adoração à Rainha do Céu, passara a oferecer em Seu lugar o papel de uma Eva culpada, pecadora, sofrida, obediente.

Pat Whiting, em *The Body Politic*, uma recente coletânea de escritos do atual movimento de liberação das mulheres na Grã-Bretanha, observa que "nossa cultura está impregnada da mitologia dos antigos hebreus. O pecado original de Eva ainda está conosco". Barbara Cartland, em seu estudo das mulheres na sociedade de hoje, se refere à mulher como "a Eva eterna". E o nome escolhido para uma revista inglesa relativa à posição das mulheres na sociedade contemporânea foi, com um sarcasmo humorístico, *Spare Rib*.*

Durante milhares de anos, a supremacia masculina foi sugerida, declarada, provada, explicada, anunciada, proclamada, afirmada, confirmada e reafirmada pela Bíblia e por aqueles que acreditam nela como a palavra sagrada do criador.

Ainda recentemente, em 1965, Cartland comentou a construção do ego, os efeitos inebriantes da história do Paraíso – para os homens:

> No conciso registro do livro do Gênesis, o homem tem grande satisfação em aprender que ele é, de fato, como sempre pensou que fosse, a mais esplêndida de todas as criaturas de Deus. (...) É reconfortante mesmo, deixa o homem sem qualquer dúvida sobre a posição exclusiva, solitária, de suprema perfeição que ele tem no mundo. (...) Em mais de nove décimos do mundo, a base da história do Gênesis, com a condenação da maldade da mulher, encontrou eco no coração dos homens.

Simone de Beauvoir, em seu clássico estudo da opressão das mulheres, *O segundo sexo*, aponta, com sensível sarcasmo, a conveniência da religião de homens – para homens. Segundo Beauvoir, "O homem aproveita a grande vantagem de ter um deus endossando o que ele escreve; e como o homem exerce uma autoridade soberana sobre as mulheres, é especialmente afortunado que sua autoridade seja investida nele pelo Ser Supremo. Para os judeus, maometanos e cristãos, entre outros, o homem é senhor por direito divino, o temor de Deus reprimirá, portanto, qualquer impulso de revolta na mulher oprimida".

---

* *Spare Rib*, ou seja, Costela Sobressalente. [N. de T.]

QUANDO DEUS ERA MULHER

Eva Figes, em *Patriarchal Attitudes*, relata a não-tão-surpreendente reação de um arcebispo inglês em 1968, que comentou, com uma franqueza contundente, a ordenação de mulheres no clero da Igreja Inglesa: "Se a igreja se escancarar para as mulheres, será o prenúncio da morte da atração da Igreja para os homens."

Um bispo episcopal de São Francisco, diante da questão da ordenação de mulheres na Igreja em 1971, deu a reposta com que o livro começa: "A sexualidade de Cristo não é acidental, e nem sua masculinidade é incidental. Esta é a escolha divina."

Komisar listou uma série de eventos ocorridos recentemente, desde que o movimento das mulheres ganhou impulso, eventos que apresentam um questionamento sério das atitudes da Igreja com relação às mulheres. A lista inclui relatos de irmãs católicas que acusaram abertamente a Igreja de ser uma igreja de homens, declarando que esta coloca as mulheres na mesma categoria de crianças, que por sua vez são colocadas na mesma categoria de imbecis.

A Igreja pode ter enfraquecido em seus efeitos sobre indivíduos e comunidades, principalmente para quem vive em grandes cidades, onde há menos vida em comunidade ou menor pressão da mesma sobre o indivíduo. Contudo, dentro da Igreja a ênfase na supremacia masculina continua a existir. Está escrita nos próprios cânones e na literatura sagrada sobre os quais as religiões masculinas foram erigidas. Como Eva Figes comenta tão apropriadamente: "A igreja pode estar morrendo em pé, mas vai se agarrar até o fim na exclusividade masculina, que foi sua própria *raison d'être*."

Entretanto, a memória da antiga religião feminina – a Rainha do Céu, as sacerdotisas, os costumes sexuais sagrados – ainda permanece na lembrança de alguns homens que até hoje controlam a Igreja. No *The Times* de 23 de maio de 1973, há um artigo com a manchete "Sacerdotisas, uma virada para os credos pagãos". Novamente, a ordenação de mulheres na igreja controlada por homens despertou a reação. Segundo os correspondentes de assuntos religiosos do *The Times*:

> Um aviso de que a admissão de mulheres no sacerdócio da Igreja da Inglaterra seria uma virada sutil para as velhas religiões pagãs foi dado pelo bispo de Exeter, o dr. Mortimer, à assembleia de ontem em Canturbury.

266

AS FILHAS DE EVA

Nas antigas religiões da natureza, declarou ele, as sacerdotisas eram comuns – "e todos sabemos dos tipos de religiões que eram e são". A igreja se adaptou com muita frequência a mudanças de condição no passado e teve que ser duplamente cuidadosa "em uma cultura obcecada por sexo".

Sejam quais forem as condições da Igreja neste ponto da história, não podemos nos permitir ignorar ou descartar levianamente o longo alcance dos efeitos que séculos de seu poder têm sobre cada um de nós ainda hoje, não obstante quão distanciados podemos estar do púlpito ou do altar. É rara a família que pode rastrear além de duas ou três gerações sem descobrir que seus antepassados viviam imersos em atitudes e valores de uma das religiões de orientação masculina. E é por isso que as pressões religiosas não estão assim tão distantes de nós quanto preferimos acreditar.

Pois na própria estrutura da vida familiar, em famílias que abraçaram ou abraçam as religiões masculinas, estão os quase invisíveis costumes sociais aceitos e padrões que refletem a antiga aderência severa às escrituras bíblicas. Atitudes de dupla moral na virgindade pré-nupcial, dupla moral da fidelidade conjugal, a autonomia sexual das mulheres, ilegitimidade, aborto, contracepção, estupro, parto, a importância do casamento e de filhos para as mulheres, as responsabilidades e o papel das mulheres no casamento, mulheres como objeto sexual, a identificação sexual de passividade e agressividade, os papéis das mulheres e dos homens no trabalho e em situações sociais, mulheres que expressam suas ideias, liderança feminina, as atividades intelectuais das mulheres, as atividades econômicas e as necessidades econômicas das mulheres e a suposição automática do homem como provedor e protetor – tudo isso ficou tão profundamente entranhado que sentimentos e valores concernentes a esses temas são vistos, tanto por homens quanto por mulheres, como tendências naturais ou até mesmo instinto humano.

Para muitas mulheres e homens contemporâneos, atitudes bíblicas podem não ser mais justificadas como vitais ou absolutas porque o Senhor decretou que assim sejam, mas séculos como seguidores desses preceitos baseados na religião forneceram o próximo argumento: as pessoas "sempre" os aceitaram como certos, e, portanto, deve ser um modo de ser natural, normal.

QUANDO DEUS ERA MULHER

O conhecimento das antigas religiões femininas, tantas vezes revelando comportamentos e atitudes que eram a própria antítese das supostas tendências humanas "naturais", e que, como vimos, foram na verdade a causa subjacente a tantas reações e atitudes dessas religiões posteriores, é um conhecimento quase totalmente esquecido ou mal compreendido. A censura acidental ou intencional na educação em geral e na literatura popular negam a própria realidade de sua importância, e até de sua existência.

Recentemente, ainda em 1971, uma mulher extremamente culta e capacitada começou a escrever um livro sobre lutas políticas de mulheres naquela época, e abordou em apenas três linhas a antiga religião feminina. Ela escreveu que as religiões pagãs originalmente adoravam mulheres, mas em uma era da qual sabemos muito pouco, os deuses substituíram as deusas e a supremacia masculina foi estabelecida na religião.

Outro livro recente sobre o status das mulheres na história começa com a Grécia, e a introdução indica vagamente que o povo de Creta era a única sociedade principal a preceder a Grécia, e que quase nada se sabe de Creta ou de qualquer outra cultura antiga.

Uma professora de antropologia de uma famosa universidade nos Estados Unidos afirmou para um grupo de mulheres, em uma conferência de estudos da mulher em 1971, que todas as deusas eram obesas, figuras nuas da fertilidade, desenvolvidas e adoradas por homens.

Já é tempo de trazer à luz os fatos das antigas religiões femininas. Elas estiveram escondidas por muito tempo. Conhecendo esses fatos seremos capazes de entender os primórdios do desenvolvimento do judaísmo, do cristianismo e do islamismo, suas reações a religiões femininas e os costumes que precederam as religiões masculinas. Conhecendo esses fatos seremos capazes de entender como essas reações levaram a atitudes políticas e a eventos históricos que ocorreram enquanto essas religiões de orientação masculina se formavam – atitudes e eventos que tiveram um papel tão importante na formulação da imagem das mulheres durante e desde esses tempos. Conhecendo esses fatos seremos capazes de sanear os séculos de confusões, mal-entendidos e supressão de informações, e assim poderemos ter o ponto de vantagem necessário para examinar a imagem, o status e os papéis atribuídos ainda hoje às mulheres. Conhecendo esses fatos teremos a perspectiva histórica e política que nos permitirá refutar ideias de "papéis

268

naturais ou divinamente ordenados", abrindo finalmente caminho para um reconhecimento mais realista das capacidades e do potencial de crianças e adultos, sejam homens ou mulheres, como seres humanos individualizados. Quando as fontes antigas da atual estereotipia de gêneros forem melhor compreendidas, o mito do Jardim do Éden não poderá mais nos assombrar.

Matar um consorte desafiador já não é a reposta, como silenciar e debilitar economicamente a mulher tem sido. Talvez, quando a mulher e o homem comerem a maçã – ou o figo – ao mesmo tempo, aprenderem a considerar com respeito as ideias e opiniões um do outro, e virem o mundo e suas riquezas como um lugar que pertence a cada ser vivo, possamos começar a dizer que somos uma espécie verdadeiramente civilizada.

QUADRO DE DATAS

É importante lembrar que essas datas são revisadas continuamente à medida que novas evidências são descobertas, e que mesmo com as evidências atuais os arqueólogos divergem com relação a elas. As datas são apresentadas aqui para dar uma ideia geral dos vários períodos em cada local, e devem ser entendidas como aproximadas e não definitivas.

GRAVETIANO – AURIGNACIANO
(Sítios do Paleolítico Superior)
25000-15000 a.C.

CANAÃ

Baixa Idade do Bronze: 3000-2000 a.C.
Média Idade do Bronze: 2000-1600 a.C.
Alta Idade do Bronze: 1600-1200 a.C.
Baixa Idade do Ferro I: 1200-900 a.C.
Baixa Idade do Ferro II: 900-600 a.C.
Baixa Idade do Ferro III: 600-300 a.C.

Figuras Bíblicas em Canaã
Abraão: alguma época entre 1800-1550 a.C.
Moisés e Aarão: 1300-1250 a.C.
Saul: 1020-1000 a.C. (Samuel um pouco antes)
Davi: 1000-960 a.C.
Salomão: 960-922 a.C.
Oséias: 735 a.C.
Ezequiel: 620 a.C.
Jeremias: 600 a.C.

JUDÁ (capital, Jerusalém)

Roboão: 922-915 a.C.

Abijão: 915-913 a.C.

Asa: 913-873 a.C.

Josafá: 873-849 a.C.

Jorão: 849-842 a.C.

Ocozias: 842 a.C.

Atália: 842-837 a.C.

Ezequias: 715-687 a.C.

Queda de Jerusalém: 586 a.C. (conquistada primeiro pela Babilônia, e
depois por Ciro da Pérsia [Irã])

ISRAEL (capital, Samaria)

Jeroboão: 922-901 a.C.

Zimri: 876 a.C.

Omri: 876-869 a.C.

Jezebel e Acabe: 869-850 a.C.

Ocozias: 850-849 a.C.

Jorão: 849-842 a.C.

Jeú: 842-815 a.C.

De Joacaz a Oséias: 815-724 a.C.

Queda de Samaria: 722 a.C. (conquistada por Sargão da Assíria)

MESOPOTÂMIA

Jarmo: 6800 a.C.

Período de Hassuna: 5500 a.C.

Período de Halafe: 5000 a.C.

Período de Ubaid: 4000-3500 a.C.

Período de Uruque: 3500-3200 a.C.

Período de Jemdet Nasr: 3200-2850 a.C.

Período da Primeira Dinastia na Suméria: 2850-2400 a.C.

Dinastia de Acádia (Sargão): 2370-2320 a.C.

Invasão Guti: 2250-2100 a.C.

III Dinastia de Ur (incluindo Ur Namu, Shulgi, Bur Sin, Shu Sin, Ibbi
Sin): 2060-1950 a.C.

QUADRO DE DATAS

Dinastia Isim da Suméria: 2000-1800 a.C.

Dinastia Larsa da Suméria: 2000-1800 a.C.

I Dinastia da Babilônia: 1830-1600 a.C. (sob o domínio cassita em 1600 a.C.)

Hamurabi: 1792-1750 a.C.

Babilônia: 1830-540 a.C.

Assíria: 1900-600 a.C. (sob o domínio hurrita de 1500-1300 a.C.)

EGITO

Neolítico (Badariano, Amratiano, Gerzeano): 4000-3000 a.C.

I-V Dinastias: 2900-2300 a.C.

VI-X Dinastias: 2300-2000 a.C.

XI-XVI Dinastias: 2000-1600 a.C.

XVII Dinastia: 1600-1570 a.C. (Camés)

XVIII Dinastia: 1570-1304 a.C. (Amósis, Amenófis I, Tutemés I, Tutemés II, Tutemés III, Hatexepsute, Amenófis II, Tutemés IV, Amenófis III, Amenófis IV (Aquenáton), Semenkhere, Tutancâmon, Aí, Horemebe)

XIX Dinastia: 1304-1200 a.C. (Ramsés I, Seti I, Ramsés II, Merneptá)

XX Dinastia: 1200-1065 a.C. (Ramsés III, Ramsés IV, Ramsés XI)

XXII Dinastia: 935-769 a.C.

XXIII-XXVII Dinastias: 760-525 a.C.

XXVIII-XXX Dinastias: 431-404 a.C.

ANATÓLIA (Turquia)

Çatal Hüyük: 6500-5000 a.C.

Hacilar: 6000-5000 a.C.

Baixa Idade do Bronze: 3000-2000 a.C. (Alaca Hüyük: 2500-2300 a.C.)

Média Idade do Bronze: 2000-1700 a.C.

Alta Idade do Bronze: 1700-1200 a.C.

Os Reis Hititas na Anatólia

Pitana e Anita de Cussara: começo do século XX a.C.

Labarnas: 1700 a.C.

Hatusil I: 1650 a.C.

Mursil I: 1620 a.C.

Shuppiliuma: 1375-1306 a.C.

CRETA

Idade Neolítica: 5000-3000 a.C.

Baixo Minoico: 2900-2000 a.C.

Médio Minoico: 2000-1500 a.C.

Alto Minoico: 1500-1350 a.C.

Micênico: 1350-1100 a.C.

Dórios invadem Creta: 1100 a.C.

550-525 a.C.: Iranianos (persas) liderados por Ciro conquistam a maioria da Mesopotâmia, Anatólia, Canaã, Norte do Egito e Noroeste da Grécia.

Por volta de 330 a.C.: os gregos (liderados por Alexandre) tinham conquistado a maioria dos territórios que estavam sob o domínio persa.

BIBLIOGRAFIA

Akurgal, Ekrem. *Art of the Hittites*. Londres: Thames and Hudson, 1962.

Albright, Wm. *Recent Discoveries in Bible Lands*. Nova York: Funk and Wagnalls, 1936.

Albright, W.F. em *The Bible and the Ancient Near East*, G.E, Wright (ed.). Nova York: Doubleday, 1961.

_____. *From Stone Age to Christianity*. Baltimore: Johns Hopkins Press, 1941.

_____. *Archaeology and the Religion of Israel*. Baltimore: Johns Hopkins Press, 1942.

_____. "The Early Alphabetic Inscriptions from Sinai". *Bulletin of the School of Oriental Research*, vol. 110, abril 1948, p. 6-22.

_____. *The Archaeology of Palestine*. Harmondsworth: Penguin, 1949.

_____. *Yahweh and the Gods of Canaan*. Londres: Athlone Press, 1968.

Alderman, Clifford. *A Cauldron of Witches*. Nova York: Julian Messner, 1971.

Alexiou, Stylianos. *Ancient Crete*. Londres: Thames and Hudson, 1967.

_____. *Minoan Civilization*. Iraklion, Creta, The Archaeological Museum, 1969.

Allegro, John. *The Dead Sea Scrolls*. Harmondsworth: Penguin, 1956.

Ames, D. *Greek Mythology*. Feltham: Hamlyn, 1963.

Anati, E. *Palestine Before the Hebrews*. Londres: Jonathan Cape, 1963.

Anthes, Rudolf. "Mythology in Ancient Egypt", em *Mythologies of the Ancient World*, S. N. Kramer (ed.). Nova York: Doubleday, 1961.

Astrom, L. *Studies of the Arts and Crafts of the Late Cypriot Bronze Age*. Londres: Lund, 1967.

Avery, C. *The New Century Classical Handbook*. Nova York: Appleton-Century--Crofts, 1962.

Bachofen, J. *The Mothers, Myth, Religion and Mother Right*. Stuttgart, 1861.

Bacon, E. *Vanished Civilizations*. Londres: Thames and Hudson, 1963.

Baramki, Dmitri. *Phoenicia and the Phoenicians*. Beirute: American University Press, 1961.

275

Barnett, R. D. *Catalogue of the Nimrud Ivories*. Londres: British Museum, 1957.

Baron, S. W. *A Social and Religious History of the Jews*. Nova York: Columbia University Press, 1937.

Bennett, Florence. *Religious Cults Associated with the Amazons*. Nova York: Columbia University Press, 1912.

Bertholet, A. *A History of Hebrew Civilization*. Londres: Harrap, 1926.

Bittel, Kurt. *Hattusha, Capital of the Hittites*. Londres: Oxford University Press, 1970.

Boscawen, W. *Egypt and Chaldea*. Londres: Harper, 1894.

Braidwood, R. J. *Prehistoric Men*. Chicago: University of Chicago Press, 1948.

Brandon, S. G. F. *Creation Legends of the Ancient Near East*. Londres: Hodder & Stoughton, 1963.

Briffault, Robert. *The Mothers*. Londres: Allen & Unwin, 1927.

Brown, Norman. "Mythology of India", em *Mythologies of the Ancient World*, S. N. Kramer (ed.). Nova York: Doubleday, 1961.

Bucke, E. *Interpreter's Dictionary of the Bible*. Nashville, Tennesse: Abingdon Press, 1962.

Budge, E. A. W. *Egyptian Book of the Dead*. Londres: British Museum, 1895.

_____. *The Gods of the Egyptians*. Londres: Methuen, 1904.

_____. *The Babylonian Legends of Creation*. Londres: British Museum, 1921.

_____. *The Babylonian Story of the Deluge and the Epic of Gilgamish*. Londres: British Museum, 1920.

Bullfinch, Thomas. *Bulfinch's Mythology*. Boston: S. W. Tilton, 1881.

Butterworth, E. A. *Some Traces of the Pre-Olympian World*. Berlim/Nova York: De Gruyter, 1966.

Cadoux, C. J. *Ancient Smyrna*. Oxford: Basil Blackwell, 1938.

Campbell, Joseph. *The Masks of God: Primitive Mythology*. Nova York: Viking Press, 1959.

_____. *The Masks of God: Oriental Mythology*. Londres: Seeker and Warburg, 1962.

_____. *The Masks of God: Occidental Mythology*. Londres: Seeker and Warburg, 1965.

_____. *The Masks of God, Creative Mythology*. Londres: Seeker and Warburg, 1968.

Cartland, Barbara. *Woman, The Enigma*. Londres: Frewin, 1968.

Casson, S. *Essays in Aegean Archaeology*. Londres: Oxford University Press, 1927.

_____. *Ancient Cyprus*. Londres: Methuen, 1937.

BIBLIOGRAFIA

Cassuto, U. *Anath*. Jerusalém: 1951.

Catling, H. W. *Patterns of Settlement in Bronze Age Cyprus*. Londres: Lund, 1963.

Chiera, Edward. *They Wrote on Clay*. Chicago: University of Chicago Press, 1938.

Childe, Gordon. *New Light on the Most Ancient East*. Londres: Routledge & Kegan Paul, 1952.

Clayton, A. C. *The Rig Veda and Vedic Religion*. Madras: Christian Literature Society for India, 1913.

Cole, S. *The Neolithic Revolution*. Londres: British Museum, 1970.

Collins, Sheila. "A Feminist Reading of History". *Radical Religion Journal*. Berkeley, Califórnia: 1974, p. 12-17.

Contenau, G. *Everyday Life in Babylon and Assyria*. Londres: Edward Arnold, 1954.

Cook, Stanley. *The Religion of Ancient Palestine in the Second Millenium B.C.* Londres: Constable, 1908.

_____. *The Religion of Ancient Palestine in the Light of Archaeology*. Londres: Oxford University Press, 1930.

Cottrell, Leonard. *The Bull of Minos*. Londres: Evans, 1953.

_____. *Lost Worlds*. N.Y., American Heritage Publishing Co., 1962.

_____. *The Lion Gate*. Londres: Evans, 1963.

Crawford, O. G. S. *The Eye Goddess*. Londres: Phoenix House, 1957.

Crossland, R. A. "Immigrants from the North", em *Cambridge Ancient History*, vol. 1. Londres: Cambridge University Press, 1970.

Crow, Duncan. *The Victorian Woman*. Londres: Allen & Unwin, 1971.

Daniels, Glyn. *Malta*. Londres: Thames and Hudson, 1957.

Dawson, Christopher. *Age of the Gods*. Londres: John Murray, 1928.

Dawson, D. *The Story of Prehistoric Civilizations*. Nova York: Franklin Watts, 1951.

Delaporte, L. *Mesopotamia*. Londres: Routledge & Kegan Paul, 1925.

Delougaz, P. *The Temple Oval at Khafajah*. Chicago: University of Chicago Press, 1940.

_____. *Pre-Sargonic Temples in the Dyala Region*. Chicago: University of Chicago Press, 1942.

Dempsey, T. *Delphic Oracle*. Londres: Blackwell, 1918.

De Vaux, Roland. *Ancient Israel*. Londres: Darton, Longman & Todd, 1965.

Dhorme, E. P. *La Religione Assyro-Babylonienne*. Paris: Presses Universitaires de France, 1949.

Di Cesnola, L. P. *Cyprus, its Ancient Cities, Tombs and Temples*. Londres: John Murray, 1877.

Dikaios, P. *Khirokitia*. Londres: Oxford University Press, 1953.

Dossin, G. "Un Ritual du Culte d'Istar Provenant de Mari". *Revue d'Assyriologie*, vol. 35, 1938, p. 1-13.

Drees, Ludwig. *Olympia*. Londres: Pall Mall Press, 1971.

Dresden, M. J. "Mythology of Ancient Iran", em *Mythologies of the Ancient World*, S. N. Kramer (ed.). Nova York: Doubleday, 1961.

Driver, G. R. *Canaanite Myths and Legends*. Illinois: Allenson, 1950.

Ehrich, R. W. *Relative Chronologies on Old World Archaeology*. Chicago: University of Chicago Press, 1954.

Emery, Walter. *Archaic Egypt*. Harmondsworth: Penguin, 1961.

Epstein, I. *Judaism*. Harmondsworth: Penguin, 1959.

Evans, Arthur. *The Mycenaean Tree and Pillar Cult*. Londres: Mac-millan, 1901.

_____. *The Early Nilotic, Libyan and Egyptian Relations with Minoan Crete*. Londres: Macmillan, 1925.

_____. *The Earlier Religions of Greece in Light of the Cretan Discoveries*. Londres: Macmillan, 1925.

_____. *The Palace of Minos at Knossos*. Londres: Macmillan, 1936.

Farnell, L. R. *The Cults of the Greek States*. Oxford: Clarendon Press, 1896.

_____. *Greece and Babylon*. Edimburgo: Clark, 1911.

Figes, Eva. *Patriarchal Attitudes*. Londres: Faber and Faber, 1970.

Finegan, J. *Light from the Ancient Past*. Princeton: Princeton University Press, 1946.

Flaceliere, R. *Greek Oracles*. Londres: Paul Elek, 1965.

Frank, C. *Kultleider aus dem Ischtar-Tammuz-Kreis*. Leipzig: Harrassowitz, 1939.

Frankfort, Henri. *Cylinder Seals*. Londres: Macmillan, 1939.

_____. *Kingship and the Gods*. Chicago: University of Chicago Press, 1948.

_____. *The Problems of Similarities in Ancient Near Eastern Religions*. Oxford: Clarendon Press, 1951.

_____. *The Art and Architecture of the Ancient Orient*. Harmondsworth: Penguin, 1954.

Frazer, James. *The Golden Bough*. Londres: Macmillan, 1907. [*O ramo de ouro*. Rio de Janeiro: Zahar, 1982.]

_____. *Attis, Adonis and Osiris*. Londres: Macmillan, 1920.

_____. *A Study in Magic and Religion*. Londres: Macmillan, 1924.

Frobenius, L. *The Childhood of Man*. Londres: Seeley, 1909.

Gadd, C. J. *Ideas of Divine Rule in the Ancient Near East* (Sweich Lectures). Londres:

BIBLIOGRAFIA

Oxford University Press, 1933.

_____. *The Stones of Assyria*. Londres: Chatto and Windus, 1936.

Garcia, L., Galloway, J. e Lommel, A. *Prehistoric and Primitive Art*. Londres: Thames and Hudson, 1969.

Gardiner, A. H. *The Astart Papyrus*. Oxford: Griffiths Institute, 1936.

Gaster, T. *Thespis*. Nova York: Doubleday, 1950.

Gimbutas, M. *The Gods and Goddesses of Old Europe*. Londres: Thames and Hudson, 1974.

Gjerstad, E. *Studies of Prehistoric Cyprus*. Uppsala, Suécia: Uppsala Universitets Arsskrift, 1926.

Glotz, G. *The Aegean Civilization*. Londres: Routledge & Kegan Paul, 1925.

Glubb, J. B. *The Life and Times of Muhammed*. Londres: Hodder and Stoughton, 1970.

Godard, Andre. *The Art of Iran*. Nova York: Praeger, 1965.

Göetze, A. "Cilicians". *Journal of Cuneiform Studies*, vol. 16, 1962, p. 48-58.

Gordon, Cyrus. *Ugaritic Literature*. Roma: Pontifical Biblical Institute, 1949.

_____. *Ugaritic Manual*. Roma: Pontifical Biblical Institute, 1955.

_____. *The Ancient Near East*. Nova York: W. W. Norton, 1962.

_____. *The Common Backgrounds of the Greek and Hebrew Civilizations*. Nova York: W. W. Norton, 1962.

_____. *Ugarit and Minoan Crete*. Nova York: W. W. Norton, 1966.

_____. *Forgotten Scripts*. Harmondsworth: Penguin, 1968.

Graves, Robert. *The White Goddess*. Nova York: A. A. Knopf, 1948.

_____(tradutor). *The Golden Ass* por Apuleius. Nova York: Pocket Books, 1951. [*O asno de ouro*. São Paulo, Editora 34, 2019.]

_____. *The Greek Myths I & II*. Harmondsworth: Penguin, 1955.

Gray, John. *The Legacy of Canaan*. Leiden: 1957.

_____. *Archaeology of the Old Testament World*. Londres: Nelson, 1962.

_____. *The Canaanites*. Londres: Thames and Hudson, 1964.

_____. *Near Eastern Mythology*. Feltham: Hamlyn, 1969.

Graziozi, P. *Paleolithic Art*. Londres: Faber and Faber, 1960.

Grimke, Sarah. "Quotes from *Voices from Women's Liberation*", L. Tanner (ed.). Nova York: Signet, 1970.

Guido, M. *Sardinia*. Londres: Thames and Hudson, 1963.

Guilliame, A. *Islam*. Harmondsworth: Penguin, 1954.

Gurney, O. R. *The Hittites*. Harmondsworth: Penguin, 1952.

Guterbock, Hans. "Hittite Mythology", em *Mythologies of the Ancient World*, S. N. Kramer (ed.). Nova York: Doubleday, 1961.

Guthrie, W. *The Greeks and their Gods*. Londres: Methuen, 1950.

Hall, H. R. *The Ancient History of the Near East*. Londres: Methuen, 1913.

Hamilton, Edith. *Mythology*. Nova York: Mentor, 1955.

Handcock, P. *Mesopotamian Archaeology*. Londres: Macmillan, 1912.

Harden, D. *The Phoenicians*. Londres: Thames and Hudson, 1962.

Harris, J. R. *The Legacy of Egypt*. Londres: Oxford University Press, 1971.

Harris, Rivkah. "Naditu Women of Sippar I & II". *Journal of Cuneiform Studies*, vol. 15, p. 117-120; vol. 16, 1962, p. 1-12.

Harrison, Jane. *Prologomena to the Study of Greek Religion*. Cambridge, 1903.

_____. *Themis*. Cambridge, 1912.

Harrison, R. K. *Ancient World*. Edimburgo: English Universities Press, Ltd., 1971.

Hartland, E. S. *Primitive Paternity*: Londres, David Nutt, 1909.

_____. *Primitive Society*. Londres: Methuen, 1921.

Haspels, C. H. *The Highlands of Phrygia*. Princeton: Princeton University Press, 1971.

Hastings, J. *A Dictionary of the Bible*. Edimburgo: T & T Clark, 1900.

Hawkes, Jacquetta. *Dawn of the Gods*. Londres: Chatto and Windus, 1958.

_____. *Prehistory: History of Mankind, Cultural and Scientific Development*, vol. 1, part 1. Nova York: Mentor, 1965.

_____. *The First Great Civilizations*. Londres: Hutchinson, 1973.

Hays, H. R. *The Dangerous Sex*. Londres: Methuen, 1966.

Heidel, A. *Babylonian Genesis*. Chicago: University of Chicago Press, 1951.

Higgins, R. *Minoan and Mycenaean Art*. Nova York: Praeger, 1967.

Hill, G. *The History of Cyprus*. Londres: Cambridge University Press, 1940.

Hinz, Walther. *The Lost World of Elam*. Nova York: New York University Press, 1973.

Hitti, P. *The History of Syria*. Londres: Macmillan, 1951.

Hood, Sinclair. *The Home of Heroes*. Londres: Thames and Hudson, 1967.

_____. *The Minoans, Crete in the Bronze Age*. Londres: Thames and Hudson, 1971.

Hooke, S. H. *Myth and Ritual*. Londres: Oxford University Press, 1933.

_____. *Origins of Early Semitic Ritual*. Londres: Oxford University Press, 1935.

_____. *Babylonian and Assyrian Religion*. Londres: Hutchinson, 1953.

_____ (ed.). *Myth, Ritual and Kingship*. Londres: Oxford University Press, 1958.

_____. *Middle Eastern Mythology*. Harmondsworth: Penguin, 1963.

Hopper, R. J. *The Acropolis*. Nova York: Macmillan, 1971.

Hoyle, P. *Delphi*. Londres: Cassell, 1967.

Hutchinson, R. W. *Prehistoric Crete*. Harmondsworth: Penguin, 1962.

Huxley, G. L. *Early Sparta*. Londres: Faber and Faber, 1962.

Jacobsen, T. *The Intellectual Adventures of Ancient Man*, H. Frankfort (ed.). Chicago: University of Chicago Press, 1946.

_____. "Primitive Democracy in Ancient Mesopotamia". *Journal of Near Eastern Studies*, vol. II, 1943, p. 159-172.

_____. *Toward the Image of Tammuz*. Cambridge, Massachusetts: Harvard University Press, 1970.

James, E. O. *The Old Testament in Light of Anthropology*. Londres: Macmillan, 1935.

_____. *The Origins of Religion*. John Heritage, 1937.

_____. *Prehistoric Religion*. Londres: Thames and Hudson, 1957.

_____. *Myth and Ritual in the Ancient Near East*. Londres: Thames and Hudson, 1958.

_____. *The Cult of the Mother Goddess*. Londres: Thames and Hudson, 1959.

_____. *The Ancient Gods*. Londres: Weidenfeld & Nicolson, 1960.

_____. *Seasons, Feasts and Festivals*. Londres: Thames and Hudson, 1961.

_____. *The Worship of the Sky God*. Londres: University of London Press, 1963.

Jastrow, M. *Religion of Babylon and Assyria*. Nova York: Atheneum Press, 1898.

Kapelrud, A. S. *Baal in the Ras Shamra Texts*. Copenhague, 1952.

Karageorghis, V. *Mycenaean Art from Cyprus*. Nicosia, 1968.

_____. *The Ancient Civilization of Cyprus*. Londres: Barrie & Jenkins, 1970.

Keller, Werner. *The Bible as History*. Londres: Hodder and Stoughton, 1956.

Kenyon, Kathleen. *Archaeology in the Holy Land*. Tonbridge: Ernest Benn, 1960.

Kitto, H. D. F. *The Greeks*. Harmondsworth: Penguin, 1951.

Klein, Violet. *The Feminine Character*. Londres: Routledge & Kegan Paul, 1946.

Komisar, Lucy. *The New Feminism*. Nova York: Franklin Watts, 1971.

Kramer, S. N. *Sumerian Mythology*. Filadélfia: University of Pennsylvania Press, 1944.

_____. *Sumerian Myths, Epics and Tales*. Princeton: Princeton University Press, 1957.

_____. *History Begins at Sumer*. Nova York: Doubleday, 1958.

_____ (ed.). *Mythologies of the Ancient World*. Nova York, Doubleday, 1961.

_____. *The Sumerians, Their History, Culture, and Character*. Chicago: University of Chicago Press, 1963.

_____. *The Sacred Marriage Rite*. Bloomington: Indiana University Press, 1969.

Kursh, H. *Cobras in the Garden*. Wisconsin: Harvey Press, 1965.

Landes, G. "The Material Civilization of the Ammonites". *Biblical Archaeologist*. Setembro, 1961.

Langdon, S. *The Sumerian Epic of Paradise*. Filadélfia: University of Pennsylvania Press, 1915.

_____. *Tammuz and Ishtar*. Londres: Oxford University Press, 1914.

_____. *Semitic Mythology*. Francestown, New Hampshire: Marshall Jones, 1918.

Larousse. *New Larousse Encyclopedia* of *Mythology*, F. Guirand (ed.). Londres: Paul Hamlyn, 1960.

Lawson, John. *Modern Greek Folklore and Ancient Greek Religion*. Londres: Cambridge University Press, 1910.

Layard, A. H. *Nineveh and Babylon*. Londres: British Museum, 1853.

Leach, Maria. *Standard Dictionary of Folklore*. Nova York: Funk and Wagnalls, 1949.

Levy, Rachel. *The Gate of Horn*. Londres: Faber and Faber, 1963.

Lewis, H. D. e Slater, R. L. *The Study of Religions*. Harmondsworth: Penguin, 1969.

Lissner, Ivar. *The Living Past*. Nova York: Putnam, 1957.

Lloyd, Seton. *Mesopotamia, Excavations on Sumerian Sites*. Londres, 1936.

_____. *Ruined Cities of Iraq*. Iraque: Departamento de Antiquities, 1942.

_____. *Foundations in the Dust*. Londres: Oxford University Press, 1947.

_____. *Early Anatolia*. Harmondsworth: Penguin, 1956.

_____. *The Art of the Ancient Near East*. Londres: Thames and Hudson, 1961.

_____. *Mounds of the Near East*. Edimburgo: Edinburgh University Press, 1963.

_____. *Early Highland Peoples of Anatolia*. Londres: Thames and Hudson, 1967.

Lommel, A. *Prehistoric and Primitive Man*. Nova York: McGraw Hill, 1966.

Luckenbill, D. D. *Ancient Records of Assyria and Babylonia*. West-port, Connecticut: Greenwood, 1927.

Macalister, R. A. S. *Bible Sidelights from the Mound of Gezer*. Londres: Hodder and Stoughton, 1906.

_____. *Gezer Excavations*. Londres: Palestine Exploration Fund, 1912.

BIBLIOGRAFIA

Mallowan, M. E. L. *Twenty Five Years of Mesopotamian Discovery*. Iraque: British School of Archaeology, 1956.

_____. *Early Mesopotamia and Iran*. Londres: Thames and Hudson, 1965.

_____. *Nimrud and its Remains*. Glasgow: Collins, 1966.

Marinatos, S. *Crete and Mycenae*. Londres: Thames and Hudson, 1960.

Maringer, Johannes. *The Gods of Prehistoric Man*. Nova York: A. A. Knopf, 1960.

Marshak, A. *The Roots of Civilization*. Nova York: McGraw Hill, 1972.

Marshall, John. *Mohenjo Daro and the Indus Civilization*. Londres: Probsthain, 1931.

Matz, F. *Crete and Early Greece*. Londres: Methuen, 1962.

Mellaart, James. *Anatolia*. Cambridge, 1962.

_____. *Earliest Civilizations of the Near East*. Londres: Thames and Hudson, 1965.

_____. *Çatal Hüyük*. Londres: Thames and Hudson, 1967.

Menan, Aubrey. *Cities in the Sand*. Londres: Thames and Hudson, 1972.

Mendenhall, G. "Biblical History in Transition", em *The Bible and the Ancient Near East*, G. E. Wright (ed.). Nova York: Doubleday, 1961.

Mercer, S. *The Religion of Ancient Egypt*. Londres: Luzac, 1949.

Montagu, Ashley. *The Natural Superiority of Women*. Londres: Mac-millan, 1970.

Moortgat, A. *The Art of Ancient Mesopotamia*. Londres: Phaidon, 1967.

Morenz, S. *Egyptian Religion*. Londres: Methuen, 1973.

Moscati, S. *Ancient Semitic Civilizations*. Londres: Paul Elek, 1957.

_____. *The Semites in Ancient History*. Cardiff: University of Wales Press, 1959.

_____. *The World of the Phoenicians*. Londres: Weidenfeld & Nicolson, 1968.

Murray, Margaret. *The Witch Cult in Western Europe*. Oxford: Clarendon Press, 1921.

_____. *The Splendour that Was Egypt*. Londres: Sidgwick & Jackson, 1949.

_____. *The Genesis of Religion*. Londres: Routledge & Kegan Paul, 1963.

Mylonas, George. *Eleusis and the Eleusinian Mysteries*. Princeton: Princeton University Press, 1961.

Nethercot, Arthur. *The First Five Lives of Annie Besant*. St. Albans: Rupert Hart--Davis, 1961.

Neumann, Erich. *The Great Mother*. Nova York: Pantheon, 1955.

Nilsson, Martin. *The Minoan-Mycenaean Religion and its Survival in Greek Religion*. Londres: Lund, 1927.

_____. *Greek Popular Religion*. Nova York: Columbia University Press, 1940.

Norbeck, Edward. *Religion in Primitive Society*. Londres: Harper, 1961.

QUANDO DEUS ERA MULHER

O'Faolain, Julia e Martines, Lauro. *Not in God's Image*. Londres: Maurice Temple Smith, 1973.

Ohnesfalsch-Richter, G. *Ancient Places of Worship on Cyprus*. Berlim, 1891.

_____. *The Bible and Homer*. Londres: Asher & Co., 1893.

Olmstead, A. T. *A History of Palestine and Syria*. Chicago: University of Chicago Press, 1931.

Oppenheim. A. L. *Ancient Mesopotamia*. Chicago: University of Chicago Press, 1964.

Palmer, L. *Mycenaeans and Minoans*. Londres: Faber and Faber, 1961.

Parke, H. W. *Greek Oracles*. Londres: Hutchinson, 1967.

Parrot, Andre. *Sumer*. Londres: Thames and Hudson, 1960.

_____. *The Arts of Mankind*. Londres: Thames and Hudson, 1960.

_____. *Nineveh and Babylon*. Londres: 1961.

Pendlebury, J. *The Archaeology of Crete*. Londres: Methuen, 1939.

Persson, A. W. *The Religion of Greece in Prehistoric Times*. Berkeley: University of California Press, 1942.

Petracos, B. *Delphi*. Atenas: Hesperus Editions, Delphi Museum, 1971.

Petrie, Wm. Flinders. *The Status of the Jews in Egypt*. Londres: Allen &Unwin, 1922.

_____. *Life in Ancient Egypt*. Londres: Constable, 1923.

_____. *Religious Life in Ancient Egypt*. Londres: Constable, 1924.

_____. *Egypt and Israel*. Londres: Christian Knowledge Society, 1925.

Piggott, S. *The Dawn of Civilization*. Londres: Thames and Hudson, 1961.

Porada, E. *The Art of Ancient Iran*. Nova York: Crown, 1962.

Poulsen, F. *Delphi*. Londres: Glyndendal, 1921.

Powell, T. G. E. *Prehistoric Art*. Nova York: Praeger, 1966.

Pritchard, J. B. *Palestinian Figures in Relation to Certain Goddesses Known Through Literature*. Nova York: Kraus-Thompson, 1943.

_____. *Ancient Near Eastern Texts Relating to the Old Testament*. Princeton: Princeton University Press, 1950.

_____. *The Ancient Near East*. Princeton: Princeton University Press, 1958.

_____. *Archaeology and the Old Testament*. Princeton: Princeton University Press, 1958.

_____. *The Ancient Near East in Pictures*. Princeton: Princeton University Press, 1969.

Ramsay, W. M. *Cities and Bishropics of Phrygia*. Oxford: Clarendon Press, 1895.

BIBLIOGRAFIA

Ransome, H. *The Sacred Bee*. Londres: Allen & Unwin, 1937.

Rassam, H. *Ashur and the Land of Nimrud*. Nova York: Eaton & Mains, 1897.

Reverdin, L. e Hoegler, R. *Crete and its Treasures*. Nova York: Viking Press, 1961.

Robinson, T. H. Em *Myth, Ritual and Kingship*, S. H. Hooke (ed.). Londres: Oxford University Press, 1958.

Rose, H. J. *The Handbook of Greek Mythology*. Londres: Metheun, 1928.

Rowe, Alan. *The Topography and History of Beth Shan*. Filadélfia: University of Pennsylvania Press, 1930.

Russell, D. S. *Between the Testaments*. Londres: SCM Press, 1960.

Saggs, H. W. F. *The Greatness that was Babylon*. Nova York: Mentor, 1968.

Sakir, Cevat. *Asia Minor*. Ismirna, Turquia: Ismir Publications, 1971.

Sanders, N. K. *Poems of Heaven and Hell from Ancient Mesopotamia*. Harmondsworth: Penguin, 1971.

Sayce, A. H. *The Hittites, Story of a Forgotten Empire*. Londres: Religious Tract Society, 1892.

_____. *The Religion of Ancient Egypt and Babylon*. Edimburgo: T. & T. Clark, 1902.

Schaeffer, C. *The Cuneiform Texts of Ras Shamra-Ugarit*. Em Schweich Lectures de 1936, Oxford, 1939.

Scholem, G. *On the Kabbalah and its Symbolism*. Londres: Routledge & Kegan Paul, 1965.

Seltman, C. *The Twelve Olympians*. Londres: Pan Books, 1952.

_____. *Women in Antiquity*. Londres: Pan Books, 1956.

Smith, Homer. *Man and His Gods*. Londres: Jonathan Cape, 1953.

Smith, Sidney. Em *Myth, Ritual and Kingship*, S. H. Hooke (ed.). Londres: Oxford University Press, 1958.

Smith, Wm. Robertson. *The Religion of the Semites*. Londres: A. & C. Black, 1894.

_____. *Kinship and Marriage*. Londres: A. & C. Black, 1903.

Sormani, Giuseppi. *India*. Nova York: Greystone Corp., 1965.

Speiser, E. A. *Akkadian Myths and Epics*. Princeton: Princeton University Press, 1957.

Spiteras, Tony. *The Art of Cyprus*. Nova York: Reynal, 1970.

Strong, D. *The Classical World*. Nova York: McGraw Hill, 1965.

Strong, D. e Garstang, J. *The Syrian Goddess*. Londres: Constable, 1913.

Tanner, Leslie (ed.). *Voices from Women's Liberation*. Nova York: Signet, 1970.

Taylour, W. *The Mycenaeans*. Londres: Thames and Hudson, 1964.

Ussishkin, D. "The Necropolis at Silwan". *Biblical Archaeologist*. Maio, 1970.

Vaerting, M. e Vaerting, M. *The Dominant Sex*. Londres: Allen & Unwin, 1923.

Van Buren, Elizabeth, D. *Clay Figures of Babylonia and Assyria*. Hartford, Connecticut: Yale University Press, 1930.

_____. "The Sacred Marriage in Early Times in Mesopotamia". *Orientalia*, vol. 13, 1944, p. 1-72.

Van Loon, M. N. *Urartian Art*, Istambul, 1966.

Vieyra, M. "Istar de Nineve". *Revue d'Assyriologie*, vol. 51, 1957, p. 83-102.

Von Cles-Reden, Sybelle. *The Realm of the Great Goddess*. Londres: Thames and Hudson, 1961.

Von Matt, L. *Ancient Crete*. Londres: Thames and Hudson, 1967.

Von Oppenheim, M. *Tell Halaf*. Nova York: Putnam, 1931.

Waldstein, W. *The Argive Heraeum*. Nova York: Riverside Press, 1902.

White, Anne T. *Les Grandes Découvertes de l'Archéologie*. Quebec: Marabout University Press, 1942.

Whiting, Pat. Em *The Body Politic*, M. Wandor (ed.). Londres: Stage I, 1972.

Widengren, George. Em *Myth, Ritual and Kingship*, S. H. Hooke (ed.). Londres: Oxford University Press, 1958.

Willetts, R. F. *Cretan Cults and Festivals*. Nova York: Barnes & Noble, 1962.

_____. *Everyday Life in Ancient Crete*. Londres: Batsford, 1969.

Wilson, Horace H. *The Great Mother*. Londres: Oriental Translation Fund, 1840.

Winton-Thomas, D. *Documents From Old Testament Times*. Londres: Nelson, 1958.

Witt, R. E. *Isis in the Graeco-Roman World*. Londres: Thames and Hudson, 1971.

Wollstonecraft, Mary. *A Vindication on the Rights of Woman*. Londres: Everyman, 1792.

_____. *A Vindication of the Rights of Woman: with Strictures on Political and Moral Subjects*. 1833.

Woolley, L. *History Unearthed*. Tonbridge: Ernest Benn, 1958.

_____. *Excavations at Ur*. Nova York: Thomas Crowell, 1965.

Wright, G. E. (ed.). *The Bible and the Ancient Near East*. Nova York: Doubleday, 1961.

Yadin, Yigael. *The Scroll of the War of the Sons of Light*. Londres: Oxford University Press, 1962.

_____. *Hazor*. Londres: Weidenfeld & Nicolson, 1975.

Zimmern, H. *Babylonian and Hebrew Genesis*. Londres, 1901.

BIBLIOGRAFIA

Referências adicionais

Revised Standard Bible. Londres, Nelson, 1952.
The Jerusalem Bible. Nova York, Doubleday, 1966.
New English Bible. Londres, Oxford University Press e Cambridge University Press, 1970.

Ésquilo
Apolodoro de Atenas
Diodoro Sículo
Eurípedes
Heródoto
Hesíodo
Homero
Luciano
Pausânias
Plutarco
Filóstrato
Sófocles
Estrabão

ÍNDICE REMISSIVO

Aarão, 135, 137-139, 143, 201, 203

Abijam, Rei de Judá, 82, 206

Aborto, 82, 267

Abraão, 123, 125-127, 130-132, 139, 165

Abramova, Z. A., 41

Acabe, Rei de Israel, 207, 208-209, 218

Acadianos, linguagem, 68, 174

Acaz, Rei de Judá, 209

Adão e Eva, mito, 15, 16, 34-35, 198, 207, 226-227, 229-246, 254

Adath (Deusa), 79

Adivinhação oracular, 71, 233, 239-241, 243

Adônis (deus), 46, 52, 151, 160, 162-163, 175, 197, 245

Adoração ancestral, 41-42, 51, 55, 93-94

Adultério, 84, 220

Afrodite (Deusa), 46

Agostinho, Santo, 254

Agricultura, 25, 44, 45, 223

Ahhiyawa, povo, 142

Ahura Mazda (deus), 96, 98, 100, 129-130, 132, 143

AI Lat (Deusa), 224-225

AI Uzza (Deusa), 224

Ai, batalha de, 200

Alalu, Rei da Suméria, 104, 107

Albright, W. F., 20, 89, 120, 121, 148, 173, 195, 203, 238

Alcorão, 225

Alderman, Clifford, 256

Alemanha nazista, 144

Alexiou, Styliano, 73, 160

Alta Idade do Bronze, 195-196

Amazonas, 31, 61, 70, 71

Amiratiana, cultura, 45

Amonita, povo, 79

Anahita (Deusa), 37, 98

Anaitis (Deusa), 175

Anat (Deusa), 37

Anate (Deusa), 79, 161, 196-197, 199, 205

Anati, E., 24

Anatólia, 43, 71-73

    invasões indo-europeias, 71-72, 89, 114-119, 121

    filho/amante, lenda, 41-42, 51, 58-59, 93

    sacerdotes eunucos, 165

Antália, Anatólia, 41-42

Anthes, Rudolf, 111, 114

Anthony, Susan B., 264

Anu (deus), 107-108, 163

Apolo (deus), 92, 233

Apuleio, 48

Aquenáton, Rei do Egito, 119-120, 131

Aqueus, 74, 76, 151, 232, 241

Arábia, Saudita, 50

Ararat. *Ver* Urartu

Arianos. *Ver* Indo-europeus

Arinna, Deusa do Sol, 70, 85, 91, 99, 105, 117, 161-162

Armamento, 116

Arpachiyah, Assíria, 44, 72

Artêmis (Deusa), 78, 223, 224

Aruru (Deusa), 34, 248

Árvore, simbolismo, 206-207, 243-246

Asante, povo, 85

Aserá ou Asherah (Deusa), 37, 82, 120, 196, 198-199, 205, 206-207, 209, 218, 219, 225

Asherim, 206, 207-208, 218-219, 245, 246

Ashtart (Deusa), 37

Ashur (deus), 18, 83, 92, 108

Ásia Menor. *Ver* Anatólia

Assíria, 83

Astarote (Deusa), 37, 48, 120, 128, 175-176, 196, 197, 198, 199, 204-205, 206, 208-209, 217, 218, 224, 235-236, 237-238, 246

Astarte (Deusa), 37, 48, 163, 175, 195-196, 199

Astarte, placas, 198, 235, 238

Atália, Rainha de Judá, 82, 209

Ate (Deusa), 48

Atena (Deusa), 232, 248

Athar (Deusa), 48

Átis (deus), 46, 52, 162, 163, 164, 165, 248

Attar (Deusa), 37

Attoret (Deusa), 37, 196

Au Sar (deus), 52

Au Set (Deusa), 37, 112, 114, 236

Austrália, 30, 39

Avestá, 96, 97, 129

Avodah Zarah, 223

Baal (deus), 46, 82, 92, 120, 127-128, 133, 161, 195-198, 237

Baalat (Deusa), 196, 199, 236

Babilônia, 65, 109

    costumes sexuais sagrados, 169, 172, 174

    criação, mito, 249

    filho/amante, lenda, 48, 150-159

    invasões indo-europeias, 83, 84

    profecia oracular, 240

    reinado, origens, 156-157

    serpente, simbolismo, 230, 240

Bachofen, Johann, 59

Badariana, cultura, 45

Barcos, 113

Baron, S. W., 63

Batalhas com machados, culturas, 87

Beauvoir, Simone de, 265

Besant, Annie, 263

Bete-Semes, Canaã, 237

Bhagavad Gita, 95

Biblos, Fenícia, 160, 237, 239, 244

Bigas, 74, 87, 89, 116

Body Politic, The (Whiting), 265

Boscawen, W., 68

Brahma (deus), 96

Brâmanes, 94-95, 122, 134, 136, 142

Brandon, S. G. F., 28, 38

Braquicéfalo (Alpino), povo, 115

Briffault, Robert, 59, 63

Brigit (Deusa), 30

Brown, Norman, 95, 96-97, 134

Bruxas, culto das, 255

Budge, E. Wallis, 111

Buto, Egito, 232

Butterworth, E., 76-77, 150

ÍNDICE REMISSIVO

Cabala, 225

Calcolítico, período, 44, 147

Calvino, João, 255

Campbell, Joseph, 45, 198

Canaã, 43, 48, 79-83, 194-197
  antagonismo de levitas à deidade feminina, 197, 198, 206-207, 211-217, 219, 247-251
  costumes sexuais sagrados, 161, 172, 185
  invasão de hebreus, 198-200
  invasões indo-europeias, 90, 91, 119-120
  migrações de filisteus, 2335
  serpente, simbolismo, 235-239, 240

Canais, irrigação, 103, 130-131

Cária, 71, 72

Cartago, costumes sexuais sagrados, 173, 175

Cartland, Barbara, 265

Casamento sagrado. *Ver* Filho/amante, simbolismo

Casamento. *Ver também* Fidelidade conjugal

Casas, 42, 44

Cassandra de Troia, 233, 241

Cassitas, povo, 68, 108, 115, 119

Castas, 93

Castração, 163-165

Çatal Hüyük, Anatólia, 42-44, 50-51, 70, 117, 121, 170

Celtas, 50

Cerridwen (Deusa), 31

Chiera, Edward, 18, 28, 35, 47, 124

Chipre, 47, 160-161
  costumes sexuais sagrados, 170-171, 173, 175

serpente, simbolismo, 235, 239

Cibele (Deusa), 46, 50, 162, 165, 175, 240

Circuncisão, 165

Clemente, São, 254

Cleópatra, Rainha do Egito, 24

Cles-Reden, Sybelle von, 42

Cobra, Deusa, 109, 112, 113, 114, 231-232, 236

Cobra, veneno, 243

Cobras, tubo de, 231, 235-236

Cobras. *Ver* Serpente, mitos

Collins, Emily, 261

Collins, Sheila, 26, 91

Concepção, 32, 38

Consorte masculino. *Ver* Filho/amante, simbolismo

Constantino, Imperador, 224

Contraceptivos, 263

Contrato Social, O (Rousseau), 258-259

Costumes sexuais sagrados, 21, 169, 170-176, 198, 212, 227, 245

Cottrell, Leonard, 38, 75

Creta, 51, 54, 73-77
  árvore, símbolo, 245
  filho/amante, lenda, 160-161
  serpente, simbolismo, 231-232, 233, 234-235, 239

Criação, mito, 18, 32-34, 129, 226, 232, 245-257

Cronos (deus), 164

Crossland, R. A., 121

Crow, Duncan, 262

Damuzi (deus), 46, 152, 153

Danu (Deusa), 94, 96, 98, 103, 255

Dawson, C., 45

Declaração de Independência das Mulheres (1848), 261

Delfos (santuário), 233, 239

Deméter (Deusa), 31

Devi (Deusa), 96

Diana (Deusa), 224, 255

Dilúvio, lenda do, 129, 130

Dinamarca, 88

Diodoro da Sicília (Diodoro Sículo), 60-61, 62, 64, 71, 158

Dionísio (deus), 245

Divórcio, 69, 79, 80, 81, 222

Dodona (santuário), 233

Dórios, povo, 76

Dragão, mito, 113, 118, 227, 229, 249

Dravidianos, povo, 39, 95

Dresden, M. J., 97

Dyaus Pitar, 76

Éfeso, Jônia, 70

Efron, o Hitita, 126

Egito, 46, 48, 51
    árvore, símbolo, 244-248
    criação, mito, 249, 250
    hebreus, 127-129, 196
    hititas, conflitos, 119
    invasão indo-europeia, 109-112
    Mesopotâmia, influência, 109-110
    reinado, origens, 131, 132
    serpente, simbolismo, 231-232, 236-237, 239, 240
    tumbas, 21-23

El (deus), 120-121

Elam, 51, 67, 79, 230

Elat (Deusa), 196, 199

Elêusis (santuário), 245

Elias, 218

Emery, Walter, 23, 110, 111

Emile (Rousseau), 258

Enki (deus), 102-103, 105, 106, 107, 108, 130, 148, 155, 174

Enkidu, 157, 159

Enlil (deus), 104-108, 109, 155

Enmerkar, Rei da Suméria, 154

Ensi, 153

Enuma Elish, 107

Epstein, I., 208, 212

Ereshkigal (Deusa), 105

Eridu, Suméria, 100, 101-102, 103-104, 106, 125

Ertebølle, povo, 110

Esaú, 126, 139

Escravatura, 260

Escrita, 30, 45, 66, 117

Esculturas, 29, 40, 41, 77, 230, 232

Eshnunna, Suméria, 65

Esparta, 76

Ésquilo, 233

Estatuetas, 40, 42, 196

Estrabão, 70, 171, 173, 175

Estupro, 81, 84, 104, 221, 267

Etiópia, 60-61

Eunucos, sacerdotes, 163-165

Eurípides, 78

Eva, 15, 16, 32-35, 198, 227, 245-258, 266

Evans, Arthur, 53, 57, 206, 231, 235, 244, 245

Ezequias, Rei de Judá, 208, 237, 239

Ezequiel, 206, 208, 209, 241, 244, 248

Farnell, L. R., 53, 171, 175

Feminismo, 260-269

Ferramentas, 44

Ferro, 116

ÍNDICE REMISSIVO

Fidelidade conjugal, 172, 177, 213, 222, 226, 267

Figos, Eva, 269

Figueira, 243, 244, 245

Filho/amante, simbolismo, 51, 52, 53, 54, 55, 91, 149-164, 177, 207-208

Filhos, criação em comunidade, 61

Filisteus, povo, 74, 234-235

Filóstrato, 241

Foster, Abby, 263

Frankfort, Henri, 52, 154

Frazer, Sir James, 38, 52, 57-58, 62, 64, 147, 149, 151, 152

Frobenius, L., 159

Fruto proibido, 243, 245-246, 249, 251

Gaia (Deusa), 31, 92, 112, 164, 233, 243

Gayô Mareta (deus), 98

Geb (deus), 30

Gezer, Canaã, 238

Gideão, 207

Gilgamesh, épico, 66, 156-159, 166

Glotz, Gustave, 72

Gomer (esposa de Oseias), 176, 215

Gordon, Cyrus, 24, 28, 63, 75, 89, 127

Graves, Robert, 49, 50, 76, 127, 151, 152

Gravetianos-aurignacianos, culturas, 40, 41, 46, 88

Gray, John, 169

Grécia, 51, 75-78, 163
  árvore, símbolo, 244
  costumes sexuais sagrados, 170, 172, 175
  filho/amante, lenda, 172

profecia oracular, 233, 240
serpente, simbolismo, 232-234

Grimke, Angelina, 259

Grimke, Sarah, 260

Guerreiras, 31, 60-61, 71

Gurney, O. R., 99, 108, 115, 117-118, 127, 148, 162

Gütterbock, Hans, 122

Haast, William, 242

Hacilar, Anatólia, 42, 50-51

Halafiana, cultura, 44, 101, 116

Hamurabi, 18, 60, 68-69, 83-84

HannaHanna (Deusa), 117

Harã, Mesopotâmia, 123, 125

Haréns, 222

Harris, Rikvah, 66

Harrison, R. K., 20, 234

Hartland, Edward, 59

Hassuna, período, 44

Hastings, J., 197, 240

Hat-Hor (Deusa), 113

Hathor ou Hator (Deusa), 34, 37, 62, 64, 196, 199, 231-232, 236, 237-238, 240, 244, 245-246

Hati, Anatólia, 70, 115, 121

Hatita, povo, 115-116, 117-118, 161-162

Hatusas, reino hitita, 115, 117-118

Hawkes, Jacquetta, 28, 38-39, 41, 45, 59, 73, 78, 87, 102, 160

Hazor, Canaã, 195

Hebreus, 79-82
  atitude antissexual, 170-171, 193-194
  circuncisão, 166
  Egito, 127-128, 198
  filho/amante, lenda, 179

indo-europeus, conexão, 91-93, 124-141

invasão de Canaã, 198-208

Ver também Levitas

Hepat (Deusa), 99-100, 117

Hera (Deusa), 77, 91, 92, 233, 243

Heráclides Pôntico, 71

Herança, 62, 71, 172, 225

Heródoto, 62, 71, 173, 174

Hicsos, 74

Hilquias (sacerdote levita), 208

Hinduísmo, 95

Hinz, Walther, 28, 51, 57, 67, 230

History of Woman Suffrage, The, 263

Hititas, 70, 83, 115

Hieróglifos, 116, 121-122

    Linguagem, 116

    povo, 70, 83, 89, 115-122, 126-128, 131, 134, 144, 161-162

Hitler, Adolf, 144

Homero, 76

Hood, Sinclair, 72

Hooke, S. H., 20, 107, 206

Hor (deus), 113, 113

Hor, tribos, 111, 114, 116

Horitas. *Ver* Hurrita, povo

Hórus (deus), 112, 159-160, 232

Hor-Wer (deus), 111-112

Hrozny, B., 117

Hurrita, povo, 83, 89, 98-104, 121-122, 125-126, 128, 131, 133

Hutchinson, R. W., 75, 235, 238

Iavé, 21, 80, 92, 123, 127, 128, 132-133, 135, 137, 139, 142, 143, 165, 176-177

Ilegitimidade. *Ver* Paternidade

Inanna (Deusa), 66, 106-107, 147, 148-149, 152, 153-156, 174, 240, 246

Inara (Deusa), 164

Índia, 39, 50, 93-98

Indígenas norte-americanos, 40, 243

Indo-europeus, 48, 65, 74, 83-86, 87-123

    Anatólia, 71, 89, 113-119, 121

    Babilônia, 83, 84

    Canaã, 90, 81

    Egito, 87-114

    Hebreus, conexão, 92-93, 124-144

    Índia, 93-96

    Irã, 89, 96-98

    Suméria, 102-107, 123

Indonésia, 39

Indra (deus), 92, 94, 98-99, 100, 107, 117-118, 132, 133

Infidelidade. *Ver* Fidelidade conjugal

Ininni (Deusa), 230

Innin (Deusa), 37

Invasores do norte. *Ver* Indo-europeus

Irã, 50, 89, 97-99, 130

Iraque, 42, 64

Isaac, 125-126, 139

Isaías, 207, 214, 245

Ishara (Deusa), 37

Ishtar (Deusa), 31, 48, 53, 54, 65-66, 69, 155-158, 164, 166, 174, 199, 208, 215-217, 230

Isis (Deusa), 31, 37, 49, 52, 62, 64, 111, 159-160, 175, 199, 223, 224, 236, 237, 244, 248, 255

Israel, 50, 79-82, 124, 139

Istar (Deusa), 37

ÍNDICE REMISSIVO

Itália, 50

Jacó, 125-126, 138-139
Jacobsen, Thorkild, 148
James, E. O., 41, 46, 53, 93, 97, 151, 152, 156, 173, 176
Jardim do Éden. *Ver* Adão e Eva, mito
Jarmo, Iraque, 42
Jeh, 129
Jemdet Nasr, período, 109, 114, 130
Jeová. *Ver* Iavé
Jeremias, 205-206, 214
Jericó, 42, 200-201
Jeroboão, Rei de Israel, 209
Jerusalém, 205, 206, 238, 239
Jeú (herói hebreu), 219
Jezebel, Rainha, 82, 207, 218-219
João Crisóstomo, São, 254
José, 131-132
Josué, 136, 200-201, 203
Judá, 79-82,143, 176, 206
Júpiter (deus), 76
Justiniano, Imperador, 224

Keller, Werner, 20, 120
Kenyon, Kathleen, 196
Khasis de Assam, 85
Kish, Suméria, 104
Kition, Chipre, 235-236
Klein, V., 59
Knossos, Palácio, 74, 76, 232
Komisar, Lucy, 260, 264, 266
Kramer, S. N., 101, 154, 247
Kumarbi (deus), 99-100, 104-105, 163
Kunda, cultura, 46, 87, 102
Kupapa (Deusa), 117

Kurgan, cultura, *88n*
Kursh, H., 242

Ladão (serpente), 92, 128, 243
Lago Baikal, Sibéria, 40
Landes, G., 79
Langdon, Stephen, 57, 66, 151, 152, 230, 247
Lelwanis (Deusa), 118
Leto (Deusa), 232
Levi, 137, 138-139
Leviatã (serpente), 92, 127-128
Levirato, casamento, 127
Levitas, 130-144, 171, 192, 193, 197
   antagonismo à religião da Deusa, 197, 198, 206-207, 208-222, 225, 226, 247-251
   leis para mulheres, 213, 219-222
   paraíso, mito, 227, 247-251
Líbia, 60-61
Lícia, 71, 72
Lídia, 71
Lilith, 174, 225
Linear B, placas, 74-75
Linguagem, 30, 92, 116
Lipit-Ishtar, Rei da Suméria, 155
Livro da Guerra dos Filhos da Luz Contra os Filhos da Escuridão, O, 142
Lloyd, Seton, 89, 121, 196, 203
Luciano, 160, 173, 175
Lugal Banda, 157, 158
Luther, Martin, 255
Luvianos, povo, 123, 133, 203, 210
Luz e escuridão, dualidade, 93, 98, 111, 143

Maaca, Rainha, 81-82, 205, 209

Maat (Deusa), 31, 114, 231
Macalister, R. A. S., 238
Maglemosiano, povo, 46, 87-88, 102, 110
Mallowan, M. E. L., 109
Malta, 50
Mami (Deusa), 34, 248
Manassés, Rei de Judá, 208
Maniqueístas, textos, 98
Manuscritos do Mar Morto, 142, 143
Maomé, 224-225
Marduque (deus), 18, 68, 83, 92, 103, 107-108, 118, 127, 231
Maringer, Johannes, 22, 39-40
Marshall, Sir John, 96
Matriarcado, 59-60, 71-72, 94
Matrilinearidade, 39, 58-59, 63, 70, 71-72, 76, 77, 81, 83, 85, 85, 106, 147, 166, 171, 176, 199, 210, 212, 245, 256
Mawu (Deusa), 34
Mead, Margaret, 38
Melampo, 241
Melanésia, 39
Mellaart, James, 42, 44, 50
Mendenhall, George, 123
Mesolítico, cultura, 87, 102
Mesopotâmia, 52, 66, 68-69, 83, 109-110
Meyer, E., 63
Micênios, povo, 74-77, 232-233, 234, 236, 239
Micronésia, 39
Midianitas, povo, 203
Minoica, civilização, 53, 75-76, 232-233
Mitani (reino), 83, 99, 115, 119, 126, 144
Mitra (deus), 96, 98, 99, 117

Moisés, 120, 125, 131-133, 135, 139, 140, 143, 200, 203, 226
Monoteísmo, 148
Montanhas, simbolismo, 100, 132-133, 140-141
Monte Ararat, 140, 141
Monte Etna, 141
Monte Horebe, 132-133, 140, 144
Monte Kilauea, 141
Monte Olimpo, 133
Monte Saphon, 120
Monte Sinai, 132
Monte Suphan, 120, 141
Moortgat, A., 147
Mot, 161
Murray, Margaret, 24, 63-64, 76, 82, 255-256
Mursil II, Rei dos hititas, 118-119
Musa Dag, Síria, 42
Mylonas, George, 19

Naditu, mulheres, 66-67
Nakia, Rainha da Babilônia, 240
Namu (Deusa), 34, 105, 106, 247
Nanshe de Lagash (Deusa), 105
Narmer (Menes), Rei do Egito, 111
Naum, 214, 215
Nefertiti, Rainha do Egito, 119
Neite (Deusa), 61
Nekhebt (Deusa), 61-62, 109
Neolítico, período, 37, 41-46, 50, 59, 87, 147-148, 149-150
Nesa, reino hitita, 144
Nesianos, povo, 144
Nethercot, Arthur, 263
New Feminism, The (Komisar), 260
Nicolau de Damasco, 71, 78
Nidaba (Deusa), 30, 105, 229

ÍNDICE REMISSIVO

Nikkal (Deusa), 105
Nina (Deusa), 105-106, 230, 240
Ningal (Deusa), 105-106
Ninhursag (Deusa), 34, 105-106
Nínive, Assíria, 215
Ninlil (Deusa), 31, 155, 230
Ninmah (Deusa), 155
Ninsikil (Deusa), 105
Nippur, Suméria, 106
Noé, 125, 129, 130
Núbio, povo, 158
Nut (Deusa), 30, 34, 37, 61, 62, 110
Nuzi (assentamento hurrita), 99, 144

Oferendas queimadas. *Ver* Sacrifício, fogo
Ogue, Rei de Bashan, 200
Olímpia (santuário), 233
Onfalo, Rainha, 71
Oppenheim, A. Leo, 166
Ordenação de mulheres, 266
Oseias, 176, 214, 215-216, 253, 261
Osíris (deus), 46, 52, 64, 111-112, 151, 159-160, 163, 164, 237, 244

Pahlavi, textos, 98, 129
Palau, Ilhas, 58
Paleolítico Superior, período, 24, 37, 38, 40, 49
Paraíso, mito. *Ver* Adão e Eva, mito
Parentesco materno. *Ver* Matrilinearidade
Parto, 38, 250, 267
Paternidade, 38, 172, 176-177, 212, 220-221, 251
Patriarchal Attitudes (Figes), 266
Patrício, São, 92, 241
Paulo (apóstolo), 70, 223-224, 249,
253
Pausânias, 233
Pedro (apóstolo), 254
Pelasgos, povo, 234
Petrie, Sir William Flinders, 23, 63-64, 236
Pirâmide, textos da Quinta Dinastia, 112, 114
Píton (serpente), 92, 232-233
Plutarco, 78
Poliandria, 59, 65
Politeísmo, 149
Povos do Mar, 74, 234
Prajapati (Dyaus Pitar), 94
Pritchard, J. B., 28, 224
Profecia, 153, 232, 234, 239, 241
Propriedade, 52, 58-59, 62-63, 77, 172, 196, 210
Ptah (deus), 113

Qadishtu, 157, 172-173, 174, 176
Qumran, manuscritos. *Ver* Manuscritos do Mar Morto

Ra (deus), 61, 112-114
Rama, 95
Rea (Deusa), 160, 162
Regicida, ritual, 151, 159, 164, 166
Revolução Francesa, 258
Rigueveda, 93-97, 97, 116, 133, 134
Robinson, T. H., 163
Roboão, Rei de Judá, 81-82, 209
Roma, Cibele, rituais, 46, 162, 165, 240
Rose, H. J., 52
Rousseau, Jean Jacques, 258-259

Sabá, Rainha de, 79

Sacrifício:
    Fogo, 131, 133-134
    Rei,170-174, 173, 176, 177, 179, 180
Saggs, H. W. F., 42, 44, 64-65, 99, 104, 108, 109, 115, 150
Salomão, Rei, 205, 208
Samaria, 208, 210
Samuel, 205
Sara (esposa de Abraão), 126, 131-132
Sarasvati (Deusa), 30
Sardenha, 50
Sargão da Acádia, 158
Saul, Rei de Israel, 205, 235
Schaeffer, Claude, 79
Schmidt, W., 45
Scholem, G., 225
Segundo sexo, O (de Beauvoir), 265
Seltman, Charles, 72, 151-152
Semitas, 51-52
Serabit el Khadim (santuário), 236-237
Serpente, mitos, 114, 127-128, 227, 229-244, 245-246, 249, 251, 255, 257
Set (deus), 111-112, 160, 164
Shala (Deusa), 15
Shechem, Canaã, 238
Shemsu Hor, 111, 112, 114, 115
Shilluk, grupos, 151
Shu (deus), 110
Shushan, Canaã, 238
Sibilas, 238
Sibtu, Rainha da Babilônia, 240
Sicília, 50, 173, 175
Sicômoro, 243-244
Síria, 42, 50, 79
Smith, Marshall, 242

Smith, Robertson, 51, 53-54, 58, 196
Smith, Sidney, 66, 148, 150, 153, 155
Sófocles, 62
Sormani, Giuseppi, 93, 134
Sozomenos, 175
Stanton, Elizabeth Cady, 262
Sufrágio, 264
Suméria, 66-68, 69
    costumes sexuais sagrados, 170, 171, 173
    criação, mito, 249
    filho/amante, lenda, 150, 152-156
    invasões indo-europeias, 117-122, 123
    linguagem, 69, 100-101
    reinado, origens, 153-156
    sacerdotes eunucos, 165
    serpente, simbolismo, 228, 240
Sybella (Deusa), 240

Talmude, 212
Tammuz (deus), 46, 120, 128, 151, 156-157, 159, 163, 208-209
Tanach, Canaã, 237
Tarcão (deus), 119
Tarhund (deus), 122
Taru (deus), 91, 117, 118
Taylor, G. R., 165
Tell Beit Mersim, Canaã, 238
Tell Brak (assentamento hurrita), 99
Teodósio, Imperador, 224
Teshub (deus), 99-100
Tholoi, 44-45, 71
Thor (deus), 119
Thor-El (deus), 121, 197
Tí, Rainha do Egito, 119
Tiamat (Deusa), 34, 52, 68, 92, 107,

118, 231

Tifão (serpente), 92, 112, 120, 141

Troia, Guerra, 241

Tuatha de Danaan (povo), 255

Ua Zit (Deusa), 61, 62, 109, 112, 113-114, 224, 231-232, 236

Ubaida, povo, 101-104, 106, 109, 154

Ugarit, Canaã, 75, 79, 120-121, 127-128, 197

Ullikummi (deus), 100

Ur Namu, Rei da Suméria, 108

Ur, Suméria, 45, 105, 119, 125

Urano (deus), 107, 164

Urartu (reino), 101-102, 130, 141-142

Urkish (assentamento hurrita), 99, 125-126

Urukagina, reforma, 65, 66, 84

Uruque Nível V, período, 104

Uruque, Suméria, 47, 106, 119, 147, 148, 154

Ussishkin, D., 81

Utu (Deusa), 105-106

Vaerting, M. e M., 57, 63

Varuna (deus), 96, 99, 113, 117

Vaux, Roland de, 63, 69, 80, 176

Vedas, 93-98

Velho Testamento, 19, 37, 123-125, 129, 135, 142-144

Vênus, estatuetas, 40, 41, 85

Vestonice, República Tcheca, 41

Victorian Woman, The (Crow), 262

Virgindade pré-nupcial, 81, 84, 172, 177, 213, 220-221, 222, 226, 247, 267

Viuvez, 69, 79

Voices From Women's Liberation, 263

Von Rad, Gerhard, 22

Vritra (deus), 92, 94, 103, 107

Vulcões, 91, 139-142

Whiting, Pat, 239

Widengren, George, 124, 163, 198, 206, 208

Witt, R. E, 223-224

Wollstonecraft, Mary, 257-258

Woman's Bible, The (Stanton), 262

Woman's Position According to the Bible (Besant), 263

Wurusemu (Deusa), 117

Yadin, Yigael, 195

Zet (serpente), 112, 113

Zeus (deus), 76, 77, 91, 92, 120, 133, 141, 160-162, 164, 232-233, 248

Zoroastrianos, 142

AGRADECIMENTOS

Meus agradecimentos pela autorização para usar os seguintes materiais:

De *They Wrote on Clay*, de Edward Chiera: Reimpresso com permissão da University of Chicago Press (1938), pela University of Chicago (1966). Todos os direitos reservados.

De *Ancient Israel*, de Roland de Vaux: Copyright 1965 de Roland de Vaux. Utilizado com permissão de McGraw-Hill Book Company e Darton, Longman & Todd Ltd.

De *Arcaic Egypt*, de W. B. Emery: Copyright 1961 de Walter B. Emery. Utilizado com permissão de Penguin Books Ltd.

De *The Greek Miths*, de Robert Graves: Reimpresso com permissão de Curtis Brown Ltd. Copyright 1955 de Robert Graves.

De *The Hittites*, de O. R. Gurney (2ª edição, 1954): Copyright de O. R. Gurney 1952, 1954. Utilizado com permissão de Penguin Books Ltd.

De *The Greatness That Was Babylon*, de H. W. F. Saggs: Utilizado com permissão de Praeger Publishers Inc.

SOBRE A AUTORA

Merlin Stone nasceu em Nova York, em 1931, e formou-se em Arte na Universidade de Buffalo em 1958, quando surgiu seu interesse por arqueologia e religiões da Antiguidade. Trabalhou como escultora e professora até 1967 e lecionou no programa de extensão da Universidade de Berkeley entre 1968 e 1972, onde se dedicou à pesquisa de culturas antigas.

Depois de quase uma década de estudos, lançou este livro em 1976, no Reino Unido, com o título *The Paradise Papers*, renomeado nos Estados Unidos como *When God Was a Woman*. A partir de então, Stone se tornou uma das principais pensadoras da teologia feminina. Seu livro impactou profundamente o movimento feminista e as concepções sobre a deidade feminina, sendo uma das fontes para o documentário canadense *Goddess Remembered*, de 1989. Também escreveu *Ancient Mirrors of Womanhood*, outra obra de peso que reúne histórias, mitologias e orações envolvendo figuras femininas de várias religiões antigas no mundo todo.

É autora de inúmeros contos, resenhas de livros e ensaios, incluindo *3,000 Years of Racism*. Suas hipóteses – radicais, para alguns – desafiam muitas das teses aceitas e divulgadas sobre a Antiguidade. Stone faleceu em 2011 na Flórida.

TIPOGRAFIA:
WT Kormelink [texto]
Roca Two [entretítulos]

PAPEL:
Pólen Bold 70 g/m² [miolo]
Couché Fosco 150 g/m² [capa]
Offset 150 g/m² [guarda]

IMPRESSÃO:
Ipsis Gráfica [maio de 2023]
1ª edição: novembro de 2022 [1 reimpressão]